혁명운동의
# 실패

# 혁명운동의 실패

혁명운동의 실패와 그 의미:
한국과 미국의 사례

이 창 희

한국학술정보(주)

1980년대 중반 이후 대학을 다닌 세대는 저마다 공유하고 있을 강한 기억이지만, 1980년대 후반은 낭만과 학구열이 아닌 투쟁과 혁명의 열기로 점철되었다. 다가올 민중권력의 시대, 혹은 자주통일의 시대를 준비하고 선도해야 한다는 확신으로 가득찼던 당시, 1980년대의 마지막 학번으로 입학한 필자는, 386세대에 속하지도 않았고, 이른바 신세대나 X세대는 아직 출현하기 전이었던 틈새의 시간 동안, 대학 초년 시절을 지내며 꽤 오래도록 고민한 기억을 갖고 있다.

'운동권'은 아니었지만 전공 학문의 특성상 사회현실에 대한 관심이 없을 수 없었던 필자로서는 솔직히 혁명의 이상적 당위성을 쉽사리 긍정하지 못했고, 임박했다는 현실 진단에도 회의적이었다. 결과론적 시각의 오류일 수 있지만 운동권 학생을 포함하여 당시 대학인들은 사실상 대부분 회색분자에 속했던 것이 아닐까 한다. 기대는 컸지만 실제로 혁명이 일어날 것으로 진심으로 믿었던 이들은 그다지 많지 않았던 것이 냉정한 현실이었다. 무엇보다도 바깥사회의 대중이 '혁명'에 대해 가진 생각은 '반대'가 아니라 '무관심' 내지 '곁눈질'에 불과했다. 하지만 적어도 눈앞에서 벌어지는 혁명운동의 열기는 드세기 이를 데 없었고, 순수한 열정과 신념, 그리고 무엇보다도 민중과 조국에 대한 사랑으로 충만했던 운동권 학우들의 진심을 부정할 수도 없었다. 개인적으로는 그들의 굳센 의지와 행동이 부러웠고, 또 자신을 돌아볼 때 생각만 잔뜩 안고 있는 소심함이 비겁함으로 비쳐져 부끄럽기도 했다. 풋내기 정치학도에게 마음의 빚이었고, 후일 어떤 식으로든 이 빚을 스스로에게라도 변제해야겠다는 생각을 하게 되었다.

신입생 대면식에서 엉겁결에 '정치현실을 적절하게 분석하고 한국의 현실에 맞는 정치모델을 만들어보는 것이 정치학을 선택한 이유'라고 자못 거창하게 입학소회를 밝혔던 필자는 대학원에 진학해서도 그 말을 잊은 적이 없었다. 미리 작정하고 한 말도 아니었지만, 대학원에 진학함으로써, 적어도 지켜야 할 약속이 되어 버린 것이다. 그리고 대학생활의 경험은 '혁명', '운동', '민주화'의 주제에 대해, 운동과 거리를 두었던 한 정치학도의 입장에서 공부해 보고 싶다는 생각을 갖도록 했다.

무모한 도전이었고 지금도 모자라다 못해 엉성하기 이를 데 없지만 학위논문을 쓰면서 이런 생각을 약간이나마 실행할 수 있었다. 80년대의 운동에 대해 그 실천적 맥락의 연장선에서 운동의 이념적 지향을 지지했던 이들이 내놓은 연구 성과는 다양하고 풍부하다. 그러나 객관적이고 외재적인 입장에서 정치사회학적인 일반 이론의 관점에 입각한 해명도 의미 있는 작업이 될 것이다. 과욕이기는 하지만 이 책은 그러한 작업의 일환이다. 또한 회고담 형식의 문학작품들도 많이 나왔고 1990년대 초중반 적지 않은 작품들이 베스트셀러가 되기도 했다. 개인적으로 이러한 회고담은 부정적이다. 정치학 특유의 비판적 관점에 물들어서인지, 내 자신 운동권 출신이 아니지만 철저하게 자기만족적이고 관념적인 엘리트 지식인의 입장에서 운동을 한 것임을 스스로 증명한 것이 회고담이 아닌가 하는 생각이 들어서였다. 민중은 현실에 존재하는 무수한 사람들이지 결코 회고담의 소재로 사용되는 관념적 존재가 아니기 때문이다. 한창 운동이 활발하던 1980년대에는 혁명의 주체로 각광을 비추다가, 1990년대 이후에는 여전히 열악한 민중적 현실에 대해서는 생각하지 않거나, 개인적인 회고담 속의 소재로 쓰는 것은 극단과 극단을 오가는 유희에 지나지 않은 이기적인 행위로밖에 비쳐지지 않았다.

책의 내용은 학위논문을 기초로 삼아 국가폭력, 계급관계와 헤게모니 관련 변수를 중심으로 당시 운동의 제약요인을 추려내어 나름대로 현대정치사의 개성적 측면을 비교정치학의 일반 이론적 관점에서 소화하고자 한 시도로 이루어져 있다. 혁명운동의 전개과정 자체에 대한 정리는 이미 상당히 진행되어 온 바 있으며, 이제껏 이루어진 연구 성과나 회고담과는 다른 관점과 맥락에서 당시 운동을 제약한 요인을 정리해 봄으로써 학생 혁명운동을 폭넓게 이해하기 위한 지평을 넓히는 데 다소나마 기여하고자 하는 바람이 있다. 그리고 대학 입학 이후 줄곧 지녀 온 나름의 문제의식을 초학의 입장에서 정리해 두는 의미도 있다. 학위논문을 기초로 쓴 책이라 논문작업 중 해결하지 못한 어설픈 흔적이 군데군데 적지 않게 남아서, 모자라고 틀린 부분이 많을 것이다. 학위논문의 구성과 배열을 재조정하고, 전공 논문 특유의 전문적이고 이론적인 표현들을 될 수 있으면 평이하게 다듬으려 노력했지만, '평범한 일상의 언어로 사회과학을 한다.'는 것이 얼마나 어려운 일인가 실감할 수 있었다.

　'진리'라는 망망대해의 파도소리를 들으며, 해변에서 조개를 줍는 소년으로 스스로를 비유한 어느 천재 과학자의 말을 빌리면, 이 작은 작업은 해변은커녕 바다가 아예 보이지도 않는 산길을 걷고 있는 격에 불과하지만 용기를 내보기로 했다. 학부와 대학원 시절을 거쳐 오는 동안 격려와 질정을 아끼지 않고 학문적으로는 물론 인격적으로도 가르침과 은혜를 베풀어주신 경북대학교 정치외교학과 선생님들께 감사 말씀을 드립니다. 나와 아내의 부모님, 존경해 마지않는 마음을 전해 드립니다. 그리고 삶의 동반자인 아내 영난과 갓 돌을 지난 재윤이, 사랑합니다.

2006년 11월　이창희

# 목 차

# I

## 문제제기와 연구 목적

# I. 문제제기와 연구 목적

지난 20세기 중반 이후 선진산업국가들을 위시하여 각국 사회운동이 보여 준 두드러진 특징의 하나로 학생운동의 활성화를 들 수 있다. 젊은 세대 특유의 정념에 휩싸인 집단적 혈기와 분노의 표출이라는 단순한 평가가 있는 반면, 1968년 여러 선진자본주의국가의 대학가를 동시다발적으로 휩쓴 학생시위의 충격을 '진정한 혁명운동'으로까지 기억하는 호의적인 입장도 있다. 전자는 보수적 관점 일반에서 내려진 평가로서, 폄하라 해도 될 만큼 그 의미를 축소시킨 데 비해, 후자의 평가는 주로 운동에 직간접적으로 참여했거나 지지하는 내재적 입장에서 나왔다. 어떻게 보든 20세기 학생운동이 당대의 정치적 국면에서 발휘했던 영향은 매우 컸다. 특히 좌파세력이 정치적 대표체제의 일정한 지분을 확보한 유럽 민주주의국가들에서 1968년의 신좌파운동은 상당한 정치사회적 변화를 일으킨 것으로 알려져 있다.

한국학생운동도 현대사에서 차지하는 의미와 비중을 가늠할 때 빠뜨릴 수 없는 사례가 된다. 비단 우리의 경험이라는 점에서 뿐만 아니라 유례를 찾기 힘들 정도로 학생지식인의 참여가 지속되어 왔기 때문이다. 일제 강점기의 3.1운동, 6.10만세사건에서 보듯이 한국학생운동은 오래전부터 존재했다. 확대해석일 수도 있지만 조선조 유생들의 권당(捲堂)이라든가 집단상소 역시 전통적 형태의 지식인운동, 나아가 학생운동으로 볼 수 있다는 주장도 제기된 바 있다. 1960년 4.19는 학생운동 없이 시도도 성공도 불가능했으며, 권위주의체제의 철권통치 아래서도 학생운동권만큼은 불굴의 저항을 계속했고, 대학캠퍼스는 교회와 함께 '재야'가 존재할 수 있었던 터전을 제공해 주었다. 1980년대 민주화 국면에서도 학생운동이 결정적인 역할을 수행했음은 주지의 사실이다. 한국의 민주화는 '운동'에 의해 가능했고, 이때 운동은 계급운동이나 시민운동보다 사실상 거의 전적으로 학생 중심의 '지식인 사회운동'에 의해 추동되었음은 부정할 수 없는 사실이다.

이와 같이 지난 세기의 역사적 맥락에서 조망해 볼 때, 한국의 1980년대 좌파 학생운동과, 1960년대 이후 미국사회를 혼란으로 몰아넣었던 신좌파 학생운동은 공통적으로 혁명을 목적으로 한 사회운동이었던 점에서 주목해 볼 수 있다. 이들 모두는 대중의 지지와 참여를 끌어내지 못했을 뿐더러 기획과 시도에 그친 실패한 혁명운동이기도 하였다.

18세기 중반 무렵부터 20세기 초반까지 이어진 각국의 산업혁명, 부르주아혁명, 사회주의혁명에서 보듯이 근대는 혁명을 통해 형성되었지만 이후 현대자본주의국가에서 혁명은 자취를 감추었다. 20세기 초반 이전까지 숱하게 명멸했던 고전혁명들의 재판(再版)이 20세기 중반 이후 제3세계의 민족해방혁명을 제외하고 서구 국가들을 비롯한 자본주의권에서 발발한 적은 한 차례도 없다. 이것은 혁명 자체가 단순한 사건이나 음모의 산물이 아니라, 국가형태와 사회구조의 전면 재편을 초래하는, 총체적이고 구조적인 변동인데 연유한다. 어떠한 계급이나 집단이 혁명을 의도적으로 일으키려 한다 해서 혁명이 일어나는 것은 아니다. 곧 혁명은 일어나는 것이지 일으키는 것은 아니다.[1]

이 책은 당시 두 혁명운동을 제약했던 거시적이고 구조적인 요인들을 국가폭력과 헤게모니 측면에서 분석하는 데 목적이 있다. 운동 실패의 요인에는 운동 자체에 내재한 행태적 요인들도 있었겠지만, 근본적인 제약요인을 알기 위해서는 양국의 역사적이고 구조적인 특성으로부터 요인을 추출해 봐야 할 것이다. 즉, 발전한 자본주의국가, 그 국가들 중에서도 정치이념의 스펙트럼의 두드러진 협소성, 국가권력의 지배 측면에서 강제력과 헤게모니 관련 요인이 유별나게 작용한 한국과 미국에서 이 운동들이 실패한 이유는 위와 같은 요인들을 해명함으로써 좀더 심도 깊게 파악할 수 있다. 이를 위해 이 책은 다음과 같은 문제들을 중점적으로 분석하고 규명하는 방식을 택할 것이다.

첫째, 이들 운동의 구조적인 실패 요인들을 추출하기 위해, 기본적 개념들을 논의할 것이다. 이 과정에서 운동을 제약했던 국가폭력과 헤게모니에 관련된 구조적 요인들의 의미를 부각시켰다.

둘째, 양국 운동의 실패 요인을 비교·검토하면서, 양국에서의 구조적 요인들이 각각 역사적으로 어떻게 작용했는지 인과관계를 각 장마다 분석하고, 이들 요인들의 이론적 시사점을 이끌어내고자 하였다.

한국의 운동세력은 1987년 전국적인 민주화 운동 이후 1990년대 초반에 이르는 시기에 대학가와 재야를 중심으로 공개적인 활동을 벌이다가 1990년대 초반 이후 급격하게 쇠퇴하였다. 미국의 경우 1960년대 초에 민권운동과 반전운동으로 시작된 신좌파운동이 1960년대 후반부터 이념적으로 급진화하고 행태적으로 과격화하여 1970년대 초반까지 활발하게 전개되었으나 월남전 종식과 닉슨의 하야 이후 역시 급속하게 세력을 잃었다.[2]

---

1) Theda Skocpol, States & Social Re Vol. ution, New York: Cambridge University Press, 1979., p.17. 웬들 필립스(Wendle Philips)의 주장.
2) 1969년 54만9천5백 명에 이르러 가장 많던 월남 파병 미군은 1971년 18만4천 명으로 대폭 감소하였다. 1971년 11월 6일 워싱턴 반전시위대는 천5백 명, 뉴욕에 5천 명, 가장 많았던 샌프란시스코도 1만 명을 넘지 못했다. 1969년 워싱턴에서만 하루에 25만 명이 모였고, 반전시위가 가장 격렬하던 1970년 워싱턴 20만, 샌프란시스코 15만의 시위대를 기록했던 데 비해 급속한 감소 추세였다. U.S. News & World Report, Nov 29, 1971.

대중들의 참여로 인한 정치적 성과들은 양국 운동세력에게는 궁극적인 목적 달성이 아닌 새로운 사회로 가기 위한 이정표 정도였다. 그러나 시민사회의 다수 대중과 일반 학생들, 대다수의 지식인들, 그리고 심지어 노동계급의 다수도 체제의 근본적 변혁에 선뜻 동조하지 않았다.

특정한 사회현상의 발생 요인에 대한 선차성과 우열 논의, 개념을 다시 분해하고 연결하는 추상적 작업은 현상의 어떤 측면에 관심을 두는가에 따라 달라지기 마련인 인식론적 문제이지 사물 스스로에 애초부터 요인이 결정되어 있는 것은 아니다. 1970년대의 미국과 1980년대의 한국은 각각 그 정치상황에 일회성 기제가 숱하게 개입되어 있고 그 시대의 고유한 국면이 투영되어 있으므로 미리 어떤 요인의 선차성을 굳혀 놓는 것은 부적절하다. 더구나 사례의 수는 많지 않고, 역사성과 특수성이 많이 개입되어 있으므로, 고려해야 할 변수는 유달리 많은 이른바 사례지향적 방법이 필요한 대상이다. 정치변동현상은 정치과정이나 정치체계의 일상적 현상과 달리, 정상적 정치과정에 속하지 않으며 따라서 일반화는 극히 제한적으로만 가능하다. 드물게 일어나는 독특하고 두드러진 현상이기 때문에 분석시각과 방법 역시 유동적일 수밖에 없다.

비교역사방법은 다음 세 가지 특징으로 인해 이러한 류의 거시적 정치변동현상에 대한 적절한 연구방법일 것이다. 첫째, 다변수 소사례의 특수한 정치현상을 연구할 때 불가피하게 채택되는 사례지향적 방법이라는 점, 둘째, 사례가 많지 않으므로 그 현상의 개성적 측면과 역사적 성격을 부각시키는 데 유용한 대안이라는 점, 셋째, 가장 오랜 전통과 대표적인 고전들을 보유한 사회과학적 방법이라는 점을 지적할 수 있다. 비교역사방법은 정교한 절차에 따른 진행과 조사를 요구하는 고정된 이론이나 불변의 법칙이 결여되어 있고 또한 그러한 것을 부정한다. 양국의 혁명운동을 비교연구하는 데 비교역사방법의 적실성을 이론적 측면에서 찾는다면 바로 이러한 방법론적 유연성을 들 수 있다.

비교방법에서 가장 많이 사용되면서도, 오류의 위험이 큰 비교 대상 선정은 장소와 시간의 공통성에 의해 이루어지는 방식이다. 곧 같은 연대의 다른 사회, 혹은 다른 연대의 같은 사회의 변화 양상을 비교하는 방식을 말한다. 그러나 비슷한 장소나 비슷한 시간의 대상을 단순하고 편의적으로 추출했다면, 그 자체로도 오류의 가능성을 품고 있지만 의도적으로 조작에 이용될 수도 있다. 또한 통신과 매체의 발달로 갈튼(Galton)의 문제가 개입되기 쉬운 오늘날,[3] 같은 연대에 존재했다는 근거만으로 행해지는 편리한 비교는 편리한 것이 아니라 안이한 것이다. 올바른 비교는 동(同)시대 사회들을 고찰함으로써만 달성될 수 있는데,[4] 여기서 동시대는 같은 연대(年代)가 아니라 현상의 성격과 양상의 유사성을 의미한다. 비교 대상의 선정은 장소와 시간의 공통성이 아니라 문제의 공통성에 기초를 두기 때문이다. 단순히 시간과 장소가 공통적이라 해서 이를 하나의 단위로 통합하는 것은 일견 정연한 듯 보이지만 사실상 무질서한 배열이며, 문제의식에 따라 대상이 선정되어야 한다.[5] 이 점에서 양국의 운동은 서로 다음과 같은 공통점을 보이고 있다.

첫째, 한미 양국의 운동은 발전한 자본주의국가에서 '기존 체제의 전면적 변혁'을 목적으로 일어난 혁명운동이었다. 특히 양국은 공통적으로, 어느 정도 산업화 단계를 거친 발전한 자본주의국가들 중 좌파 내지 중도파 정치세력이 정치사회에 자리잡지 못한 국가였다.

둘째, 국제관계를 본다면, 운동 당시는 냉전시기였다. 더구나 냉전시기 동안 서방국가로서 사회주의권과 직접 열전을 치룬 국가는 두 나라뿐이었다는 역사적 공통점도 지닌다. 미국은 신좌파운동 당시 월남전에 대군을 파병한 상황이었고, 신좌파운동의 가장 주요한 이슈가 반전이었다. 한국은

---

3) Marc H. Ross and Elizabeth Homer, 김지희 옮김, "교차국가 연구에 있어서 갈튼의 문제", 김웅진 외, 『비교정치론강의 1』, 한울아카데미, 1995, pp.112-129.
4) 차하순, "비교사의 방법", 『서양사논집』 31집, 1988, p.99.
5) 블로흐(M. Bloch)의 주장이다. Theda Skocpol & Margaret Somers, "The Uses of Comparative History in Macrosocial Theory", *Comparative Studies in History and Society* 22, 1980, Chapter 5.

1950년 전쟁의 의미를 둘러싼 해석과 인식에 대한 논쟁이 1980년대는 물론 지금도 사라지지 않고 있으며 1980년대 후반 시기, 국가와 시민사회에 걸쳐 헤게모니에 미치는 영향은 거의 절대적이었다.

셋째, 운동 주도 세력은 학생 중심의 지식인들이었으며 운동세력의 의도와 달리 대중에게 본격적으로 침투하지 못했고, 운동성과를 집약시켜 합법적 정치사회의 일각을 차지할 수 있는 정치세력화를 이루지도 못했다. 미국은 '반전', 한국은 '독재 타도'라는 시대적 이슈를 계기로 분출하여 대중동원이 역사상 가장 대규모로 일어났지만6) 당시 운동세력이 주로 근거하고 있던 대학가의 경우만 보더라도 대다수 학생대중은 체제의 근본 변혁까지는 바라지 않았다.7) 특히 이는 유럽의 신좌파운동과 차별적이었던 환경을 반영한다.

이러한 공통점에 착안하여, 위에서 제시한 두 운동의 시기인 한국의 1980년대 후반과 미국의 1970년대 초반 당시를 범주로 설정하고 당시 혁명을 주장한 '좌파' 세력을 비교의 대상으로 삼았다. 한국과 미국을 비교하는 이러한 작업은 이론적 만족만을 추구하는 아카데미즘의 소산만은 아니다. 타국과의 비교 작업에서 우리 사회의 개성적 측면을 훨씬 명료하게 이해할 수 있고, 또한 분석과 조망의 지평을 확대시킬 수 있을 것이다.

민주화의 이행을 넘어 공고화 단계로 진입한 한국사회에서 과거의 사회운동을 기억하는 작업의 의미는 현실의 문제점을 진단하는 데 어떤 식으로든 도움을 받기 위함이다. 당시 혁명운동이 맞이했던 제약요인에 대한 검토는 오늘날 한국사회가 안고 있는 문제들의 기원을 이해하는 데 다소나마 기여할 수 있을 것이다. 민주화 이전으로의 역진 가능성마저 제기될 정도로 한국의 민주화가 위기를 맞이하고 있는 오늘의 시점에서, 현대정치사 이래 가

---

6) 1987년 당시 한국과 1970년 당시 미국에서 일어난 대중시위는 양국 역사를 통해 전무후무한 규모였다.

7) 신명순, "1980년대 학생운동의 성격분석-대학생들의 학생운동에 대한 태도를 중심으로-", 『아세아연구』, 30-1, 고려대 아세아문제연구소, 1987, pp.121-134, 특히 〈표 7〉과 〈표 12〉.

장 급진적이었던 당시 혁명운동에 대한 포괄적 이해를 통하여 오늘날 한국
사회 민주화의 지체와 전반적 저하를 극복할 수 있는 단초를 간접적으로나
마 마련하는 데서 궁극적인 의미를 찾을 수 있을 것이다.

# Ⅱ
# 주요 개념과 연구 전략

# II. 주요 개념과 연구 전략

## 1. 이론적 조건과 접근방법

흔히 간과되는 문제점으로서, 이 책이 분석하고 있는 대상인 '학생운동'이란 용어를 개념적 범주와 의미 측면에서 보면, 다음과 같은 부족한 측면과 부적절한 측면이 있음을 유의해야 한다. '노동운동', '시민운동', '민중운동' 등이 가리키는 의미는 그 주체가 '노동자', '시민', '민중'이라는 의미 외에 각각 '노동해방', '참여민주주의', '민중권력' 등 일종의 이상향 내지 지향점(utopia)을 내포하는 용어인 데 비하여, '학생운동'은 말 그대로 학생이 선도, 혹은 주도하는 사회운동이라는 행위 주체 측면에 한정되어 있고 어떤 특정한 이념적 지향이 담겨 있지는 않다.

따라서 '학생운동'이란 용어가 갖고 있는 의미에 기초하여 '학생운동'을 분석하게 되면 처음부터 분석상 범주를 제한하거나 암암리에 '젊은 세대의 한 때 그 시절'이라는 뉘앙스를 띠게 된다. 운동이 일어난 시대의 역사적, 정치 사회적 배경, 그리고 그것을 반영하여 수립된 운동의 지향점과 의미보다 '학 생' 세대 자체가 갖는 특성이나 한계를 일반화시켜 버리는 평가에 매몰될 우려가 있다. 즉, 학생운동이라 해도 그에 연관된 사회적 의미, 파급력, 그 리고 관련된 내외적 변수들은 시공간적 배경에 대한 고찰과 병행될 때 제대 로 이해할 수 있을 것이다. 이 책은 이러한 점을 유념하면서 다음과 같이 접근상의 원칙에 준하여 진행한다.

정치현상 연구를 접근방식에 따라 나눈다면 각각 역사적-이론적 연구, 거시적(구조중심적)-미시적(동기중심적) 연구, 현실적-이상적 입장으로 나눌 수 있다. 이 책에서는 보편적 법칙 혹은 이론을 정립하거나, 기존 이 론을 검증하는 방식이 아니라, 앞서 밝혔다시피 혁명을 지향한 양국 운동의 구조적 요인 비교를 통해 이들 운동세력에게 제약을 가한 변수를 밝히려는 목적 아래 그에 관련된 인과관계 해명이 목적이므로, 역사적, 구조적, 현실 적 입장에 서고자 노력하였다.

역사적 시각이라 해서 포퍼(K. Popper)가 비판한 사회과학의 여러 '역 사주의' 시각을 의미하는 것은 아니다. 그렇다고 하여 리스트(F. List)나 랑케(L. von Ranke) 이후 역사학계의 방법론적 역사주의사조를 따르는 것도 아니다.[8] 다만 여기서는 어떤 현상의 성격을 규명하는 작업은 역사적 과정 속에서 발견, 추출되어야 한다는 입장을 의미할 따름이다. 사회의 현 상들을 유발시키는 여러 요인들에 대해 사회과학은 갖가지 경로와 방법을 통해 분석을 시도해 왔다. 그러나 어떤 특정한 하나의 요인도 결정론적 요 인으로 간주될 수 없다. 역사는 좌파의 속류(俗流) 마르크스주의처럼 결코 생산양식 계승의 역사로 환원될 수 없으며, 물질적 이해관계가 아닌 규범적 가치체계가 중요하다는 좌파의 사회체계론의 입장도 편향된 주장이다.[9]

---

8) E. H. Carr, 黃文秀 옮김, 『歷史란 무엇인가』, 서울; 운암사, 1983.
9) 서용석, "Michael Mann의 역사사회학", 한국사회학회 전기 사회학대회논문집 제

이러한 관점에 입각함으로써, 특정 국가의 상황 서술에 머무르지 않으면서도, 모든 국가에 적용할 수 있는 여의봉식 일반화를 지양한 중간 지점에서 적실성 있는 해답을 구할 수 있을 것이다.[10) 일반적인 법칙과 광의의 개념들로 보편성을 표방하는 거대이론들은 그 자체로서 실제 현실의 모든 대상을 완벽하게 나타내거나(實寫) 사회현상의 원리를 설명하는 것은 아니다. 물론 그것이 가능하다고 보는 입장도 있지만, 사회과학의 개념과 이론은 분명히 연구자의 지각과 인식을 거친 후 조작적으로 정의된 과정을 거치므로 개념과 현상을 등치시키는 것은 가능하지 않다.[11)

다만 이론과 개념은 특정한 사회현상의 원리를 알아내고자 할 때, 분석을 위한 연구의 지침, 가설 설정의 기준 노릇을 한다. 보편법칙과 이론이 완벽하다 해도 어떤 특정한 사례에 대한 인과적 설명이 어떻게 가능할까라는 질문 앞에서는 속수무책이 된다.[12)

다음으로 이 책은 가능한 한 거시적이고 구조적인 시각에서 연구대상을 관찰하려 한다. 미시적 행위 역시 주목할 가치가 있지만, 사회운동과 같은 정치변동현상은 기본적으로 수많은 변수가 개입되어 있는 데 비해 정작 사례 군(群)은 그다지 많지 않으므로[13) 가능한 멀고 높은 지점에서 조망하려는 노력이 필요하다. 지식사회학적 존재구속성으로 인하여 거시적 조망이 완전무결하게 가능하지는 않을 것이지만, 타인이 보더라도 그 내적인 합리성과 논리만큼은 인정할 수 있는 간주관성의 성립 가능성을 인정한다면,[14)

---

3분과, 1995, p.188.
10) 1990년대 이후 비교정치학의 정치변동연구들은 대체로 이전의 거대이론 정립 시도를 유보한 채, 20세기에 마련되었던 다각적인 분석방법을 학자들의 문제의식에 따라 다양하게 수정, 원용하면서 문제를 설정하고 접근한다. *Comparative Politics*를 비롯한 국내외 학술지들의 연구들을 보면 이러한 경향은 뚜렷이 나타난다.
11) Max Weber, 전성우 역, 『막스 베버의 사회과학방법론』, 사회비평사, 1997, 1장과 2장.
12) 임영일 외, 앞의 책, p.61, p.63.
13) 김용학·임현진, 『비교사회학』, 나남출판, 2000, p.190.
14) 임영일 외, "사회과학적 및 사회정책적 인식의 '객관성', 『막스 베버 선집』, 까치, 1992, p.43.

거시적이고 구조적인 시각은 나름의 객관성을 확보할 수 있을 것이다. 사회
과학이 통일되고 사회적으로 책임 있는 학문으로 가는 데 방해가 되는 두
가지 요소는 첫째 사회과학 자체의 분과학문화이며, 둘째 사회과학자들은
각기 자신의 영역에서 포착되는 현상의 특징을 현상 자체보다 더 주목하는
현실이다.15) 협애한 분과학문을 뛰어넘는 거시적인 안목에서 그 질문에 따
라 검토되고 창조적으로 분석될 가능성이 열려 있어야 할 것이다.

그리고 구조적 요인이라 한다면 한국과 미국의 강력한 혁명 억제력을 가
능케 하는 요인들이다. 구조적 요인은 행위 주체 요인과 대립되는 것만은
아니다. 인식론적으로는 분명히 구조와 행위자는 서로 대립체이지만, 행위
주체 요인을 살펴보되 그것이 구조 요인으로부터 어떠한 영향을 받고 있는
가라는 문제에 대한 해답을 구하는 방식으로 설명이 이루어져야 하며, 그럼
으로써 시각에서는 구조적 시각을 견지하면서도 방법에서는 행위 주체 요인
을 간과하지 않을 수 있을 것이다.

다음으로 이 책은 현실적 입장에 서 있다. 운동을 지지하거나, 혹은 그것
을 사회적 병리로 단정하는 선험적 가치판단은 이 책의 기본적인 문제의식
과 상관이 없다. 그것은 개인의 정치적 판단과 가치일 뿐, 분석적 차원에서
고려할 대상이 아니며 이 책을 통하여 특정한 미래상이나 가치를 옹호하려
는 의도는 없다. 다만 본문 일부와 결론을 통한 정리, 혁명운동의 영향을
유형화하고 현재적 관점에서 정치사의 방향에 대한 개략적 전망을 한국정치
의 현실과 관련지어 논의해 볼 것이다.

문제의식의 설정단계와 혁명운동의 영향을 평가하는 본론의 끝부분 및 결
론 부분에서는 불가피하게 가치판단의 문제가 개입되어 있다. 이는 사회과
학에 속하는 그 어떤 연구도 피할 수 없다. 그러나 논지를 전개하는 과정에
서는 특정한 가치와 이념의 개입을 배제하고 현실주의적 입장에 설 것이다.
물론 현실주의적 입장 또한 하나의 가치연관적 시각이다. 이 책의 주제 역

---

15) Anthony H. Galt and Larry J. Smith, Models and the Study of
   Social Change, Shenkman, 1976, p.17.

시 그것이 연구할 만한 가치가 있다는 의미의 가치판단에서 선택된 것이라는 의미에서이다. 이처럼 비중과 특징을 가리는 의미의 가치판단은 아무리 객관적인 분석에서도 피할 수 없다. 그러나 일단 이렇게 주어진 문제를 타당성 있게 규명해 가는 과정에는 비중과 특징을 판단하는 의미의 가치가 아니라 선악과 호오(好惡)를 가리는 의미의 가치는 개입될 수 없다.16)

이제까지 자본주의국가의 학생운동에 대한 현실적 접근들은 대체로 미시적 시각에서만 접근한 연구 선례들이 대종을 이루었음을 감안한다면, 거시적 시각은 보완과 균형의 의미에서 필요하다. 그에 비해, 선진자본주의국가들의 변혁운동에 대한 거시적이고 구조적이며, 역사적 접근들이었던 연구들은 직접 그 운동에 참가했던 비판적 지식인들에 의해 이루어졌으므로 그 운동의 지향을 지지하는 이상적 입장의 저술이 대부분이다.17) 이들의 접근은 처음부터 그 운동을 지지한다는 전제에서 출발하였으므로 엄밀한 의미의 객관적, 현실적 접근이 아니었고, 실천적 맥락에서 갖는 의미는 지식인의 사회 참여를 위한 방향의 모색 차원에서 상당한 긍정성과 건강성을 갖고 있기는 하나 어느 정도는 편향의 문제점을 안고 있다.

양국 운동 실패의 구조적 요인을 분석할 때 기존 이론을 그대로 적용하는 검증작업을 택한다면, 마르크스주의나 근대화론을 적용하여 그 이론이 현실적으로 부합되는지 그렇지 않은지를 판별해서 이론의 적합성과 문제점을 밝히는 데 치중하는 작업도 가능할 것이다. 그러나 그러한 류의 작업은 이론을 위한 이론일 뿐이며, 사회과학 본연의 성격과 역할에 대한 그릇된 이해의 산물이다.

비교정치학의 연구에는 칠코트(R. Chilcott)가 정리한 것처럼, 파슨즈(T. Parsons), 이스턴(D. Easton), 알몬드(G. Almond) 등에서 보는

---

16) 김용학·장덕진, "베버의 가치와 사실의 비대칭적 분리", 배동인 외, 『막스 베버 사회학의 쟁점들』, 민음사, 1995, pp.81-89.
17) George Katsiaficas, 이재원·이종태 역, 『신좌파의 상상력』, 이후, 1999, Tariq Ali and Susan Watkins, 안찬수·강정석 옮김, 『1968』, 삼인, 2001. 두 저서 모두 신좌파운동의 주장과 신조를 지지하는 학자들의 저술이다.

바와 같이 "보편적 법칙"을 추구한 흐름과, 특정한 목적 없이 '비교', 혹은 사례연구 자체만 행해 온 흐름으로 나눌 수 있다.18) 같은 맥락에서 구분하되 인식론적 입장을 중시한다면19) 첫째, 보편이론으로부터 연역적으로 추론하는 접근, 둘째 적은 수의 사례들을 비교하여 중범위 이론 수준으로 유도하는 접근으로 나눌 수도 있다.20)

비교역사방법의 원형적 업적은 마르크스와 베버까지 거슬러 올라갈 수 있다. 그러나 오늘날 정치학에서 비교역사방법의 효시는 대체로 2차 대전 이후 미국의 비판적 정치사회학과 역사사회학의 연구 전통에서 찾는 것이 일반적이다. 라이트 밀즈(C. W. Mills)가 그의 『사회학적 상상력』에서 방법론적으로 정리, 주장하였으며 단일사례연구이긴 하지만 실제로 그의 『파워 엘리트』에서 선보였고, 배링턴 무어와 테다 스카치폴, 후기의 찰스 틸리(C. Tilly)에 의해 주로 고전혁명 연구에 적용되었다.

구체적으로 비교역사방법의 유형에는 세 가지가 있다.21) 먼저 이론의 유사 증명으로서 단정적으로 표현된 이론을 여러 사례에 대입해 봄으로써 그 타당성을 증명해 보이려 한다. 즉, 전형적인 실증주의전통을 따르면서 일반화를 사례보다 우선하는 입장이므로, 명시적이든 암묵적이든 보편이론을 지향한다. 이 유형에는 파슨즈(T. Parsons)라든가 그 외 법칙정립적 학자들의 가설이나 이론들이 동원되며, 유사 자연과학적인 인식론을 취한다.

둘째, 맥락의 대조에 의한 비교방법은 역사적 특수성과 개별성을 우선시한다. 벤딕스(Reinhart Bendix)가 대표적으로서 비교를 통해서 특정 사례의 고유한 성격과 상황적 맥락을 강조하며 비교 대상 간 차이를 드러나게

---

18) Ronald Chilcott, 정치사회학연구회 역, 『비교정치학이론』, 한울, 1988. p.109.
19) 노동일, 『정치학방법론』, 법문사, 1996. pp.55-57, 및 pp.99-100.
20) Michael Coppedge, "Thickening Thin Concepts and Theories", *Comparative Politics*, June, 1999, p.465.
21) Theda Skocpol and Margaret Somers, "The Uses of Comparative History in Macrosocial Theory", *Comparative Studies in History and Society* 22, 1980, pp.174-197.

하는 목적이 있다. 이론 정립과 검증에는 처음부터 회의적이다.

셋째, 거시인과분석으로서, 거시적 수준의 구조와 과정에 대한 인과적 추론을 목적으로 한다. 보편이론의 성립 가능성에 대한 판단을 유보하면서도 일반 이론을 폄하하지는 않는다. 다만 어떤 커다란 사회현상의 독자적인 의미와 가치를 인정해야 하므로 그 사건 자체의 역사성과 특수성의 테두리 내에서 전후의 인과관계, 혹은 상관관계를 기존 이론과 개념의 도움을 받아 적절하게 설명하려는 목적을 갖고 있다.

이 책은 운동을 제약한 요인을 구조적으로 이해하고, 그 구조적 조건들의 특성과 영향을 양국별로 유형화하려는 점에서 맥락의 대조 방법을 기본으로 하되, 주어진 개념과 틀에 따른 각각의 변수 분석에서는 개념과 이론의 도움을 받는 거시인과분석의 방법을 부분적으로 적용하면서 제한적인 일반화를 시도하는 나름의 분석 원칙을 정립한다.

이처럼 기존 이론과 개념의 도움을 받아 연구를 진행할 때, 어느 정도의 범주에서 적용하고 정의하는가가 가장 중요한 문제이다. 지나치게 좁게, 기계적으로 규정할 경우 연구의 실질적 의미가 줄어들 수 있고, 반대로 지나치게 넓게 규정한다면 너무 많은 변수들을 다루어야 하기 때문에 실제 분석에 문제가 생긴다. 그렇다고 '중간 범주'의 개념 규정이 항상 적절한 것은 아니고, 결국 문제의식에 부합하는 개념정의가 필요하다.22)

그런데 비교역사방법은 연구자의 이론적 관심과 문제의식의 지향을 개방시키고 다양화시키는 장점이 때로는 단점이 되기도 한다는 지적을 받는다. 장소와 시간에 따른 변별이 아니라 문제의식에 따라 변수를 변별하므로 연구자의 관심과 지향에 따라 인과관계의 방향이 달라질 수 있다는 것이다. 또한 다른 이에 의해서라면 포함되었을지도 모를 주요한 이론적 고려사항이나, 중요한 일회성 기제가 누락될 수 있다는 것이다.23) 그러나 이는 단점

---

22) 오창헌, "한국민주화에 대한 분석 및 평가: 정치적·제도적 변수를 중심으로", 『대구·경북정치학회보』 6집 2권, 1998. p.94.
23) 임현진, "역사로 되돌아가자: 비교사의 방법과 전략", 한국비교사회연구회 편, 『비

이 아니라 "접근의 개방성"이라 해야 한다. 다양한 측면에서의 접근과 상이한 인과관계 추출은 오히려 장려되어야 할 다각도의 조명 끝에 나온 작업 결과이기 때문이다. 부족한 부분은 문제의식의 방향으로 인해 필연적으로 감수해야 하며 그러한 누락 지점은 현상의 다른 측면에 대한 다른 방식의 문제제기에 의해 처리될 수 있는 이를테면 달(月)의 후면과 같은 것이다.

비교역사분석은 기존에 마련된 정치학 이론과 개념, 가정들의 뒷받침이 있어야만 비로소 수행할 수 있다. 비교방법 자체는 무엇이 적절한 분석단위인지, 그리고 어떤 역사적 사례가 연구할 만한 것인지 말해주지 않으며, 탐구되어야 할 인과적 가설을 미리 차려주지 않는다. 이러한 것들은 전적으로 연구자의 사려 깊은 상상력의 소관이며, 기존 이론과 역사적 사례들에 대한 검토, 취합, 사례에 대한 창조적 견해가 있어야만 비교역사방법을 수행할 수 있어서, 새로운 아이디어와 방법을 탐구하게 해 주는 경로 구실을 한다. 비교역사방법을 너무 기계적으로만 적용하지 않는다면, 스카치폴의 지적처럼 양국 운동의 해당 국면을 분석할 때 이론적으로 시각의 확장을 촉진할 수 있고, 이 운동들의 실패 요인에 대한 구조 측면의 조망을 할 수 있도록 해 줄 것이다.24)

사회과학적 상상력의 중요성이 다른 어떤 접근이나 방법에 비해서도 주요한 비중을 차지하는 데서 볼 수 있듯이, 비교역사연구는 기존 개념과 이론이 현상에 대해 갖는 적실성과 의미를 지속적으로 재고하고 수정, 적용하는 작업의 연속이다.25) 각 사례연구에서 '방법론'과 '이론'에 대한 논의와 검토는

---

교사회학: 방법과 실제Ⅱ』, 열음사, 1992, p.30. 패링턴 무어가 국제관계 요인을 제외한 채 근대화 경로를 연구한 것, 스카치폴이 혁명의 주체 요인과 이데올로기 요인을 사실상 간과한 채 혁명을 비교분석한 것이 대표적 사례이다. 단, 그들의 문제의식과 그들이 고안한 패러다임 자체에서 어떤 명백한 오류가 있다고 할 수는 없다.

24) Theda Skocpol, *States & Social Re Vol. ution*, New York: Cambridge University Press, 1979, pp.39-40.

25) Dietrich Rueschemeyer, Everlyn Stephens and John Stephens, 박명림 외 옮김, 『자본주의발전과 민주주의』, 나남출판, 1997, p.71.

실제 사례와의 밀접하고 끊임없는 관련을 지어나감으로써 수행된다. 양국 운동들의 배경이 되었던 특정한 역사적 시기의 현실문제들을 반영함으로써 방법과 개념은 그 쓰임새와 방향이 제한되고 정립되는 것이다.26) 그만큼 현상과 이론의 상호작용이라든가 새로운 가설 자원 추출의 가능성이 풍부하다.

## 2. 한국의 1980년대 좌파, 미국의 1960년대 신좌파

일반적으로 우리의 정치상황에서 경쟁 정치인이나 정당을 '좌파'라고 공격할 때 '좌파'는 명확한 개념정의가 되어 있지 않다. 내용 측면에서 '북한 연관', '체제 부정'을, 방법 측면에서 '과격성', '폭력혁명', '내란'을 연상하게끔 뉘앙스를 풍기고 있을 따름이다. 이러한 배경을 갖고 있으므로, '좌파'를 분석적인 용어로 쓸 경우, 역사적이고 사상적인 차원에서 개념을 미리 정립할 필요가 있다.

흔히 혼용되는 '진보'세력과 좌파는 분명히 인식론적으로나 역사적으로 다른 범주의 개념이라 할 수 있다. 진보는 우파 내에서도 가능하며, 내용의 이념적 지향성보다는 진보, 즉 나아진다는 자체에 대한 신념을 반영하고 있다. 자유주의자이면서 진보주의자일 수도 있는 것처럼 이미 선행된 이념적 지향점 내에서 변화의 속도, 변화의 방법, 변화 자체에 대한 태도가 척도가 되는 것이 '진보', 그리고 그에 대비되는 '보수'를 가늠하는 잣대가 될 것이다.

이에 비해 '좌파'는 사회주의적, 혹은 마르크스주의적 이념 지향성을 특징으로 한다.27) 예를 들어 '자유주의 좌파'라 했을 때 이를 형용 모순으로 볼

---

26) Theda Skocpol, *States & Social Re Vol. ution*, New York: Cambridge University Press, 1979. 책의 첫 번째 문장 인용구.

27) 채장수, "한국사회에서 좌파 개념의 설정", 한국정치학회보 37집 2호, 2003,

수도 있겠지만 성립 가능한 개념이다. 즉 자유주의자이면서 사회주의 쪽에 친밀성을 보이거나 방법론 측면에서 공유하는 부분이 있는 세력이나 이념을 지칭하는 용어로 볼 수 있다. 근대 이후 정치적 이데올로기의 분포를 포괄한 이념적 스펙트럼의 좌표 차원에서 자유주의는 분명 우파를 대표하는 이데올로기이지만 그 내부에서도 국가의 간섭, 민주주의에 대한 해석, 계급적 관점의 수용 등을 놓고 이견이 있을 수 있으며, 이 중 사회주의자는 아니라 할지라도 사회주의적 지향에 근사한 입장을 '자유주의 내부의 지형에서 상대적으로 좌파'에 속한다고 평가할 수 있다.

일반적으로 좌파는 근대화한 사회가 추구하는 인간의 가치, 곧 민주주의의 양대 목적이 되는 자유와 평등 중 평등에 목적적 비중을 두는 세력[28]으로서, 계급적 관점에서 파악된 자본주의사회의 모순으로부터 인간해방을 달성하려는 목적론적 사고방식을 특징으로 한다. 목적을 달성하기 위한 방법에도 여러 가지 노선이 있지만, 서방사회(특히 미국)에서 좌파라 한다면 다음과 같은 특징을 갖고 있다.

① 사유제에 대한 반대, 사회적 소유 선호, ② 부르주아계급에 대한 비판 혹은 적대, ③ 기존 형식(form)과 공적 제도(office), 가치(honours), 정부의 권위에 대한 반대, ④ 대중적 참여민주주의 실현, ⑤ 민권, 사회정의 주장, ⑥ 혁명 혹은 개혁에 의한 진보 신봉, ⑦ 보편적 평등사상, ⑧ 민족주의에 대한 반대(이 경우는 나라와 상황마다 다르다), ⑨ 국가개입에 의한 복지 지지. 여기에서 보듯 서방사회에서 좌파의 의미는 현실 '사회주의국가'였던 소련과 동구권 등에서의 의미와 서로 분명히 다르다.[29]

'좌파'라 할지라도, 공산권국가에서 쓰였던 개념과, 서방사회에서 자생적으로 존재했던 세력과 노선을 가리키는 개념은 서로 달랐던 것이다. 좌파 개념과 마찬가지로, 이들 좌파가 각각 내세웠던 사회주의이념인 '현실을 변

---

pp.221-224.
28) Norberto Bobbio, 박순열 옮김, 『제3의 길은 가능한가』, 새물결, 1998.
29) Roger Scruton, *A Dictionary of Politics*, Macmillan, 1982, pp.261-263.

혁하기 위한 사상으로서의 사회주의(서방의 경우)'와, '현실 체제의 공식 이데올로기로서의 사회주의(대표적으로 소련의 경우)' 또한 서로 같을 수 없는 것이다. 무엇보다도, 한국과 미국에서 좌파와 신좌파는 이러한 구분에 대한 인식에서 가장 큰 차이, 그리고 본질적인 차이를 보이고 있다. 한국의 1980년대 사회주의지향 운동세력은 그러한 구분을 이론적으로는 인식하고 있었을지 몰라도, 사실상 심각하게 구분하거나 의식하지는 않았다. 마르크스레닌주의와 주체사상을 그대로 수용했던 원인이자 결과였다. 미국의 신좌파가 그 구분을 날카롭게 인식하고 그 자체를 극복하고자 했던 것과는 대조된다. 이 또한 소련의 체제를 '억압적 체제'라는 점에서만큼은 미국과 별반 차이도 없다고 비판한 인식의 원인이자 결과였다.

위에서 보듯이 좌파세력은 역사적, 정치사상적으로 사회주의를 발전시켜 왔다. 그런데 20세기 들어, 사회주의는 정치사상이기도 했지만 실제 존재한 국가의 공식 이념이기도 했다. 그래서 사회주의의 개념정의가 다양할 수밖에 없고 상호 모순되기도 하지만, 여러 갈래를 막론하고 자본주의를 지양하려는 대안적 기획과 의도를 가진 이념체계로서[30] 공동체의 이상과 공동체 안에서 완전한 인간 잠재력을 실현하고 해방을 성취하는, 즉 계급과 억압이 없는 사회의 실현을 목적으로 한다.[31] 이는 이론적으로 어떤 이상적 지향점을 체계화하지 않은 자본주의체제에 비해 사회주의의 두드러진 특징이기도 하다.

오늘날 마르크스주의, 혹은 마르크스레닌주의는 현실과 이론 모두에서, 사회주의의 대명사로 쓰이지만 엄밀히 말해 등치관계로 볼 수 없고, 굳이 동의어를 찾자면 마르크스주의는 이른바 "과학적 사회주의"와 등치되는 용어로서 19세기 이후, 사회주의를 체계화하여 20세기 사회주의혁명들의 지침을 제공한 사상이다. 곧 마르크스주의는 사회주의의 압도적 지분을 차지하는 거대 부분집합이랄 수 있다. 미국의 신좌파가 마르크스주의 이외의 유토

---

30) 김윤자, "대안적 기획과 사회주의론", 한신논문집 특별호, 1997, pp.737-745.
31) 서울사회과학연구소, 『사회주의의 이론, 역사, 현실』, 민맥, 1991, D. Thompson, "On the Trail of the New Left", *New Left Review* Vol.215, 1996.

피아적 사회주의, 민족주의 등 다른 사조들을 융합하려 시도한 것, 북한과
중국 등이 소련과 다른 형태의 사회주의국가건설을 추구한 데서 보듯이 정
통 마르크스주의 이외에도 사회주의는 여러 가지 갈래로 나뉜다.

사회주의는 현대에 이르러 크게 혁명적 사회주의, 즉 급진 좌파와 개량적
사회주의, 즉 온건 좌파로 구분되는데,32) 전자는 자본주의체제를 즉시, 혹
은 훗날 궁극적으로 극복해야 할 체제로 인식하며, 후자는 자본주의체제를
비판하지만 부정하지는 않는다. 대체로 개량적 사회주의는 독일의 베른슈타
인과 영국의 페이비언 사회주의 이래 사회민주주의정당들의 이념과 정책을
의미한다. 대표적인 사회주의사상인 마르크스주의의 내재적 논리에 의하면
사회주의는 공산주의를 향해 가는 중간 단계 및 그 단계를 특징짓는 일련의
노선과 이념을 지칭한다. 정통 사회주의개념이라 할 수 있는 이러한 정의에
따르자면 소련, 동구권 국가들이 사회주의국가였고 실제로도 그러했다. 그
러나 이들 국가들은 사회주의에 명시된 목적과 달리, 내용과 형식 양 측면
모두의 민주주의에서 실패를 거듭하여 붕괴되었다.33)

한국에서 위에서 논한 바와 같은 의미의 좌파는 1950년 전쟁 이후 정치
사회와 시민사회에서 자취를 감추었지만, 1980년대 후반 들어 학생운동권
과 재야를 통해 자신의 주장을 급진적으로 개진하게 되었다. 1987년 6월
항쟁의 결과, 호헌 철폐와 직선제 개헌, 정치인 해금이 이루어졌고, 다수
대중과 정치인, 지식인들은 이를 크게 환영하였으나 '민중이 주인 되는 사
회'로 가기 위한 하나의 단계로 보는 입장에서 이러한 조치들은 개량에 불
과하였다. 이들 중 개량적, 점진적 입장에서 자본주의체제를 부정하지 않고
사회주의적 요소를 도입하려 한 온건 좌파가 아니라, 혁명적 사회주의를 주
장한 급진적 운동세력은 정치형태의 변화라든가 정권교체는 외피의 변화에
머무를 뿐이라는 인식 아래 체제 변혁을 시도하였다.

한국사회에서는 적어도 1945년 직후 3년을 제외한다면 사회주의가 그 어

---

32) 김세균, "사회주의란 무엇인가", 동향과 전망 8호, 1990, p.147.
33) 김경원, "자본주의, 사회주의, 민주주의", 사상, 1992년 가을, p.273.

떤 부문에서도 공론화된 적이 없었고 억압의 대상이었을 뿐이었는데, 1980
년대 후반 들어 혁명적 사회주의를 지향하는 주장이 제기되었다는 사실은 한
국정치의 이념적 스펙트럼과 관련하여 의미심장한 일이었다. 특히 이 시기
에 등장한 좌파 학생운동은 철저하게 정통론을 고수하고 있었다.

미국의 신좌파 역시 여느 좌파와 마찬가지로 기존 자본주의체제의 근본적
인 변혁을 목표로 하였다. 마르크스주의를 기초로 한 정통 사회주의 이외에
공상적 사회주의에 속하는 유토피아사상과 아나키즘적 사회주의를 지향하는
세력까지 포함하고 있어서 신좌파는 한국의 좌파보다는 이념적 폭이 다양하
고 넓었다. 초기 신좌파는 참여민주주의를 이상으로 삼는 비교적 온건한 입
장이었지만, 1960년대 중반 이후의 신좌파는 월남전 장기화와 더불어 급격
하게 급진화하여 1970년 신좌파의 지도자였던 톰 헤이든(Tom Hayden)
은 "새로운 사회질서에 대한 보편적 기대의 시기, 그리고 총체적 혁명이 시
대 의제로 설정된 시기이다"로 당시 국면을 규정하기에 이르렀다.34)

## 1) 한국의 1980년대 좌파

한국의 좌파 학생운동세력을 제대로 부르자면 '1980년대 한국에서 혁명
적 사회주의를 지향했던 좌파운동세력'이라 할 수 있다. '좌파 학생운동세력'
은 위와 같은 정의에 부합하는 세력을 가리키는 것이며, 당시 전민련, 전대
협, 전노협, 민통련 등 일반적인 재야단체와 학생운동단체를 포함한 민주화
운동세력을 모두 지칭하는 것은 아니다. 상대적으로 PD(민중민주의,
People's Democracy)에 비하여 NL(민족해방, National Liberation)
계열은, 대학가에서 학생회, 그리고 재야와 노동계에서는 공개조직을 통해
운동 대중화에 노력을 기울였기 때문에 전대협의 경우 대표자회의의 인적

---

34) 이주영, "1960년대 미국 학생운동의 마르크스주의화 과정", 『미국사연구』9, 1999.
5, p.269.

구성이라든가 통일운동 중심의 정치투쟁 등의 측면을 보면 NL 경향이 강하게 반영된 것은 사실이다. 또한 이들 단체 내에 개인적으로 혁명적 사회주의를 지향한 지도급 인사들이 있었지만, 그렇다고 해서 단체에 소속되어 있던 대학의 총학생회, 단과대학생회, 나아가 일반 학생들 모두를 뭉뚱그려 '혁명적 사회주의' 조직으로 볼 수는 없다.

이 책은 이 같은 난점을 감안하여, 공개적 재야단체들의 공식적 문건과 성명과 아울러, 당시 팸플릿, 정기간행물, 무크지, 그 당시 활동가들의 인터뷰 기사 등 직접적으로 혁명운동노선을 밝혔던 1차 자료들을 통해 가감 없이 그 입장을 정리하고자 했다. 이렇게 하는 데는 궁색하나마 이유가 있다. 첫째, 나름대로의 객관성을 유지하기 위해서는 다른 학자들이나 당시 공안 당국의 수사결과나 평가에만 전적으로 의존할 수 없기 때문이다. 둘째, 현재 한국사회에 여전히 남아 있는 '좌파'에 대한 혼란스런 의식과 명확하지 못한 개념에서 오는 오해를 피하고자 함이다.

1980년대 중반, 5공화정 말기 6월 항쟁을 맞아, 당시 정치변동이 전개될 수 있었던 시나리오는 대체로 첫째, 핵심 군부세력의 쿠데타, 둘째, 다른 군부지도자에게 권력을 승계하는 5공화정 연장, 셋째 군부정권이 온건한 야당에게 정권을 넘겨주는 권력 양도(讓渡)[35], 넷째 반대세력 중 과격파가 권력을 전복하여 과거와의 깨끗한 단절을 이루는 대대적 대중(혹은 민중) 동원의 네 가지였다. 이들은 여기서 넷째 시나리오를 전략으로 추진했으며, 가장 급진적인 '대중봉기'와 '혁명'에 의해 체제를 변혁하려 했던 세력이었다.[36] 수많은 문건이 있지만 대표적 예를 들자면, '사회주의혁명을 위한 노동자동맹'은 다음과 같이 밝혔다.

---

35) 아르헨티나가 포클랜드전쟁에서 영국에게 패한 후 군부정권이 야당에게 권력을 넘겨준 방식. 한배호, 『한국정치변동론』, 법문사, 1994, pp.431-433.
36) 한배호, "5공의 민주화 이행과정의 특징과 문제점", 『5공평가대토론회논문집』, 동아일보, 1993, pp.28-29.

"우리의 최대 강령의 핵심적 내용은 '공산주의사회의 건설을 위해 투쟁한다.'
는 것이다.……우리들 전위는 마르크스레닌주의자이며, 따라서 공산주의자이
다. 대중 앞에서, 법정에서, 유인물에서 우리가 빨갱이가 아니라고 한다면, 그
럼 과연 우리는 누구인가.……공공연하게 가장 대대적으로 자신의 사상의 본
질, 공산주의사상에 대해 선전선동하여야 한다."[37]

1980년대 후반 당시, 급진적 민족주의와 사회주의의 접목을 시도하면서
북한과 통일문제에 전향적인 입장을 취했던 민족해방-NL(National Libe-
ration) 계열과, 마르크스와 레닌의 노선을 기초로 하여 보다 원칙적인 입장에
서 사회주의체제를 지향했던 민중민주주의-PD(People's Democracy) 계열
은 NL-PD, 혹은 주사-비주사 등으로[38] 대중적으로도 널리 알려져 왔다.

학생운동을 중심으로 한 한국의 저항운동은 1980년대 초반부터 군부정권
의 압박에 맞서 민주화를 주장하여 왔으며 이에 동조하는 야당, 재야, 일반
대중들은 독재 타도와 민주화라는 목표에 절대 다수가 동조했다. 이들의 운
동에 의해 6.29선언이 가능하였다는 것은 주지의 사실이다.[39]

그런데 6.29선언에 대한 당시 '혁명운동세력'의 평가는 "파쇼의 기만적
개량술책이며 민중이 본질적으로 얻은 것은 없으며 6.29선언의 성과는 개
량적 요구의 수용에 불과하다"는 것이다. 민중민주주의(PD)를 지향한 세력
은 민중의 진정한 승리는 곧 '主 파시즘 타도'와 '從 제국주의 축출' 이후
'민중공화국'의 수립이라는 것이었다.[40] '민족해방'(NL) 계열은 이에 비해,
제국주의와 파시즘 중 제국주의 타도를 主로 강조하는 데서 입장이 달랐는
데, 궁극적으로 민중민주주의정권의 수립을 주장하였다.[41]

---

37) "사회주의혁명을 위한 노동자동맹" 기관지 『혁명의 불꽃』의 일부분, 1989년 7월
   발행.
38) 양 구분이 반드시 일치하는 것은 아니다.
39) 조선일보, 1987년 6월 30일.
40) '민족민주선언' 창간호, 1986년 4월 11일, 최문성, "한국학생운동연구-그 이론투
   쟁을 중심으로", 한국정신문화연구원, 『신좌파운동의 국제적 비교와 한국학생운동』,
   1988, pp.196-198.

1970년대까지 한국학생운동은 좌파운동이라 할 수는 없었다. 반독재 민주화 투쟁을 위한 자유주의적이고 낭만주의적인 경향의 운동이 주류를 이루었으며, 정권이 아니라 자본주의체제에까지 의문을 제기하는 움직임은 거의 없거나, 있더라도 세력화될 수 없을 정도로 맹아단계에 머물렀다. 정권에 저항하는 학생운동은 자유민주주의체제의 올바른 실현을 목표로 하였으며 전태일분신사건, YH사건 등과 같은 계급 관련 사건이 없지 않았지만 어디까지나 체제 내에서의 해결을 강구하는 방향에서 운동이 이루어졌다. 또한 국제관계에서도 북한은 여전히 운동세력에게도 안보상 위협적 존재로 비쳐졌으며 반미주의도 1980년대 이전까지는 나타나지 않았다. 그러나 위의 주장에서 보듯이, 1980년대의 좌파운동은 그 입장에 관계없이 민중정권 건설을 위한 '혁명'을 지향하였고, 반미주의와 반미운동을 체계화·조직화시켰다. 이들은 당시 학생과 지식인 중 소수였지만, 그들의 주장만큼은 한국전쟁 이후 한국정치사에서 최초로 제기된 매우 급진적이고 이념적인 것이었다.

'사노맹'의 백태웅, 박노해, '제헌의회그룹'으로 구속되었던 최민, '인천민주노동자연맹'의 오동렬, 윤철호, 황광우, '노동계급그룹'의 이진경, '노동자대학'의 신언직 등의 예에서 보듯이 이들은 1980년대 이전까지와는 달리 활동 공간에서는 물론, 구속된 후 법정에서 스스로 '사회주의자'임을 공개적으로 선언하였으며, 그 목적도 개량이 아닌 혁명임을 당당히 공개하였다.[42]

이와 같이 1980년대는 한국 좌파세력의 비약적인 성장기로 기록될 정도로[43] 이 시기 동안 좌파운동은 그 어느 때보다 활성화하였으며 특히 대학가와 지식인 사회에서 상당한 영향력을 행사하였다. 운동세력은 '영향으로 활성화하여 이념적으로 사회주의를 받아들였고, 행동이 과격해졌으며 반미운동과 계급운동이 태동하였다.[44] '정권에 대한 저항'에서 '체제에 대한 의

---

41) '해방선언' 2호. 1986년 4월 17일, 최문성, 위의 글.
42) 백태웅, "사노맹 불패선언", 말, 1991년 5월호.
43) 이는 좌파세력과 공안당국 및 지식인들의 공통된 평가이다. 유동렬, 『한국 좌익운동의 역사와 현실』, 다나, 1996, p.43, 현승일, "한국학생운동 30년: 주도노선을 중심으로", 『사상과 정책』7-1, 1990년 봄.

문'으로 바뀌어, 그 이전의 저항운동은 물론 동시대의 대다수 반독재운동세
력, 즉 야당, 재야, 일반 학생, 지식인과는 차별화되는 세력, 곧 사회주의를
지향하는 세력이 대두한 것이다. 대학가와 재야 및 노동계 일부에서, 비합
법조직 건설과 나름의 체계화를 통해 조직적으로 크게 성장하였는데 1980
년대 중반 무렵까지는 '전국학생총연합'(전학련)과 그 전위조직인 '민족통일
민주쟁취 민중해방 투쟁위원회'(삼민투)가 주도했다. 이들은 1984년 11월
민정당사를, 1985년 5월 서울 미국 문화원을 점거하여 사회적인 충격을 주
었다. 그러나 이때까지만 해도 이들은 목적과 의식이 뚜렷한 '사회주의자'로
볼 수는 없고, 당시의 현안이었던 '광주문제 해결, 전두환 정권 타도'를 우
선적 과제로 삼고 있었다.

　1980년대 중반 이후 학생운동이 이념적으로 급진화한 배경에는 광주민주
화 운동이라는 비극적 사태가 뿌리박고 있었다. 광주민주화 운동은 운동권
으로 하여금, 기존 체제를 유지하는 한 민주화와 사회정의는 실현되기 어렵
다는 믿음과 이러한 독재체제의 배후에는 미국이 있다는 신념을 강화시킨
결정적인 계기가 되었다. 광주문제를 사태의 원인, 책임소재, 누가 옳고 그
른가의 정당성의 문제라는 1차적 관점에서 떠나 한국사회의 정치·사회·경
제적 모순 구조라는 관점에서 해석하려는 움직임인 것이다. 즉 사회운동적
관점에서 광주항쟁을 '민중의 변혁운동'으로 파악하고 있다. 광주민중항쟁은
우리 사회의 민족과 사회의 자주적 발전을 저해하고 억압하는 국내외적인
반민족·반민주·반민중적 세력에 대한 확고한 인식의 틀을 세워 주었으며,
그러한 적대적 세력에 대한 투쟁과 변혁 주체로서의 민중이 역사의 전면에
부상하는 것을 보여 주었다는 것이다. 광주항쟁이 1980년 당시 한국사회가
안고 있던 제반모순이 폭발된 데 따른 것으로 보고 그 후의 노동운동, 학생
운동, 농민운동, 학술운동, 통일운동 등 1980년대 들어 사회 전면에 부각
되고 크게 신장한 모든 사회운동 자체가 광주민중항쟁에 그 뿌리를 대고 있

---

44) 김영명, 『한국현대정치사』, 을유문화사, 1992, pp.366-368.

다는 해석이다. 특히 광주민중항쟁을 계기로 「제국주의세력으로서의 미국의 본질」을 적나라하게 폭로, 일반시민의 미국에 대한 기존관념은 깨뜨리고 민족민주운동을 「반외세 자주화 운동」으로 새로운 지평에 올려놓게 되었다며 여기에 큰 의미를 부여하고 있다.[45]

이제 더 이상 현 체제는 개량의 대상이 아니라 타도의 대상이 되었고, 미국은 민주화의 후원자가 아니라 제국주의국가이자 민주화의 적으로 규정되었다.[46] 1980년대 중반은 학생운동과 재야운동의 전환점으로서 운동권은 더 이상 반공과 분단의 논리에 얽매이지 않고 사회주의혁명까지도 공공연히 천명하게 된 것이었다.[47]

1986년 들어 '반미반파쇼민족민주투쟁위원회'(민민투), '반미자주화 반파쇼민주화 투쟁위원회'(자민투)는 사회주의적 지향을 뚜렷이 하게 되었다. 이들은 이후 각각 PD와 NL의 모태가 되었다. 즉 1980년대 중반 이후, 1986년과 1987년을 거치면서 학생운동권은 이전의 자유민주주의단계에서 사회주의를 받아들이는 '민중민주주의단계'로 변천해 간 것이다.[48]

1980년대 중반 이후부터 1990년대 초반까지 이들은 공개적 조직을 통해서도 활동하였지만, 전대협, 전민련, 전교조, 전노협 등 공개 재야단체들은 일부 지도부만 개인적 양심과 사상의 차원에서 사회주의를 지지했을 따름이었으므로, 당시 당국의 규정처럼 단체 구성원 모두를 '좌경용공'으로 보는 것은 왜곡 내지 과장이다. 어떤 이념에 대한 지지는 문자 그대로 양심과 사상의 문제이기 때문에 섣불리 단정할 문제도 아니다. 그러나 사회주의를 명백하게 지향한 비합법조직들이 이후 속속 조직되어 활동하게 된다. 이들 공개 단체들의 지도부에 포함되어 있던 사회주의운동가들을 비롯하여, 노동

---

45) 국민일보, 1990년 5월 15일, 경향신문, 1990년 5월 16일, 조선일보 1990년 5월 18일.
46) 김영명, 앞의 책, p.368.
47) 김영명, 앞의 책, p.369.
48) 최장집의 규정이다. 최장집, 『한국현대정치의 구조와 변화』, 까치, 1989, p.215. 및 김영명, 앞의 책, p.368.

계급, 인천민주노동자연맹(인민노련), 민주주의민족통일노동자동맹(삼민동맹), 반제반파쇼노동자투쟁동맹(PD그룹),[49] 자주민주통일그룹(자민통)[50], 남한사회주의노동자동맹(사노맹)[51], 반제반파쇼 민중민주주의혁명그룹(제파PD그룹)[52], 혁명적 노동자계급투쟁동맹(혁노맹)[53], '민족민주혁명학생투쟁연맹'(민학투련)[54] 등 비합법 운동조직들이 바로 '혁명적 사회주의'를 지향한 좌파세력에 해당된다.

궁극적인 목적은 '민중정권 수립'으로 요약되는 사회주의사회였지만, 당시 주요한 세력별로 각각 한국자본주의국가의 역사와 현실에 대한 인식, 우선 과제와 해결방안, 즉 혁명운동의 현실 적용 논리는 차이를 보이고 있었다.

## (1) 한국의 역사와 현실에 대한 인식

1980년대 초까지만 해도 풀란차스, 그람씨 등의 이론을 중심으로 네오마르크시즘에 대한 관심이 운동세력 내부에 존재하고 있었지만, 이후 소련과

---

49) 이들은 PD, 곧 민중민주주의계열로서 레닌주의를 수용했고 이들 비합법(非合法) 정파가 그 방식에서 이견을 보이긴 했지만 대체로 사회주의사상과 노동운동의 결합을 매개하는 볼셰비키정당의 건설을 위한 노력과 대중역량을 강화하기 위한 활동을 병행해 왔다. 1992년 초 이후 이들은 본격적으로 지하조직운동을 청산하고 합법정당을 건설하려는 시도를 하게 된다. 이는 1989년에서 1990년에 이르는 '공안정국' 당시 정파들의 주요 조직들이 모두 공안당국에 의해 와해된 현실에 기인한 바도 크다. 한겨레신문, 1992년 1월 16일.
50) 1990년 11월, 구속되어 와해되었다. NL, 즉 민족해방계열의 비합법조직이었다. 한겨레신문, 1990년 11월 27일, 경향신문, 1990년 12월 26일.
51) NDR, 즉 민족민주혁명노선을 주장한 비합법단체로서 남조선노동당 이후 최대의 비합법 자생적 조직이었다. 한겨레신문, 1990년 10월 31일.
52) 1991년 8월 26일 적발된 PD계열의 혁명운동조직, 동아일보, 한겨레신문, 1991년 8월 27일.
53) 민중민주주의 실현을 위한 제헌의회파, 곧 CA 계열의 비합법조직으로서, 이들은 전위당에 의한 전격적 '무장혁명노선'을 채택하였고, '1989년 봉기'를 주장하여, 운동세력들에게도 주목을 받았다. 한겨레신문, 1990년 8월 23일.
54) 혁노맹의 산하 조직으로서 1990년 8월 적발되었다. 전국 14개 대학에 지부를 두고 있었다. 경향신문, 1990년 8월 22일.

북한의 역사적 경험에서 도출된 주체사상과 마르크스레닌주의 문헌들이 본격적으로 소개되고 읽히면서, 1980년대 중반 이후, 각 정파는 변혁되어야 할 한국자본주의와 국가에 대한 인식을 정립하게 된다. 1980년대 중반 이전까지 이러한 논쟁들은 철저하게 비공개적으로 이루어졌지만 1986년 이후 민주화 운동이 거세어지고 '유화국면'이 겹치면서 '과학화', '대중화'의 기치를 걸고 공개적인 학생회 공간을 무대로 하여 질적, 양적으로 한층 심도 깊은 양상을 보였다.

미국 신좌파에 비하여 한국의 운동세력은 마르크스주의 정통계승과 적용을 위한 '이론투쟁'에 매우 적극적이었고, 이론 논쟁은 1980년대 중반 이후부터 1990년대 초반까지 이어졌다. 1988년부터 1989년까지 2년간 서적과 유인물 등 무려 5백 29종이 법원판결이나 검찰에 의해 이적표현물로 간주되어 국가보안법 적용 출판물로 등록되었다. 이 기간 중 전국 법원에서 이적표현물로 인정하거나 검찰이 이적표현물로 간주, 법원에 기소한 것은 마르크스레닌주의 원전 및 북한 원전 등 서적 2백 33종, 유인물 2백 81종, 기타 15종 등이었다.[55]

이들 혁명적 사회주의운동세력들은 내부적으로 주사(주체사상)와 비(非)주사, 혹은 NL, PD 등으로 나뉘어 운동이 지속되던 시기 동안 논쟁을 계속 이어갔다. 논쟁 기준은 '마르크스레닌주의 정통'의 보편성을 한국사회문제 해결이라는 특수성과 제대로 조화시키고 있는가, 그렇지 못한가 하는 데 있었다. "NL과 PD는 그 사상적 차이에도 불구하고 '혁명적 정통'의 획득을 이상적으로 간주하고 있었기 때문에 '동일한 이념적 기초' 위에 서 있다"는 지적도 제기된 바 있다.[56]

1980년대 후반 벌어진 NL-PD의 두 세력은 혁명운동의 궁극적 변혁 대

---

55) 대검찰청 공안부 자료집, 『판례상 인정된 이적표현물』, 1990년 8월 19일; 한겨레 신문, 1990년 8월 20일.
56) 이병천, "포스트 마르크스주의와 한국사회", 『사회평론』, 1992년 8월; 조희연, 『한국의 민주주의와 사회운동』, 당대, 1998, p.126, p.127.

상인 한국의 자본주의체제와 국가에 대해 상이한 관점을 드러내고 있다. '진보'를 표방하는 사회과학자들에 의해 이들의 논쟁과 내용은 수없이 정리, 논의되어 왔는데, 당시 운동세력 간에 수년간에 걸쳐 벌어졌던 논쟁인 데다, 현실정치의 변화와 맞물려 있기 때문에 각기 이론적 입장이 변화하긴 하였으나 대체로 기본적인 내용은 다음과 같았다.[57]

NL의 경우, 한국사회의 성격을 '식민지반(半)자본주의'로 규정하고 있었다. 1945년의 해방은 진정한 민족해방이 아니라는 것이며, 한국현대사에서 모든 악의 근원은 바로 미국이라는 것이다. 그리고 '파쇼체제' 역시 대리통치체제이며 '식민지' 지배방식에 본질적인 변화는 없다는 것이었다. 그리하여 한국에서 혁명운동의 목적은 민족자주성 회복인데, 민족자주성을 유린하는 세력은 미국침략자와 그와 결탁한 매판자본, 친미 지주, 반동관료배들이며 자주성을 유린당하는 세력은 노동자, 농민, 청년학생, 지식인, 도시소자산계급, 애국적 민족자본가(부르주아 일부)와 애국적 군인이라는 것이다. 이 대립관계에서 한국사회의 본질을 규정하는 근본 대립관계는 미제국주의와 민중 간의 모순으로 형성되며, 한국의 '파쇼국가'와 민중 간의 관계는 파쇼국가가 미제국주의의 '주구'(走狗)에 불과하므로 부차적인 대립관계라는 것이다.

1990년 1월 전격적으로 민정당, 통일민주당, 공화당이 합당을 결행하자 이에 대하여 NL계열에서는 단순한 보수대연합이 아니라 '친미파쇼연합'으로 규정하였다. 바로 미국의 존재에 대한 인식에서 나온 판단이었다. 즉 이 연합의 배후에는 미국의 정치공작과 미국의 현 상황에 대한 주요한 이해관계

---

57) 다음 자료들을 위주로 정리한 내용이다. 당시 사회운동가였던 류청하, 최민, 이종회씨의 『사회와 사상』 12월호 대담록, "사상이론투쟁의 심화와 대중운동의 조직적 확대", pp.132-159, 그리고 NL, CA, PD의 핵심적 주장과 내용에 대해서는 박사인, "NL-CA논쟁", 이재화, "NL-PD논쟁", 중앙일보사, 『80년대 한국사회 대논쟁집』, 1990년 1월, 그리고 『팸플릿정치노선』(일송정 편집부 편, 1988)에 실린 팸플릿들은 가장 인용이 빈번하면서, 운동세력의 한국사회에 대한 인식, 혁명노선과 전략전술이 구체적으로 나타나 있는 1차 자료 모음집이다.

가 존재하고 있기 때문이라는 것이다. 반미세력을 약화시키고 지배체제를
안정화시키기 위한 친미보수연합 구도 추진, 6공화정의 북방정책에 대한 견
제와 후견, 그리고 '두 개의 한국정책' 완성을 위한 북한에 대한 접근 등이
그 배경이라는 것이다.58)

NL계열은 일제 이후 제국주의와의 특수한 관계로 시작된 한국현대사에
천착하여 이를 마르크스레닌주의의 정통성과 결부시키는 데 고심하였다. 이
에 따라 북한사회주의를 긍정적으로 평가하여 극단적 민족주의사상을 도입,
지지하게 되었고, '사회 변화와 창조적 변혁은 사람이 중심이다'라는 주체사
상의 철학적 입장을 지지하였다. NL 내부에서도 주체사상을 마르크스레닌
주의를 넘어서는 새로운 한국적 사회주의로 해석할 것인가, 아니면 마르크
스레닌주의 전통 속에서 주체사상을 평가하고 받아들일 것인가에 따라 상당
히 다양한 입장들이 있었지만, 마르크스레닌주의를 완전히 부정하지는 않았
고, 주체사상을 수용하되 이론적으로 마르크스레닌 이래의 사회주의 정통을
끝까지 견지하려 하였다.59)

이처럼 미국에 대항하는 반제국주의투쟁에 역량을 결집시킨 NL에 비하
여 CA, PD 등은 본질적으로 한국사회에서 문제가 되는 것은 제국주의보
다 한국사회 자체 내의 강고한 국가와 자본이라고 인식하였다. 후일 상당수
가 PD로 흡수된 1980년대 중반 당시의 CA는 구식민지와 신식민지는 단
순한 현상의 변화에 머무르지 않으며, 한국이 미국에 예속되어 있기는 하지
만, '예속국가독점자본주의'로서 미국의 규정성은 외적(外的)이라고 인식하
였다. 그리고 '파쇼국가' 역시 미국에 종속되어 있기는 하지만 상대적 독립
성은 유지되는 것으로 인식하였다.

1989년 들어, CA의 이론적 계통을 이어받은 PD계열이 운동세력 내부
에서 급격하게 성장하였는데, NL-PD 논쟁은 1980년대 혁명운동과정에서

---

58) "친미파쇼연합의 형성과 향후 정치정세", 민주화의 길 24호, 1990년 3월.
59) 이산, "혁명사상에 대한 한 연구-주체사상과 마르크스레닌주의의 수용을 위하여",
    김창호 엮음, 『한국사회변혁과 철학논쟁』, 사계절, 1989, pp.322-329.

가장 첨예하고 치열하게 벌어졌던 논쟁이며, '남한사회변혁운동상의 노선 대립에서 최대, 그리고 최후의 논쟁'으로 불릴 만큼 혁명운동세력은 사실상 이두 세력으로 '계보'를 나눌 수 있었다.

PD계열은 NL에 대한 비판을 더욱 첨예화하고 마르크스레닌주의의 원칙들을 강조하면서 좌파로서의 선명성을 부각시켰다. PD는 정통 마르크스레닌주의를 지지하고 '존재가 의식을 규정한다'라는 사적 유물론의 명제에 충실하였다. 그리하여 사회구성체의 교체를 목표로 하는 혁명운동의 성격을 규명하기 위해서는 소련에서 체계화된 정통 마르크스주의를 면밀하게 한국사회에 적용할 필요성을 강조했다. 주체사상은 이들의 입장에서는 '수령관과 과도한 인간주의와 민족주의'에 기운 사상으로 비판받았다. 이들은 남한사회를 '국가독점자본주의'로 규정하고 NL의 인식과 다르게 비록 미국에 종속되어 있기는 하지만 자본주의가 상당히 발전하였고 독점자본의 강화와 종속의 심화가 병행되는 특수한 운동법칙을 지니는 '신식민지' 국가라는 것이다. 따라서 '신식민지국가독점자본주의'라는 토대의 성격은 상부구조에 그대로 반영되어 이 국가는 미제국주의의 단순한 대리통치기구에 머무르는 것이 아니라 독립적 국가권력으로서 독점자본(재벌)의 논리에 의해 움직인다고 인식하였다.

PD에 의하면, 남한의 독점부르주아계급군과 제국주의독점부르주아계급은 민중을 수탈하는 데 공동 이해를 갖고 있는 동맹관계이자 상호보족관계라는 것이다. 이 동맹관계의 통일적 물리력이 곧 남한 파쇼체제(국가)이며 이 체제를 통해 대사회주의권 방어를 수행하고 혁명운동세력에 대한 탄압을 감행하여 남한자본주의를 안정적으로 유지한다는 것이다.[60]

즉 한국사회를 '식민지'로 규정하게 되면 "그러한 작자들[61]은 모두 S·K(남한) 사회 성격은 임페(Impe, 제국주의국가, 곧 미국과 일본)에 의해서

---

60) 팸플릿 "CPC(PD)의 정치노선", 『팸플릿 정치노선』, 일송정, 1988, p.251.
61) NL을 가리킴, '작자'라는 용어에서 보듯이 당시 운동세력은 내부에서 NL과 PD의 입장 차이에 따라 심각한 대립을 보이기도 했다.

만 규정되는 것으로 파악하고 오로지 임페 타도만 외쳐댄다"고 비판하면서,
식민지사회로 한국사회를 인식하는 것은 일면적인 인식일 뿐이고 이미 깊숙
하게 한국사회에 각인되어 있고 한국사회를 지배하고 있는 한국의 독점자본
과 파쇼체제의 구조적 역할이 정치경제적으로 매우 강고하다는 점을 인식하
고 있는 것이다.[62]

주체사상을 받아들여 변혁의 기본 이론으로 삼던 NL의 다수파였던 '주사
파'에 대해 당시 PD 그룹에서는 그 인식론에서부터 비판을 가하고 있었다.
주사파가 '인민대중'의 역할을 강조하면서 다음과 같은 명제들을 정식화한
데 대한 비판이다.

> ① 인민대중은 사회역사의 주체이다.
> ② 인류역사는 인민대중의 자주성을 위한 투쟁의 역사이다.
> ③ 사회역사적 운동은 인민대중의 창조적 운동이다.
> ④ 혁명투쟁에서 결정적 역할을 하는 것은 인민대중의 자주적인 사상의식이다.[63]

이에 대해 PD 계열의 한 이론가가 가한 비판은 다음과 같다.

> "……노동자들은 '부르주아 민주주의의 후위들을 지지하는 역량'으로 '전락'하
> 고 말 것이다. 오늘날 우리의 노동형제들이 '민통련'이나 '전대협' 같은 부르주
> 아 민주주의를 지향하는 후위 혁명가들에게 사로잡혀 있고 그들의 사상으로 '오
> 염'되어 있음은 땅을 치고 통곡할 노릇 아닌가! 자, 이제 '인민대중'이라는 추상
> 적인 개념에 더이상 안주하지 말고 진정으로 혁명적인 계급인 '프롤레타리아트'
> 의 관점을 회복하여 프롤레타리아트로서 '인민대중'을 바라보도록 하자!"[64]

---

62) 팸플릿, "(신식민지적) 예속국가독점자본주의론", 1986년 겨울 발행된 PD의 '약술
   론' 팸플릿: 『팸플릿 정치노선』, 일송정, 1988, pp.175-226.
63) 자세한 내용은 다음 김일성의 글, "우리 당의 주체사상과 공화국 정부의 대내외 정
   책의 몇 가지 문제에 대하여", 『주체사상 연구』, 태백, 1989.
64) 김현철, "소위 마르크스레닌주의의 새로운 발전과 인간중심주의 사상에 대하여", 김
   창호 엮음, 『한국사회변혁과 철학논쟁』, 사계절, pp.303-308.

## (2) 혁명운동의 실천과제 인식

남한체제의 근본 모순을 해결하려는 그 방법은 NL, PD는 물론 1980년
대 중반 무렵부터 나타난 모든 정파에 관계없이 '혁명'이었다. 혁명운동으로
서 자기정체성을 확보한 1980년대의 좌파운동은 혁명적 시각에서, 혁명운
동의 전략전술적 방침을 둘러싼 논쟁을 벌이게 되었다. 1980년대 논쟁의
주요한 특징은 자유주의적 이념은 물론이고 이른바 '소부르주아'적 입장, 그
리고 사회주의지향이라 해도 사회민주주의적 노선과 체제의 점진적 개혁에
대해서는 '개량주의', '기회주의'라는 비판이 가해지면서 '과학적 사회주의',
곧 마르크스레닌주의에 기초한 혁명적 입장이 주류화되어 가는 성격을 띠게
되었다. 조희연 교수는 다음과 같이 이를 평가하고 있다.

"좌파운동에 참여한 사람들은 곧 '혁명주의자'가 되는 것이 정상적이었고,
혁명주의자의 주요한 사상적 과제의 하나는 모든 일탈적 사상에 대하여 '개
량'의 낙인을 부여하고 그것의 확산을 저지하는 것이었다. 임박한 지배체제
의 파국을 전제로 하면서 혁명적 사상으로 무장하여 혁명적 정세를 예비하
여야 하는 것, 이것이 당시 운동세력을 감싸고 있던 1980년대 논쟁의 정서
였다"[65]

NL과 PD 구도 이전이었던 1985년 즈음, CNP 논쟁이 있었는데 이는
NL과 PD 논쟁의 시발점으로 불리고 있으며 이 논쟁과정에서 혁명운동의
주체를 누가 할 것인가라는 문제에 대해 '과학적 사회주의'의 기준을 도입한
최초의 논쟁으로 평가받는다. 이 논쟁은 CDR(시민민주혁명), NDR(민족
민주혁명), PDR(민중민주혁명)의 세 가지 방법론을 정리한 것이다. CDR
에 의하면, 군부독재에 대항하는 소시민, 즉 부르주아 내부의 양심적 지식
인과 쁘띠 부르주아, 학생이 주도하는 노선에 따라 1차 과제는 부르주아민
주주의혁명이었다. 셋 중 가장 급진적인 PDR에 의하면 기층민중, 즉 프롤

---

65) 조희연, 『한국의 민주주의와 사회운동』, 당대, 1998, p.126.

레타리아가 주도하는 노선으로서 프롤레타리아혁명이 목적이었고, NDR은 기층민중이 주도하되, CDR의 주체가 되는 계층과 연대하는 중도 노선이었다. 논쟁을 이끌었던 운동세력은 NDR의 타당성을 입증하는 결론을 이끌어 내기 위해 CNP 구분을 적용하였다.66) 이 논쟁 이후 운동세력은 내부에서 고민과 논쟁을 거듭하다 NL과 CA(NDR노선이 급진화하여 '제헌의회'를 구성하자는 주장 제기)의 구도로 전개되었고, 1989년 무렵 NL과 PD 구도가 나타난 것이다. 이 과정에서 CA는 분열하여 일부는 PD의 모태가 됨과 동시에, 일부는 NL로 흡수된다.67)

1980년대 후반 결성되어 1990년대 초반 와해된 비합법조직 중 일반에 가장 널리 알려졌던 대표적인 조직인 '남한사회주의노동자동맹', 즉 '사노맹'의 지도자 박노해(박기평)의 법정 진술을 통해 정통 사회주의이념에 투철했던 CA계열의 급진적 사상이 나타났다. 당시 중요한 것은 민족해방운동이라든가, 부르주아민주주의혁명운동이 아니라 사회주의혁명운동이라는 것이다.

> "……마르크스, 레닌이 50년에 걸친 온갖 실험과 고뇌 속에서 밝혀온 그 과학적인 진리는 여전히 유효하고, 이것을 부정하고 나서 민중해방과 노동해방으로 가자고 하는 것은 미개지를 지도 하나 없이 나침반 하나 없이 가는 것과 같다……고도로 발달한 신식민지국가독점자본주의체제 하에서 사회주의혁명을 이룩한 데는 없다. 우리 사노맹은 남한사회에서 최초의 역사적인 실험을 했다……"68)

혁명운동조직 중 대중적으로 가장 큰 충격을 주었고 널리 알려졌던 사노

---

66) 논쟁을 주도했던 문용식 씨의 증언. 문용식, "CNP논쟁", 중앙일보, 『80년대 한국 사회 대논쟁집』, pp.284-286. 문용식 씨에 의하면, CNP논쟁이 후일 NL-PD 논쟁에 버금갈 만큼 실제로 치열했던 것은 아니며, NDR의 타당성을 이끌어내기 위해 CDR과 PDR은 당시 이론 경향 중 '좌우' 양파를 이념형적으로 구성하여 비교한 일종의 의제(擬制) 논쟁이었다고 한다. 그러나 과학적 사회주의를 표방, 정립하기 위한 최초의 논쟁이었다는 데 의미가 크다.
67) 한겨레신문, 1990년 10월 31일.
68) 박기평 최후 진술, 1991년 8월 19일, 선고공판.

맹은 이러한 노선들 중 CA그룹의 활동가들이 결성한 '노동자계급 해방투쟁 동맹'(노해동)에서 분리된 조직으로서 NDR과 일부 PD세력이 포함되어 있었다.[69)]

이에 비해, 혁명운동세력의 다수를 점하고 있던 NL은 앞서 한국자본주의와 국가에 대한 인식을 기본으로 하여, 미국의 지배를 척결하는 투쟁을 기본으로 하면서 '미국의 앞잡이'인 '매판자본'과 '매판정권'을 타도하는 투쟁을 중심으로 민족해방과 조국통일을 이루고 민주주의혁명으로 나아가는 것이 혁명운동의 목적이라 규정하고 있었다. 반제론(Anti-Impe, 곧 AI)에 근거하여 반제국주의투쟁에 역량을 결집시켜야 한다는 것이다. 그리하여 미국의 지배로부터 완전히 벗어난 민중권력으로서의 계급적 성격을 지니는 '민족자주정권'의 수립이 당시의 당면 과제라는 것이다. 그리고 그러한 민족자주정권을 수립하게 되면 비로소 민중민주주의혁명(PDR)과정이 시작된다고 보았다. 이것이 NL이 지향하고 있던 혁명인 민족해방민중민주주의혁명(NLPDR)의 기본 내용이었다.

NL과 달리 PD계열은 독점자본의 '집행위원회' 격인 신식민지파쇼국가권력을 무너뜨리고 민중민주주의권력을 수립하는 것을 목적으로 삼고 있었는데 당면 과제는 민족해방(NL)이 아니라 독점자본의 지배를 타파하고 민중민주주의권력을 현실화하는 PDR이 우선이라고 보았다. 그래서 PD에 따른 한국사회의 혁명은 '반제반파쇼민중민주주의혁명론'(AIAFPDR)으로 요약되는데, 한국사회는 계급모순과 민족모순이 중첩되어 있는 성격을 갖고 있기 때문에 이러한 성격의 혁명이 주요 과제라는 것이다. 그리고 계급투쟁의

---

69) 1989년 11월 출범을 선언했다. 1천 5백여 명의 조직원을 거느리고 있었으며 수도권, 영남, 호남, 중부, 강원에 지부를 둔 전국적 사회주의조직이었다. 그 규모에 대해서 박노해는 1천 명 이상이라고 진술했고, 안기부는 3천 5백 명에 이른다고 발표했으나 과장된 듯하다. 비밀조직의 특성상 정확한 규모를 알 수는 없는데 조직사회학적으로 사노맹을 집중 연구한 조희연 교수는 대략 1천 5백 명 정도로 추정하고 있다.
한겨레신문, 1991년 8월 20일, 1992년 5월 16일, 조희연, "사노맹-비합법 전위조직에 대한 조직사회학적 분석", 역사비평 18호, 1992, p.218.

연장선상에서만 제국주의와의 투쟁이 가능한데, 이것은 '과거 식민지사회에서는 민족모순의 해결이 계급모순의 해결보다 더 시급한 것이었지만 현재는 한국사회자본주의의 고도화로 인하여 계급모순의 해결이 더 시급하다'며 NL의 노선과 분명한 차이를 드러내고 있다.

NL에 의해 시급히, 그리고 주요하게 투쟁과 타도의 대상이 되는 주한미군은 PD의 시각에 의하면 남한 국가의 역량에서 '보조적'인 역할에 불과하므로, 남한 국가 정규군의 작전지휘권이 미국 측에 있다 하더라도 대한민국의 정규군은 미제국주의의 용병이 아니라 제국주의자본과 남한 부르주아의 수탈을 보장하는 파쇼체제의 물리력이라는 것이다.

그러므로 민중에 있어서 제국주의와 싸운다는 것은 파쇼체제, 즉 남한의 국가와의 싸움이 된다는 것이다. 한국사회에서 주요한 모순은 NL과 달리 미제국주의와 민중 간의 모순이 아니라 파쇼체제와 민중 간의 모순이라고 규정하고 있었기 때문에 사회주의사회로 가기 위한 민중권력의 창출은 바로 미제국주의가 아니라 남한 국가에 대한 투쟁으로 집약되었다.[70]

## 2) 미국 신좌파혁명운동세력

1960년대 초반부터 1970년대 초반까지 이어진 신좌파의 주장과 저항은 1920년대 사회주의운동과 뉴딜 개혁 이후 '혁명'을 목적으로 한 아래로부터의 저항으로서는 미국현대정치사에서 유일한 사건이었다. 신좌파운동의 여파로 사회적 권위가 총체적 위기를 맞이하였고, 신좌파운동의 직접적 결과는 아니었지만 결국 미국 역사상 최초로 현직 대통령의 하야라는 초유의 사태에 큰 영향을 미쳤을 뿐만 아니라, 1960년대 후반부터 1970년대 초반에 이르기까지 북미대륙 전체를 남북전쟁과 대공황 이후 가장 큰 내분과 혼란

---

70) 팸플릿 "CPC(PD)의 정치노선", 『팸플릿 정치노선』, 일송정, 1988, pp.263-266.

으로 몰고 갔다.

미국의 신좌파는 이념적으로 마르크스와 레닌 이후의 정통 사회주의를 들여오기는 하였지만 이를 그대로 베끼는 교조적 입장은 아니었다. 신좌파에도 물론 그러한 분파가 존재했지만 모두가 한결같이 정통 사회주의적 의미의 좌파는 아니었으며 이는 '신'(New) 좌파라는 명칭에서도 드러난다. 후기로 갈수록 과격단체가 출현하여 폭력을 불사하기도 하였지만, 초기부터 꾸준히 비폭력주의를 견지한 이들도 포함되어 있었던 만큼 운동 방법도 매우 다양하였으며, 전체적으로 이념과 태도가 대체로 유연하였고 미국적 사고방식의 소화를 거친 상태였다. 앞서 1980년대 한국의 좌파세력들의 목적과 노선을 그 '정파' 별로 일목요연하게 정리할 수 있었던 것은 바로 한국 좌파세력의 이념적 투철성과 교조주의적 성향에 기인한다. 그러나 신좌파는 그러한 정리가 불가능할 정도로 실로 다양한 경향을 보여 주었던 것이다.

신좌파에 대한 가장 체계적이고 포괄적인 연구를 행한 카치아피카스는 신좌파운동의 지향점과 조직형태, 주도계급, 전술의 네 가지를 기준으로 구좌파에 대비되는 신좌파세력을 역사적으로 다음과 같이 규정하고 있다.

〈표 1〉 신좌파운동의 역사적 위상

| 시기 | 혁명적 계급 | 조직형태 | 지향점 | 전술 |
|------|-------------|----------|--------|------|
| 1917 러시아 | 노동자계급 | 전위당 | 프롤레타리아독재 | 조직적 권력 장악 |
| 1968 미국 | 새로운 노동자계급 | 행동위원회 / 집단체 | 자주관리, 민중에게 권력을, 상상력 | 공공영역 / 일상생활에 대한 도전 |

자료: George Katsiaficas, 이재원·이종태 역, 『신좌파의 상상력』, 이후, 1999, p.79.

신좌파운동은 위와 같이 새로운 형태의 운동이었으며, 각국 간에 직접적이고 실질적인 연대활동은 미약했지만 특히 미국과 유럽의 신좌파운동은 서로의 정신과 노선을 의식하고 있었다. 1968년의 경우 미국뿐만 아니라 세

계 각 지역에서 미국과 소련의 억압적 체제에 대항하는 형태로 일어난 후,
특히 미국에서는 반전운동, 민권운동, 여성운동 등 다양한 분야의 운동을
통일시키는 형태로 발전했다. 미국 신좌파운동의 가장 기본적인 특징으로서
는 다음과 같은 것들이 있다.[71]

첫째, 경제적 착취에 대해서 뿐만 아니라 인종적, 정치적, 가부장적 지배
에 대한 반대이다. 의사결정의 탈집중화, 기존 거대 관료조직의 부정, 국제
적인 산업의 사회화, 노동자와 지역공동체의 자주관리를 골자로 하면서 민
주주의를 경제적이고 문화적인 측면뿐만 아니라 생활의 모든 부문으로 확대
해야 한다고 주장하였다. 이 과정에서 반문화운동을 통한 기존 산업사회의
생활양식에 대한 총체적인 거부가 포함되었다.

둘째, 물질적 빈곤에서의 자유뿐만 아니라 새로운 인간을 창조할 자유라
는 관점에서 본 적극적인 자유 개념이었다. 정치경제적 침략뿐만 아니라 문
화제국주의와 소비주의에 반대하며, '민중에게 권력을'(All Power to the
People)이라는 구호에서 보듯이 보다 적극적이고 자율적인 행동과 선택을
확장시켜 나가는 것이 신좌파운동의 목적이었다. 1950년대 미국의 풍요한
사회현실은 냉전 자유주의의 신념에 기초하고 있었는데, 이는 뉴딜체제 이
래의 국가관료제, 국내외의 반공주의, 공화당과 민주당을 가로지르던 초당
적 합의를 주된 내용으로 하고 있었다. 신좌파는 이를 맹렬히 비판하고 근
본적으로 부정하고자 한 것이다.[72]

셋째, 위와 관련하여, 민주주의적 과정을 확대하고 개인이 지닌 권리를
규제하기보다 이를 확장하는 것이었다. 이것은 미국의 전통적인 자유주의를
더욱 강화, 나아가 급진화함을 의미하였다. 서문에서 밝힌 바처럼, 신좌파
운동은 '사회주의'를 지지하였지만 개인주의와 자유주의 같은 미국 건국 이

---

71) George Katsiaficas, 이재원·이종태 역, 『신좌파의 상상력』, 이후, 1999,
    pp.88-97.
72) Van Gosse, "Defining New Left", Rethinking the New Left, Palgrave
    Macmillan, 2005, pp.5-7.

래 특유의 이념을 강력하게 부각시켰다.

넷째, 노동자계급과 전위당 엘리트가 아니라 학생, 청년, 소수민족, 여성, 그리고 다수의 중간계급 출신들이 운동에 광범하게 참여하였다는 점이다. 운동 주체 측면에서 노동계급의 참여가 미약했던 것은 한국의 좌파와 유사한 배경이었으나, 신좌파의 경우 오히려 미국의 노동계급은 한국보다 더 보수화, 체제 내화되어 있었고 심지어 신좌파에 적대적인 태도를 보이기도 했던 데서 이는 상당한 악조건으로 작용했다.

유럽정치사상의 자유주의와 마르크스주의 계열 어느 쪽으로도 분류가 곤란한 미국 최초의 자생적 사회과학자로서 '유한계급', '과시 소비' 등의 개념을 통해 미국의 지배세력을 무참하게 평가 절하한 19세기 베블런(T. Veblen)의 비판적 사회이론 이래[73], 미국은 사회운동의 양분이 될 만한 자체 비판이론을 보유하고 있었다. 급진적 자유주의자였던 라이트 밀즈, 학생집단의 사회적 역할을 강조한 철학자로서 휴머니즘을 강조했던 후기 마르크스주의자 마르쿠제(H. Marcuse) 및, 그 외에도 건국 이래 이어져 온 비판적 지성이 축적되어 있던 결과였다. 비판과 행동의 원천이 되는 충분한 지적 자산의 보유로 인해 이들은 교조적 입장에서 어느 정도 자유로울 수 있었고 운동세력 중 레닌주의를 그대로 신봉하는 교조적 분파가 나타나긴 하였지만 신좌파 전체 차원에서 본다면 한국의 NL이나 PD 등의 '이론적 계보'와 '정파'의 형태에 상응할 만한 일사불란함은 보이지 않았다. 물론, 레닌주의, 전위당 이론, 주체사상 등을 신봉하여 조직적이고 위계적인 질서를 부과하고 준수하는 분파도 존재하였다. 그러나 그것은 수많은 신좌파 내의 세력들 중 분파 내부의 특징일지언정, '신좌파의 전체적 특징'이라 할 수는 없다. 이 점은 한국의 좌파와 구별되는 결정적인 내부적, 문화적, 조직적

---

73) 베블런은 미국의 지배세력을 마치 동물원의 짐승을 보듯 관찰하는 냉정한 시각에서, 그들의 비합리적이고 과도한 소비성향을 이론화하고 있다. 계급적 관점, 엘리트론적 관점 모두 피하면서, 지배세력들을 '유한계급' 즉 '머리는 텅 비고, 할일 없이 먹고 노는 가치 없는 존재'로서 '신기하고 흥미롭다'는 식으로 빈정대며 개념화하였다. Thorstein B. Veblen, 崔晄烈 옮김, 『유한계급론』, 양영각, 1983.

특징이다.

그러나 분파에 따라 행동방식이 매우 과격한 세력도 있었으며 심지어 내란과 폭력사태를 일으키려는 지하 단체들이 1960년대 후반 이후 속속 생겨나 국가로서는 심각한 사태로 받아들이지 않을 수 없었다. 이들은 1970년 이후 1, 2년 동안은 신좌파의 급진적 행동을 주도하게 되었다. 이러한 과격화는 "소총 한 자루는 투표권 한 표"라는 미국 개척기 이래 특유의 정치문화적 성격으로부터 연유한 것이기도 하며, 총기 소지가 비교적 자유로웠다는 사회적 특성, 넓은 대륙국가였으므로 폭력행위의 계획과 실행이 한국과 같은 좁은 국가보다는 유리했다는 지리적 특성에서 연유한 것이기도 했다. 이론적 분파와 체계가 비교적 명확했던 한국과 달리 다양한 입장이 공존했던 신좌파로서는 일견 역설적이게도 비폭력저항운동이 벌어지고 있는 동안, 또 한편에서는 대규모 테러와 총격전을 감행하는 분파가 출현했던 것이다. 한국의 운동 행태가 혁노맹과 사노맹 등 극히 일부를 제외하면 무장투쟁노선의 공식화나 실제 테러로까지 발전하지는 않았던 데 비해, 행태 측면에서 결정적인 대비점이다.

신좌파는 그 내부에 반전운동, 민권운동, 여성운동, 환경운동 등 수많은 운동과 관련 단체를 포함하고 있으며, 같은 운동이라 할지라도 지향하는 이념과 방법론이 다양하여 간단하게 정의내릴 수 없다. 신좌파 개념의 애매모호함, 성격과 시기에 대한 규정의 혼란스러움은 지금도 여전하며, 이는 신좌파 자체의 특성에 연유하고 있다. 시기를 포괄적으로 규정할 때 신좌파는 1950년대 말부터 대략 1975년경까지 존재한 것으로 볼 수 있지만 관점에 따라서는 시기가 더 좁아질 수도 있다. 또한 대체로 구좌파와의 뚜렷한 단절성이 그 특징으로 알려져 있지만 구좌파와의 내면적 연속성을 강조하는 입장도 있다.[74] 신좌파에 대한 많은 연구들은 이러한 다양성과 복잡성을 공통적으로 인정하고 있다.[75] 평등한 사회를 추구했다는 점에서는 좌파에

---

74) Van Gosse, op. cit. p.4., pp.20-23.

75) 디긴스(J. Diggins), 사젠트(L. Sargent), 월러스타인(I. Wallerstein), 카치

속하지만, 마르크스주의자로부터 극단적 자유주의자, 심지어 마약상용자와 히피까지 포함하는 학자들도 있었기 때문이다.76) 그러나 이 책에서 분석의 대상으로 하는 신좌파는 기본적으로 앞장의 좌파 개념 규정과 논의에 해당하는 세력과 주장을 의미한다.

포괄적 견지에서 보면 신좌파는 SDS의 참여민주주의, 유토피아적 사회주의, 흑인과 여성의 해방사상, 히피들의 생활과 극단적 자유주의를 모두 아우르고 있다. 따라서 이론적인 일관성이나 논리가 정립되어 있지 않으며, 이론투쟁이 치열하고 복잡했던 한국의 운동세력과는 사뭇 다른 양상을 보여 주고 있다.77) 각각의 주장을 보면 한국의 좌파세력들이 행한 이론투쟁의 수준에 비하여 정통 과학적 사회주의의 시각에서 봤을 때는 그 내용이나 논리가 천박할 정도로 간단명료하면서, 서로 상치될 수 있는 내용의 공존이 특징이다.

이처럼 신좌파는 다양성과 상상력을 중시했기 때문에 한국의 1980년대 좌파가 보여 준 치밀하고 논쟁적인 이론화라든가, '계보', 혹은 '정파'에 따른 집합식 분류, 마르크스와 레닌 이래 정통 사회주의의 '기준'을 어떻게 미국에 적용할 것인가 하는 방법론 논쟁보다는 행동 자체에 관심을 기울였다. 마르크스의 과학적 사회주의를 곧이곧대로 따르지 않고 극단적 자유주의의 요소가 섞인 아나키즘, 혹은 유토피아적 사회주의에 치우쳤던 '민주사회건설학생연합'(Students for a Democratic Society: SDS)78)이 1960년대 후반까지 운동을 이끌었던 반면, 후반부터는 혁명을 공개적으로 천명하면

---

아피카스(G. Katsiaficas), 테오도리(M. Theodori) 등이 대표적인 연구가인데 모두 신좌파를 기존의 이데올로기적 태도 중 특정한 범주 안에 묶을 수 없다는 점을 공통적으로 지적한다.

76) 정연식·김동근, "미국의 뉴레프트운동과 그 정치사상적 의의", 『논문집』 39, 경북대학교, 1985.

77) *Oakland Tribune*, January 5. 1966, 박재규 옮김, Z. Brzezinski, 『테크네트로닉 시대의 국제정치』, 1974, 경남대학교 극동문제연구소, p.266.

78) 이들의 사조는 넓은 범위에서 '자본주의를 지양하려는 사회주의를 지지하는 좌파'라는 공통점이 있었을 뿐, 한국의 운동세력처럼 뚜렷한 이론적 계보로 획정 지을 수는 없다.

서 급진적 직접저항운동을 주장한 '진보노동당'(Progressive Labor Party;
PLA)이 바로 출현하여 SDS를 장악하고 운동의 과격화를 주도했다는 변화무
쌍한 그들의 행보가 이를 보여 준다.

　SDS는 신좌파 중 대표적이면서도 느슨한 운동조직으로서 1963년 출범
당시에는 1천 명 못 미치는 소수 인원이었지만, 1968년에서 1970년 사이
기간에 가장 융성했을 당시에는 한때 7만 5천 명의 회원이 가입하였고 적
극적으로 참여하는 학생의 수가 무려 8천 명에 이르렀다. 조직의 이름에서
부터 이들이 다양성과 창조력, 개성을 중시한 사고방식을 엿볼 수 있다. 추
구하는 '민주사회'를 표현할 때 the를 붙이지 않고 '여럿 중 하나일 수 있다'
는 식의 a를 붙인 것 역시 구좌파의 절대성, 유일성, 도그마를 피하려는 시
도라 할 수 있는 것이다.

　이들은 기존의 정통 좌파(Old Left)가 완전히 극단적인 두 가지 길로
나아갔음을 비판하고 있었다. 즉 한편으로는 정치이데올로기와 계급의식에
사로잡힌 이론의 도그마에서 벗어나지 못했거나, 아니면 전혀 반대로 미국
의 번영과 위세에 눌려 이데올로기의 종언을 고하면서 보수 우파로 변절했
다고 비난했던 것이다. 이들은 미국사회의 문제점은 바로 너무나 근대화하
고 관료화, 거대화한 억압적 체제에 있다고 보았으며 '풍요한 사회'의 포만
상태가 정신적 빈곤으로 이어지고 있음을 비판하였다.[79] 노동자계급의 혁명
적 역할을 도식화한 정통 사회주의이론을 받아들이지 않고 '지식인과 학생들
이 이끄는 적극적 참여'에 의해 억압적 체제로부터 벗어나는 새로운 사회 '혁
명'을 주장하여 구좌파의 사회주의이론으로부터 한 발 떨어져 있었다.[80]

---

79) 라이트 밀즈가 미국을 '과잉개발사회'(overdeveloped society)라고 개념화한 데
　　서 영향을 받은 것이다. 신좌파의 이러한 사고는 이후 진보적 사회학자들이 계승
　　하여 미국의 발전을 '퇴행적 진보'(retrogressive progress)라 비판하였다.
　　Graham Crow, 박형신・이혜정 옮김, 『사회변동의 비교사회학』, 일신사, 1998,
　　p.27.
80) John Diggins, *The American Left in the Twentieth Century*, New
　　York: Harcourt Brace JovaNovich, 1973, pp.169-171.

이들은 소련과 동구권의 '억압적 사회주의'보다는 중국, 북한, 쿠바를 비롯한 제3세계의 사회주의 신생국들의 이른바 '자주적' 노선을 옹호하였는데, 이는 억압받는 대다수 민중의 현실을 사회주의이데올로기보다 우선시하는 인식에 의한 것이었다.

그러한 점에서 이들은 무엇보다도 마르크스, 레닌, 스탈린으로 이어지는 소련과 동구의 사회주의노선과 차별성을 견지하려 하였다. 그 중심에는 계급과 함께 억압받는 '제3세계의 민족'이 개념으로 자리잡고 있었던 것이다. 신좌파와 지리적으로 가장 가까웠던 사회주의국가 쿠바의 경우, 소련에서 구현되고 있던 스탈린주의 이래 구좌파적 전통과 관련 없이, "이데올로기보다는 쿠바의 현실과 혁명에만 집중할 수 있었다"는데[81] 신좌파는 큰 영향을 받고 있었다. 이러한 사고방식이 있었기 때문에, 신좌파는 미국 내의 흑인, 여성, 동성애자 등 비주류와 소수들에 대한 문제의식을 갖게 되었고 이들의 권익을 옹호하는 운동을 광범하게 펼쳐 나갔다.

SDS를 중심으로 하는 초기 신좌파는 구조적 억압을 가능케 하는 기존 자본주의체제를 부정하고, 혁명을 주장하였지만 모호한 휴머니즘적 색채로 인하여 투쟁의 한계를 맞이한다. 느슨한 연대와 휴머니즘, 이상주의의 모호한 좌파 노선으로써는, 월남전의 장기화에 따라 격렬해진 반전운동, 그리고 지속적인 차별과 정치적 억압에 따른 흑인민권운동의 과격화, 군산복합체 차원의 조직적이고 전국적인 압박으로 첨예해진 정치현실에 민활하게 대응하기 어려웠다.

그리하여 SDS는 1960년대 후반 이후 초기와 달리 목적과 수단 모두 급진화하였고, 원래 견지했던 이상주의적이고 인간주의적인 주장과 세력이 눈에 띄게 쇠퇴해졌으며 1970년 들어 가장 과격한 단체였던 흑인 좌파단체 블랙팬더당에 비해 거의 정체성을 상실하고 말았다. 곧 SDS의 주장은 관료화, 도구적 합리성의 증대, 억압적 체제 등의 경향에 저항한 아나키즘적 사

---

81) C. W. Mills, 김대웅 옮김, 『들어라 양키들아』, 아침, 1994, 2장.

회주의, 反근대주의, 개인주의, 공동체주의의 요소를 갖고 있는 것으로 평가할 수 있다.82) 또한 1960년대 후반 이후의 대학가 신좌파는 "반문화운동"의 성격을 한층 더 강하게 드러내었고, 비교적 엄격한 혁명전사 이미지를 고수하던 60년대 초기세대를 구세대(old guard)라고 따로 부르기도 했다.

1962년 창설된 진보노동당은 SDS에 비하여 정통 좌파에 가까운 사회주의단체였다. '적극적 참여와 선택에 의한 이상주의적 공동체사회건설'을 믿고 있던 초기 SDS의 경향을 정통 사회주의의 이론으로부터 이탈한 운동으로 비판하였다.83) 대신 이들은 노동자계급의 주도적 역할을 여전히 기대하면서 모택동사상과 레닌사상을 각각 노선과 조직 구성에 반영하였다. 이들은 신좌파 중 가장 구좌파적인 마르크스주의의 전통에 가까운 세력으로서 SDS가 히피족을 불쾌해 하면서도 부정하지는 않은 것과 대조적으로 히피를 경멸하였으며, 지미 헨드릭스(G. Hendrix)84)라든가 제퍼슨 에어플레인(J. Airplane)85)과 같은 대중음악인 중심의 반문화, 마약복용과 같은 극단적 개인주의와 허무주의를 가차 없는 퇴폐로 규정하여 노골적인 반감을 드러내었다.

1966년 흑인민권운동가 바비 실(Bobby Seale)과 휴이 뉴튼(Heuy Newton)이 주도하여 오클랜드에서 결성된 블랙팬더당(Black Panther)은 급진적 흑인민권운동을 이끌었던 단체였다. 이들은 1968년 이후 5천 명의 회원이 가입

---

82) 이들의 운동을 '진보'적이라고 볼 수 없다는 지적도 있다. 그러나 이러한 지적은 진보를 과거와 미래의 단순한 연대적 잣대로 삼아 구분한 오류를 범하고 있다. 반상제도를 철저하게 고집한 조선 후기의 세도정치가들보다 노비를 대거 해방시킨 고려 초기의 광종이 오히려 더 '진보적'이다. 그 기준이 '최신'이 아니라 '인간'에 있다고 한다면 이러한 지적은 성급한 판단일 수 있다. 이주영, "미국 신좌파의 '진보성'에 대한 의문", 『역사학보』157, 1998. 3.

83) John Diggins, *The American Left in the Twentieth Century*, New York: Harcourt Brace JovaNovich, 1973, p.172.

84) 미국의 록 가수로서 에릭 클랩튼(E. Clapton)과 함께 20세기 천재 기타리스트로 꼽혔다. 신좌파운동에 깊은 관심을 보였고, 마약과 프리섹스를 옹호하였다.

85) 신좌파운동 당시 활동하던 록그룹. 대중적으로 성공을 거두었고 1980년대 이후까지도 장수하였다.

하여 주요한 단체로 떠올랐다. 호지명, 모택동, 체게바라, 프란츠 파농, 카스트로 등의 경험과 이론을 받아들여 민족해방사상, 사회주의혁명론, 흑인자결론 (self-determination), 계급투쟁사상을 접목, 융합시켰으며 기존의 흑인단체와 달리 저항운동을 함께 한다면 인종에 구애받지 않아 흑인운동을 전국화시켰고, 합법과 비합법투쟁 양면에 걸쳐 다양한 전략과 전술을 구사하였다.[86] 처음에는 SDS와 원만하지만은 않은 관계였는데, SDS는 팬더당이 단독으로 혁명의 전위당이 되려는 시도를 비판하면서 연대와 공동체를 앞세운 데 대해, 팬더당은 SDS의 그러한 비판을 현실정치의 냉혹한 현실을 무시한 '이상주의'라고 반박하기도 하였다.[87] 1960년대 이후 신좌파가 과격화하면서 블랙팬더 계열의 운동가들은 SDS의 활동에 개입하여 큰 영향력을 행사하였다.

1960년대 중반 이후 들어 SDS가 비폭력노선으로 운동을 주도하던 초기의 경향에서 변화한 신좌파는 내부에서 진보노동당과 블랙팬더, 웨더맨 등 급진적 단체들이 주도권을 쥐면서 국가와 정면으로 대결하여 폭력적 저항을 펴는 노선으로 기울어갔다. 신좌파의 전반적인 특징인 이념, 노선, 집단, 지역에 따른 다양성 자체는 변화하지 않았지만, 이들의 투쟁방법은 매우 과격해졌던 것이다.[88]

초기에 이들은 '개인의 반란을 대중적으로 조직화한다'는, 즉 개인 동기와 의지를 중시하는 인식론적 입장에서 출발하였다. 역시 정통적 마르크스주의와는 차별화된 인식론이었다. 민권투쟁, 자유언론주의, 냉전을 등에 업은 (미국의) 전체주의에 대항한 연대(solidation), 미국사회의 문제들에 대한 제동과 시비, 구식 자유주의 관료제에 대한 저항 등 비교적 온건한 성격이 이들의 초기 운동을 특징짓고 있었다. 그러나 후기 들어, 이러한 운동들을 실현하는 과정과 노선이 급진화하면서, 반전운동과 대중동원, 징병거부운동,

---

86) *Commentary*, May 1970, p.35.
87) John Diggins, *The American Left in the Twentieth Century*, New York: Harcourt Brace JovaNovich, 1973, p.176.
88) 이주영, "1960년대 미국 학생운동의 마르크스주의화 과정", 『미국사연구』9, 1999. 5.

무장투쟁운동의 형태로 운동이 전화해 갔다.[89]

전세계적으로 학생운동의 급진화가 두드러졌던 1968년, 신좌파 학생운동지도자로서 컬럼비아대학의 SDS 의장을 맡고 있던 마크 루드(Mark Rudd)는 다음과 같이 신좌파의 당시 주장을 요약하였다.[90]

> "월남전은 주도면밀하게 짜여진 계획(a well intentioned accident)의 소산이다.……대학 총장은 권위와 질서에 대해 복종하라고 요구하고 있다. 우리는 정의, 자유, 그리고 사회주의(Justice, Freedom and Socialism)를 주장한다. 이제 한마디 말로 족할 것이다. '벽을 넘어 전진할 따름이다, 이 몹쓸 놈들아, 이제는 투쟁이다'

한국의 좌파 학생운동과 이념적 지향성 측면에서 대비되는 점은 신좌파가 미국 건국정신의 완전한 회복을 주장했다는 점이다.

궁극적으로 신좌파는 그들이 건설하려 한 '사회주의사회'에서 '개인'과 '사회'가 서로 기존의 비인간적인 미국사회(inhumane society)에서처럼 긴장관계(tension)에 있는 것이 아니라 서로 완전한 조화를 이루고 혼연일체가 되는 인간주의 체현의 사회를 건설하고자 하였다. 노동자가 소외되지 않고 직접 경영하는(man) 사회, 사람들이 스스로의 삶에 대해 스스로 결정하고, 또한 그들의 조직과 기구를 실질적으로 장악할 수 있는 사회를 궁극적인 혁명의 목적으로 삼았다.[91] 공상적 사회주의 시절의 이념, 아나키즘, 극단적 자유주의, 미국사회의 전통적 비판이론을 융합시킨 이러한 노선은 1960년대 이후 레닌과 모택동 등 기존 사회주의국가의 정통 좌파이론이 득세하긴 하였으나 여전히 신좌파운동 전반과 저변에 깔린 기본 정신이 되었다.

---

89) Massimo Theodori, *The New Left*, Bobbs-Merril Co. 1968, pp.34-71.
90) William Chafe, *The Unfinished Journey*, Oxford University Press, 1999, p.405.
91) John and Barbara Ehrenreich, "From Resistance to Re Vol. ution, *Monthly Review*, April 1968; Massimo Theodori, *The New Left*, Bobbs-Merril Co. 1968, pp.459-462.

이러한 그들의 목적은 신좌파 초기의 이상주의적이고 온건한 노선을 걷던 때부터, 후기 무장투쟁까지 벌이던 때에 걸쳐 근본적으로 변하지 않았던 것이다.


## 3. 국가폭력과 헤게모니: 운동의 제약요인


### 1) 내재적 입장: 마르크스주의적 접근의 한계

객관적으로, 마르크스주의이론은 거시적 정치변동을 구조적 시각에서 분석하는 대표적인 방법이며, 사회변혁의 성패를 좌우하는 역사적, 구조적 요인을 이론화해 왔다. 그리고 근대화론과 반대되는 입장에서 사회주의혁명을 지지하고 나아가 이를 정당하고 당연한 필연적 현상으로 미리 전제한 채 분석이 진행된다. 그러나 생산양식 개념과 그 변환과정에 과도한 의미를 부여하였고, 이로 인해 마르크스주의 스스로는 부인하지만 결정론, 혹은 환원주의란 비판을 받아왔다. 설령 환원주의는 아니더라도 분석적으로 여전히 총체성 개념을 포기하지 않은 나머지, 계급 중심의 논리와 사고에서 벗어나지 못한 점도 자주 비판받아 왔다. 마르크스주의학자들 대부분은 '최종 심급(in the last instance)'이라는 애매하고 기묘한 단서를 붙여 은연중 결정론을 고지식하게 지키려 했다. '경제적 수준의 최종 결정', '계급 요인의 최종 심급에서의 결정적 역할'과 같은 식의 명제는 특정한 역사적 현상을 분석하는 데 도움을 줄 수 있는 하나의 시론적 이념형으로서는 가치가 있을 수 있지만 실제로 사회현상이 그러한 것은 아니다.[92]

---

92) Michael Mann, *The Sources of Social Power*, Vol.1, Cambridge Univ. Press, 1986, pp.1-2; Andre Frank and Barry Gills eds, *The World System*, Routlege, 1992, p.31.

또한 실제 혁명가들과 이론가들의 시각이 차이가 나지 않거나, 대개 혁명가 스스로 이론가이기도 했던 탓에, 사회주의혁명을 연구하더라도 '실패의 원인은 무엇인가'라는 질문과 '어떻게 하면 성공할 수 있을까'라는 질문을 구분하지 않았다. 이는 치명적 혼동이다. 한국과 미국의 운동에 참여했던 이들에 의한 실패 요인 분석이 객관적이지 못했던 주요한 이유였던 것이다. 국가 및 사회계급구조의 성격과 정치변동이 갖는 의미를 비중 있게 다루긴 하였으나 그 역시 '혁명의 성공'을 위한 조건에 부합하는가, 그렇지 않은가 하는 처방 차원의 문제의식으로부터 비롯되었다. 문제의식은 패러다임을 초지일관 감시하고 제약하므로 인과관계를 객관적으로 파악할 수 있는 여지는 현저하게 좁아진다.

따라서 마르크스주의이론의 약점은 첫째, 사회현상을 외재적으로 조명하고 객관적으로 관찰하지 않으며 대상의 변혁을 목적으로 하고 현실정치에 직접 개입하는 고유의 성격에 연유한다. 마르크스주의적 접근을 통해 당위(sollen)와 실재(sein) 사이, 구조(structure)와 행위자(agent) 사이, 사회경제적 조건(condition)과 정치전략(strategy) 사이의 변증법적 상호작용을 파악할 수 있다. 잘 구사되기만 하면 이는 크나큰 장점이다. 그런데 한편으로, 혁명적 사회주의 실천을 위한 처방인지, 그렇지 않으면 현상 자체의 객관적 관찰인지 애매하게 혼재하게 된다. 물론 혁명을 일으키려는 입장에서도 객관적 관찰은 선행되어야 하지만 '수행과 성공'을 위한 수단적 시각에서 포착되므로 그 객관성은 일정한 한계를 내포하거나 아예 객관성 자체를 상실할 위험에 처한다. '혁명은 일어나는 것인가, 일으키는 것인가'에 대하여 마르크스주의 내부 진영에서부터 객관적 요소와 주의주의적인 요소가 서로 불안정하게 마찰을 빚을 수 있는 것이다.[93]

둘째, 마르크스주의이론가들은 혁명을 수행하는 입장이므로 불가피하게 정권을 획득하고 운영하는 담당자의 위치를 겸하게 된다. 이에 따라 사회주

---

93) 정연식, "정치적 이데올로기", 경북대학교 정치학교재 편찬위원회, 『政治學』4장, 경북대학교 출판부, 1984, p.130.

의국가건설 이후 권력과 아카데미즘의 분리가 불가능하다. 이는 내용의 적실성 여부를 논외로 한다 해도, 객관성 측면에서 큰 맹점이다. 실제 혁명을 어떻게 수행하고, 사회주의국가건설 이후 혁명을 어떻게 계속 이어갈 것인가에 대한 처방이 주된 문제의식이므로, 사회주의를 지향하는 운동에 대한 객관적 분석은 그 처방을 위한 도구, 때로는 자신의 처방을 정당화하기 위해 해석하는 경향을 피할 수 없다. 전위당 지도자는 전위당의 역할을 정당화하고, 지지 기반이 노동자·농민들의 기층에 있다면 대중의 자발성을 지지하게 된다.94) 냉전시대 사회주의권에서 관학(官學)으로서의 마르크스주의는 혁명 이후 새로운 체제를 건설하면서부터 사회주의 정치권력과 유기적으로 통합되어 이를 정당화하게 되었다. 이리하여 20세기 동안 적어도 선진 자본주의국가의 아카데미즘은 공산권국가보다는 명백하게 자율적이었다.95)

마르크스주의에서 추출된 명제들은 마르크스주의자뿐만 아니라 자유주의나, 반공주의 학자들에게까지도 마르크스주의명제에 대한 지지나 반증 소재로 꾸준히 언급되어 왔다. 이윤율 하락, 제국주의전략, 시민사회 팽창, 중간층 성장 등 사회경제적인 차원의 일반 요인을 도출하여 여기에다 현실 자본주의국가의 역사적 상황을 대입하거나 치환하는 방법은 어느덧 매우 오래된 경향이다. 이 빈번한 연구 경향은, 마르크스의 예측에 대해 반박하는 식의 논리를 전개하여 자본주의국가에서 혁명적 사회주의가 실패한 이유를 설명하는 방식이다.

마르크스가 예언한 혁명의 발발 요인 중 하나인 '계급세력의 양극화'가 계급구조의 변화로 인한 중간층의 성장으로 들어맞지 않았다는 분석, 대표적인 자본주의선진국들에서 프롤레타리아의 빈곤화와 집단 동원이 아니라 오

---

94) 혁명에 대한 시각과 전술, 방법론의 혼재와 마찰은 레닌과 트로츠키의 논쟁, 박헌영과 김일성의 권력투쟁, 중국의 홍전(紅典) 논쟁 등 사회주의국가들의 건국 이전은 물론 이후에도 전개된 바 있다. 논쟁들의 승자는 국가건설을 제대로 이끌 수 있는 객관적 정당성과, 대중의 지지로부터 우러나는 사회적 타당성을 획득한 인물들이 아니라, 권력투쟁을 승리한 이들이었다.

95) C. W. Mills, 강희경·이해찬 역, 『사회학적 상상력』, 기린원, 1977, 1장.

히려 블루컬러노동자의 감소와 분산화가 일어났다는 연구들이 대표적인 사례이다. 그래서 혁명이 일어나지 않았다는 것이다. 마르크스주의를 지지하는 입장에서는 당위와 실재 사이의 혼동을 제외하더라도, 순수 정치경제학의 측면에서 자본주의 붕괴와 혁명의 직접적 요인이 무엇인지에 대해 마르크스주의이론이 정작 확실하게 밝혀 두지 않은 것에 대해 논쟁이 계속되어 왔다.[96]

무엇보다도, 이러한 논의의 편향성도 편향성이지만, 정작 양국의 학생운동을 분석한 마르크스주의 경향의 이론가들은 실패 요인에 대해 의외로 구조적으로 접근한 선례를 거의 찾아볼 수 없다. 대부분 대중정치의 실패, 운동의 매너리즘, 이슈의 변화 등 내부적인 요소들에 대한 반성 수준에서만 운동을 분석해 온 것이다. 신좌파운동에 대한 대표적인 연구인 조지 카치아피카스의 연구에서는 신좌파운동의 실패 요인을 '문화영역으로의 후퇴', '양당정치의 흡인', '운동의 직업화' 세 가지로 들고 있다. 이는 요인이 아니라 분석되어야 할 현상에 불과하다.[97]

구조적인 분석의 필요성을 절감하면서도 이렇게 된 이유는 다음과 같이 생각해 볼 수 있다. 첫째, 직접 이들 운동에 참여한 이들이 주축을 이룬 탓에 솔직히 정확한 의미에서 운동의 실패에 대한 객관적 분석이 어렵다는 점이다.

둘째, 마르크스주의이론가들은 '구조적'이라는 용어에 대해 지나치게 민감하거나 아니면 지나치게 둔감하다. 민감하다는 말은 마르크스주의 스스로의 구조결정론에 대해 긍정적으로든 부정적으로든 과민하게 의식하고 있는 경우이며, 둔감하다는 말은 마르크스주의 일반론적인 차원에만 머물러 현상을 인식하는 경우이다. 양국의 학생운동이 분명히 사회주의지향의 운동이었음

---

96) David McLellan, 안택원 옮김, 『마르크스주의 논쟁사』, 인간사랑, 1989, 저자 서문. 그 요인이 자본주의체제의 이윤율 하락 경향인지, 사적 소유와 사회적 생산의 모순인지, 자본주의국가 간의 파탄적 제국주의경쟁인지에 대해 확실한 답을 하지 않고 있다.
97) George Katsiaficas, 이재원·이종태 역, 『신좌파의 상상력』, 이후, 1999.

에도 불구하고 추상과 현실 사이에 놓을 수 있는 적절한 분석틀을 만드는
데 이러한 태도는 장애물일 수밖에 없다.

셋째, 행위 주체와 구조의 결합이라는 시각에서 바라봐야 함에도 불구하
고, 그 당시 운동의 내부적 '실책' 혹은 '운동 방향의 오류'를 반성하는 차원
에 그친 경우가 많다. 달리 말하면 '조금 더 잘했거나 달리 행동했으면 성공
할 수도 있었던 아까운 기회였다'는 아쉬움을 깔고 있는 셈이다. 혁명 개념
에 대한 조급하고 협소한 인식은 실천뿐만 아니라 관찰과 이론에도 눈가리
개로 작용한다. 이렇게 되면 운동 실패에 대한 구조적이고 객관적인 분석은
불가능하다.

혁명적 사회주의가 실패한 것은, 계급세력의 양극화가 희석되었다거나,
이윤율 저하가 실제로는 자본주의경제에 별 영향을 주지 않았다거나, 노동
자들의 대규모집단세력화가 정치투쟁을 추구하기보다는 개량주의적으로 흘
렀다거나 하는 등, 마르크스의 예측에 들어맞지 않은 현대자본주의국가의
특징들 때문이라고만 할 수 없다. 설령 마르크스의 예언 그대로, 계급세력
의 양극화가 심해지고, 부르주아와 프롤레타리아의 격차와 갈등이 해소되지
않을 지경에 이르고, 장기 주기에서도 이윤율 저하가 심각하며, 노동자들의
정치투쟁이 만연되었다고 해도, 혁명이 일어났을 가능성이 비례해서 커진다
고 섣불리 속단할 수 없으며, 문제는 다른 곳에 있을 수 있다. 혁명운동을
제약한 요인에 대한 일반론적 질문과, 실제 사회주의운동이 실패한 구체적
사실 사이에서 누가, 어떻게 운동을 제약했는가 하는 상황론적 질문 사이의
빈 공간을 메울 설명이 필요하다.

상황론적인 질문에 대한 답변은 한국과 미국의 역사적 국면으로부터 도출
될 수밖에 없다. "누가, 어떻게"라는 질문은 정치부문, 국가부문에 대한 질
문이 된다. 마르크스가 예측한 사회주의혁명이 일어나지 않았다는 사실과,
마르크스가 예측한 이윤율, 계급관계 등에 관련된 자본주의사회 변화가 일
어나지 않았다는 사실은 정치와 국가부문에 대한 탐구가 없이는 언제나 별
개의 문제일 수밖에 없다. 그러므로 혁명적 사회주의를 지지하든 반대하든,

혁명이 일어나지 않은 주요한 요인을 전적으로 마르크스의 혁명 예측 논리에 기대서만 설명할 수 없는 것이다. 마르크스주의자든 자유주의자든 모두, 자본주의체제의 예방혁명적 성격이 강화된 요인을 거의 무의식중에 마르크스주의에 의존해서 찾으려 했었다. 마르크스의 예측과 달리 자본주의체제의 생명력이 이어지는 데 대해 관심을 가졌던 그람씨가 '상부구조', 곧 정치사회적 구조의 독립성과 심지어 자기규정성까지도 암시하는 논의를 전개한 것은 시사하는 바가 크다.

　발전한 자본주의국가에서 아래로부터의 저항을 효과적으로 제어하기 위한 가능케 하는 구조적 요인들은 곧 국가의 개념과 위상에 대한 구조학파의 논의를 수용하고, 이를 보완하는 과정을 통해 분석적으로 추출될 수 있을 것이다. 이러한 맥락에서, 국제관계와 사회계급관계의 교차지점에 위치한 실체라는 국가의 개념정의를 기본으로, 운동을 제약한 양국의 정치사적인 헤게모니 요인, 운동을 직접적으로 억제한 국가폭력 요인을 검토할 것이다.


## 2) 20세기 이후 자본주의국가와 국가폭력

　양국에서 운동의 실패 요인 분석은 마르크스주의에서처럼 반성과 혼동될 수 없다. 마르크스주의와 자유주의가 은연중 공통적으로 견지했던 사회경제적 요인의 규정성을 강조하는 시각을 전환하여, 정치부문, 국가부문, 국제관계를 강조한 이들은 구조학파들이다.[98] 사회를 분자화된 개인의 집합체로 보는 시각과, 계급 중심으로 보는 시각 모두를 탈피하여, 주로 네오 베버리안을 중심으로 한 구조학파는 국가의 역할과 위상을 중시하였다.[99]

98) A. Leftwich, "Bringing Politics Back in: Towards a Model of the Developmental State", *The Journal of Developmental Studies*, Vol.31-3, 1995, pp.400-427; 김일영, "한국의 정치·경제적 발전 경험과 그 세계사적 위상", 한국정치외교사논총 13집, 1996, pp.492-498.
99) Peter B. Evans, Dietrich Rueschemeyer, Theda Skocpol edit, *Bri-*

20세기 현대자본주의국가의 혁명에 대한 로버트 스나이더(R. Snyder)의 연구는 "20세기 현대자본주의국가에서 왜 더이상 고전적 혁명이 성공하지 못하며 아예 일어날 기미를 보이지 않는가?"란 문제의식을 던진 바 있다. 그는 현대자본주의국가에서 혁명이 발발할 가능성이 줄어드는 4가지 이유로서 국가부문의 일들이 민간으로 이전되는 현상, 국제적 평화의 증대, 민주주의의 성장, 시민사회의 중층화를 들고 있다.[100]

그러나 그가 들고 있는 네 가지 현상들은 요인이라기보다는 동어반복에 가깝다. 그중에서도 '국가부문의 일들이 민간으로 이전되는 현상'을 혁명 억제 요인으로 본 것은 현실을 거꾸로 읽은 결과이다.[101] 국가부문의 일들이 민간으로 수없이 이전되고는 있지만, 이는 세계경제의 성장과 전 지구적 자본주의의 팽창, 그에 따른 민간자본의 확충, 국제기구와 시민사회의 초국적 성장이라는 추세에 비추어본 상대적 경향에 불과하며, 절대적 차원에서 본다면 민족국가의 통합성과 국가 자체의 능력은 결코 줄어든 적이 없으며 오히려 지금도 증대하고 있다.

스나이더는 스카치폴이 고전혁명의 커다란 요인으로 언급한 "혁명 이전의 허약한 기존 국가"였다고 지적한 데 착안하여, 오늘날 국가 자체가 자신의 일을 다른 부문으로 이전시키고 있기 때문에 혁명의 빌미를 아예 주지 않음을 지적하고 있다. 그러나 경제, 사회부문의 국가 역할이 감소되는 현상 한편으로 정치, 군사부문에서 헤게모니의 강화, 정보력 증대 등 현대국가의 자원과 능력은 20세기 내내 보완되어 왔다.

20세기 이후 제3세계에서 빈번하게 일어났던 혁명적 사회주의운동, 그리고 그를 포함한 고전혁명의 성공 사례들을 역사적으로 분석해 보면, 경제적 빈곤보다는 정치적 위기에 의해 혁명이 발생한 경우가 흔치 않게 발견된다.

---

*nging the State Back in*, Cambridge University Press, 1985.

100) Robert Snyder, "The End of Revolution?", *Review of Politics*, Vol.61. Issue 1, 1999, Winter.

101) 스나이더는 자유주의적 입장에 서 있는 것으로 보인다. Snyder, *ibid.* 참조.

구조학파에 따르면, 경제적인 요인보다는 기존 체제의 유형(Regime Type)
이 혁명의 가장 중요하고 핵심적인 요인이라는 것이다.[102] 고전혁명은 상대
적으로 허약한 전근대국가가 정치위기를 맞아 강력한 근대국가로 전환하게
된 직접적 계기였기 때문에, 1980년대 이후 국가주의적 분석시각에서 네오
베버리안들이 구조적이고 비교역사적인 혁명 연구들을 통해 분석하였다. 국
내 계급세력의 역학관계, 정치영역의 독자성, 국제관계의 역사성, 그리고
국가의 자율성과 위상의 네 가지 사항을 강조하여 분석의 중심에 놓은 시도
는 마르크스주의이론과 베버리안의 국가주의를 모두 소화한 성과로서 이들
의 이론적 공헌이다.[103]

　　1970년 당시 미국의 신좌파는 무엇보다도 현대 산업국가와 지배연합의
대내외에 걸친 억압적 성격에 주목하였다. 대내적으로 미국은 소수인종과
여성을 차별하고 있었을 뿐만 아니라 엘리트를 제외한 일반대중은 자유민주
주의원리와 반대로 주요한 정책 의제에 결코 참여할 수 없었다. 대외적으로
도 미국은 사회주의 독재국가 소련과의 경쟁 구도에서 유리한 위치를 점하
기 위해 제3세계에 대해 지속적인 개입과 간섭정책을 수행하였다. 그러므로
신좌파운동은 자본주의국가의 성격에 문제의식을 집중한 한국의 운동세력과
달리, 사회주의와 자본주의체제의 차이와 관계없이 나타나는 현대국가 일반
의 관료제적이고 억압적, 비인간적인 성격을 비판 대상으로 삼았다. 고도의
응집력을 갖춘 미국의 국가와 자본의 결탁, 즉 군산복합체는 미국의 지배연
합으로서 신좌파운동의 궁극적인 반대세력이었고 투쟁의 대상이었다.

　　이와 유사하게, 1980년대 한국의 진보적 사회과학계열에서 가장 활발하
게 벌어졌던 논쟁은 국가론 논쟁과 사회구성체 논쟁이었다. 이들의 문제의
식은 현대한국에서 국가의 성격을 어떻게 파악할 것인가, 그리고 그와 관련

---

102) Skocpol, *States and Social Re Vol. ution*, p.33, Robert Snyder,
　　　"The End of Re Vol. ution?", pp.9-10.
103) Robert Snyder, "The End of Re Vol. ution?", *Review of Politics*,
　　　Vol.61. Issue 1, 1999, Winter, pp.8-9.

하여 자본주의국가로서 한국의 사회적 성격을 국제관계(즉 '제국주의' 외세와의 관계)와 대내계급관계의 접점이라는 측면에서 어떻게 규정할 것인가라는 것이었다고 볼 수도 있을 것이다.

베버(M. Weber)를 비롯한 '선의(善意)의 독일인'들, 즉 힌체(O. Hintche) 등의 연구는 국가주의적 접근을 배제하는 풍토를 중화시키는 데 상당한 기여를 했지만 원래 베버의 개념은 다만 그것이 주권과 영토의 합체로서, 군사력이 전개되는 하나의 장(arena)이라는 평면적 정의에 머무르고 있다. 베버의 국가에 대한 정의 즉 '일정한 물리력과 영토 아래 개인들과 집단들을 복속시키는 정치공동체'[104]를 현대자본주의국가에 적극적으로 적용할 필요가 있다.

구조학파의 네오베버리안들은 국가의 잠재적 자율성을 누누이 강조하고 있지만 그것이 왜, 어떻게 자율적인지에 대한 명쾌한 설명은 부족하다. 이 점은 마르크시스트들의 국가론이 영토나 군사력보다는 사회경제적 계급관계에 편중되어 있는 것과 대조된다.[105] 국가자율성은 계급관계를 비롯한 사회 내부의 세력관계를 통해, 그리고 자본주의국가들의 국제관계(혹은 세계체제)에서 확보되는 것으로 간주되었다. 구조학파 이론가들은 현대국가가 어떻게 그러한 자율성과 능력을 배태하게 되었는지에 대한 설명에서, 국가를 둘러싸고 있는 국제관계와 계급관계로부터 국가가 무대로 떠밀려 나오듯 자율성을 부여받은 듯한 뉘앙스를 풍기고 있다. 즉 국가 자체의 경험적 메커니즘에 대해 충분한 설명을 하지 않는다.[106]

국가는 국제관계와 사회구조와의 관계의 두 관계로부터 그 성격과 조직이 형성되는 실체라는 지적은 분석적으로 타당하지만 실제로 국가가 그 요인에 따라 실체가 흩어지지는 않는다.[107] 베버리안(Weberian)을 중심으로 국

---

104) 임영일 외, 앞의 책, p.97, 및 Graham Crow, 박형신·이혜경 옮김, 『사회변동의 비교사회학』, 일신사, 1998, p.78.

105) Michael Mann, *States, War & Capitalism*, Basil Blackwell, 1988, pp.1-3.

106) 박종성, 『한국정치와 정치폭력』, 서울대학교 출판부, 2000, p.231.

가 스스로의 능력과 자원에 근거한 자율성이 언급되긴 했으나 스스로의 능력과 자원은 당연히 갖고 있으므로 토를 달 여지가 없는 상수(常數)로 치부되었을 뿐이다. 다음과 같은 질문이 중요시된 결과이다. "국가 스스로의 능력과 자원이 확대된 것은 현대국가의 일반적 특징이다. 그렇다면 그처럼 국가의 역할과 위상을 높인 구조적 환경은 무엇인가?"

이러한 입장을 볼 때, 엄밀히 말해 이들을 그간 통용된 명칭대로 베버리안, 혹은 국가주의적 입장이라 할 수 없을지도 모른다. 베버리안이라는 명칭이 의미하듯이 이들은 베버(M. Weber)의 학통을 계승하고 있는데, 베버는 국가의 고유한 역할과 역사성을 강조하였다. 그런데 현재 베버리안들은 국가 자체의 능력과 그를 가능케 하는 자원으로부터 출발하는 이론화보다는, 국제관계와 계급관계의 교차지점에서의 실체 정도로 파악한 후 국가를 둘러싼 이들 외부 환경으로부터 국가의 존재를 규명해 들어가는 역추적 방법으로 접근한다. 즉, 이들은 국가의 자율성(autonomy)이라기보다 국가 실체의 독자성(subsistence)을 구명하려는 입장이며, 여전히 국가 자체는 모호한 실체로 존재할 뿐이다.108) 이렇듯 혁명이든 변혁운동이든 어떤 거시적 정치변동현상의 요인을 구조적으로 탐구하는 혁명에 대한 비교역사방법인 구조학파는, 위의 논의가 암시하듯 구조적 요인을 과도하게 강조할 함정에 빠질 가능성이 크다.109)

국가폭력과 헤게모니를 중심으로, 현대자본주의국가의 강력한 위상과 역

---

107) Graham Gibbs, "The State in an International Context", Roger King, *The State in Modern Society*, Macmillian, 1986, pp.192-193.

108) 국제정치학에서 현실주의(혹은 국가주의)와 이상주의, 정치주의와 경제주의의 대비는 비교적 뚜렷하게 나타난다. 그러나 일반적으로 다루는 정치이론들에서는 현실주의, 혹은 정치주의적 이론들은 그 존재 유무가 분명치 않다. 정치학에서 정치경제학적 틀을 적용하는 학자들은 대개 마르크스주의와 자유주의계열의 학자들로서 분명히 부각되지만 어떤 사회현상의 요인을 국가와 정치부문에서 찾는 국가주의나 정치주의적 입장은 역설적이게도 막상 정치학에서 찾기가 힘들다. Martin Staniland, 정규섭 역, 『정치경제학』, 나남, 1987.

109) 한인숙·임현진·서재진, "스카치폴의 사회혁명 비교연구", 한국비교사회연구회 편, 『비교사회학Ⅰ』, p.208.

할에 주목하여 분석하려는 이 책의 의도는 국가에 '절대적 자율성'을 부여한 다거나, 국가 개념과 자율성과 같은 이론적 주제의 해답을 구하려는 작업을 의미하는 것이 아니다. 국가를 강화시킨 역사적 요인들을 논하는 과정에서 이 책의 문제의식을 해소하는 데 분석틀이 될 수 있는 변수들을 추출할 수 있는 것은 사실이다. 그러나 이를 토대로 하여 절대적이거나 상대적인 국가 자율성에 대한 이론적 판단을 내리는 것이 이 책의 목적은 아니다.110) 국 가의 개념과 성격, 자율성과 역할, 능력을 생각할 때 흔히 국가의 힘의 원 천과 그러한 힘을 가능케 하는 요인들 사이의 선험적인 선후관계를 무의식 중에 따지게 된다. 이론과 방법에 몰두하는 작업, 개념과 추상적 관계를 분 해하고 다시 구성하는 식의 작업은 그 자체로서 사회과학의 독립적인 작업 이 될 수 없다.111) 국가론 논쟁을 보면 생산관계 측면의 '소유권'과 정치적 '권력'이 서로 혼용되거나 혹은 서로가 다른 편을 규정하는 인자로 인식될 수도 있지만 이는 어디까지나 이념형적이고 이론적인 인식일 뿐, 경험적 분 석에 바로 적용할 수 없다. 합법적 폭력과 정치적 정당성을 확보한 주권을 원천으로 하는 일반적인 국가의 권력은 '소유권'을 유일한 근거로 하는 국가 권력도 아니고, '강제력'의 독점에만 기반을 둔 국가권력도 아닌 대외적 국제 관계와 대내적 사회계급관계의 연계지점에서 막중한 임무를 안고 있는 '복합 적 실체이자 응축된 권력관계 영역'으로서의 국가가 지닌 힘을 의미한다.

마르크스주의나 자유주의적 분석방법을 쓰는 이들은 대개 마르크스주의자 나 자유주의자이기도 하다. 즉 방법과 신념이 통일되어 있다. 그러나 국가주 의자는 신념과 방법이 통일되어 있을 경우 기피 대상이 되며, 방법만 차용하 고 신념은 받아들이지 않는다 해도 오해의 소지는 여전하다. 2차 대전은 '국 가주의자'들이 일으킨 전쟁이며, 마르크스주의국가(소련)와 자유주의국가(영 국, 미국)가 연합하여 이들 군사주의적 국가주의(추축국)를 물리친 전쟁이었

---

110) 그러한 의도가 없는 이유는 앞장에서 분석 수준과 시각의 소개를 통해 충분히 해 명되었다.
111) C. W. Mills, 강희경 · 이해찬 역, 『사회학적 상상력』, 기린원, 1977, p.180.

으며, 그 후 국가주의는 이념적으로도 백안시당했거니와, 부당하게도 이론적으로도 기피되어 온 것이다. 전쟁의 경험뿐만 아니라, 미국은 다민족 연방국가 통합에 걸림돌이 될 수 있다는 국내정치적 상황을 이유로 민족주의와 국가주의를 경계하였다. 이러한 경향은 정치학에도 반영되었다.[112]

따라서 정치학에서는 일반적으로 자본주의국가에서 국가 자체가 차지하는 자율적 비중을 간과하여 왔다. 민족국가의 실체마저도 종종 간과하는 이러한 지적 풍토의 기원은 따지고 보면 고전정치경제학까지 거슬러 올라갈 수 있다. 마르크스주의와 자유주의 모두 민족국가 사이에 경제적 교환으로 상호의존성이 이루어져서 민족 단위의 공동체적 영역이 초극되고 전세계가 통합될 수 있을 것으로 전망하였다. 마르크스는 이 과정에서 발생할 분업과 소외를 비판하였으나 자유주의사상가들과 비슷하게도 근대경제활동이 사람들에게 상호연관성을 촉진시킬 것이며, 어느 시점에 이르게 되면 계급분열 같은 것도 소멸될 것이며, 마침내 전세계적으로 사회의 통합이 이루어질 것이라고 확신하였다.[113] 이러한 경향은 지속적으로 재생산되어 국가의 자율성과 능력을 중시하는 국가주의적 시각은 현대사회과학 전반에서 상대적으로 푸대접을 면치못해 왔다.

"분화", 혹은 그 반대로 "통합"으로 상징되는 사회의 다양화와 분절화 및 국가통치의 광역화는 서로 상반되면서도 제각각 줄기차게 진행되었다. 자유주의이론가들은 현대사회의 특징을 분화로 보았지만 분화 이외에도 그 반대현상인 집중은 국가부문에서 분명히 일어났으며[114] 지금도 진행 중이다. 자유주의자들이 현대국가와 정치의 특징을 다원주의와 분화로 읽은 데 비

---

112) Michael Lind, "Are We a Nation? An Argument for 'trans-America'", *Dissent*. Vol.42, Summer, 1995.

113) Anthony Giddens, 진덕규 옮김, 『민족국가와 폭력』, 삼지원, 1991, p.37., 2001년 9월 11일 미국에서 벌어진 대규모 테러는 사회과학에 경종을 울린 사건이다. 이 테러는 대내요인과 대외요인을 구별하고, 국가주의를 경시했으며, 정치현상에서 폭력의 의미를 소홀히 다룬 기존 사회과학의 분석적 태만과 한계를 다시금 일깨워 준 사건이었다.

114) Charles Tilly, 안치민, 박형신 역, 『비교역사사회학』, 일신사, 1998. 3장.

해, 마르크스주의자들이 '독점자본주의'로 읽은 것은 분화와 집중 중 한 가지에만 골몰했기 때문이다.

근대 초기 고전적 혁명으로 출현한 근대국가는 오히려 이제 어떤 혁명운동의 도전에도 굴하지 않게 될 만큼 스스로를 정비해 온 것이다. 현대자본주의국가가 혁명의 산물이지만 혁명에 대한 강력한 억제력을 갖게 된 것은 역설적 현상이다. 유럽과 다른 길을 걸어온 미국과 한국의 국가는 상대적으로 대내 사회세력들로부터 별다른 부담이 없이 성장해 왔다. 근대 이전의 고전혁명은 위약한 전근대국가를 상대로 하였지만, 근대 이후 양국에서 일어난 사회주의지향의 혁명운동은 19세기 이전의 허약한 전근대국가에서 적수가 바뀌어 강력한 현대국가를 상대로 하게 된 것이다. 이러한 정식화가 일반론에 해당한다면, 20세기 미국과 한국에서 '냉전', '체제통합적 노동계급의 성장', '뉴딜과 근대화를 통한 국가 주도의 개혁'은 그러한 일반론에 더하여 더더욱 양국의 국가를 강화시킨 상황적 요인에 해당한다.

물론 국가는 계급세력의 역학관계를 반영할 수밖에 없지만 국가 자체의 조직, 역량, 위상을 감안하면, 국가를 오로지 계급 요인으로만 환원시킬 수 없다. 그렇다고 해서 국가의 절대적 자율성을 이론적으로 성급하게 개념화할 수도 없고, 초계급적이고 초역사적인 능력과 권력이 국가에 선험적으로 부여되어 있다고 볼 수도 없다. 비교역사방법의 지침과 배치되는 공허한 이론적 판단이기도 하며, 현실정치란 계급이나 국가 어느 한편에 절대적 우위를 부여해서 파악할 만큼 단순하지 않기 때문이다. 국가는 홀로 스스로를 강화시켜 오지는 않았으며, 양국의 운동이 각각 논쟁과 비판의 주제로 삼은 데서 보듯이[115] 운동을 둘러싼 국가와 그에 관련된 국제관계, 사회계급관계는 국가의 위상을 지속적으로 강화시켰다.

20세기 냉전은 국제정치학에서 인류역사상 별도로 그 성격을 유형화하고

---

115) 신좌파가 군산복합체의 지배를 반대한 점, 한국의 운동세력이 NL, CA, PD 등으로 갈려 한국의 국가 성격과 그에 따른 투쟁노선에 대해 심각한 논쟁을 벌인 점이 이에 해당한다.

있을 만큼, 각국에 미친 영향은 지대하였다. 냉전으로 인하여 현대국가는 대외적 측면에서의 위상을 발판으로 대내 사회계급과의 역학관계에서 상당한 정도의 자율성을 확보할 수 있었다. 수퍼 파워와 몇몇 선진국들을 제외한 나머지 국가들은 대외구조적 자율성에서는 취약하였지만, 대내적 자율성에서만큼은 유리한 입지를 점하였다. 특히 냉전의 와중에서 분단국가였던 한국의 정치상황에서 비상하리만치 강력한 자율성을 가지고, 남북관계의 대치, 산업화의 두 가지 과제를 떠맡은 실체로 부상한 국가는 그 어떤 다른 세력, 즉 재벌을 비롯한 상층 부르주아와, 노동자계급 모두로부터 강한 자율성을 확보하여 왔다.

미국이 노동계급을 보수화하고 체제 내로 통합시키면서, 사회계급관계에서 '정치적 공간'을 확장하게 된 계기는 바로 뉴딜이었다. 그런데 당시 뉴딜은 국제경제관계의 통화체제 위기, 국제정치의 블록화와 무역의 모순 등에서 나타난 세계대공황이 없었다면 결코 가능하지 않았고, 따라서 국가가 그렇게 적극적으로 대내 사회계급관계에 개입할 여지도 없었을 것이다.[116]

뉴딜과 2차 대전 이후에도 미국이 행한 지속적인 소련과의 경쟁은 군산복합체를 형성시킨 동시에, 국가가 전략적으로 자율성을 갖고 군수산업체와 공존공생하게 된 또 다른 국제관계 측면의 계기가 되었다. 데탕트 분위기가 고조되던 1970년대 초에도 미국은 소련을 비롯한 사회주의국가들에 대한 경계의 고삐를 늦추지 않았다. '사회주의국가들'이 자유주의권의 대공산권 방어 능력을 시험(test)할 수 있다는 가설 아래 진행된 지속적인 국가의 군비증강과 자율성 확대는 이른바, '억제능력의 확보'(Deterrence)를 명분으로 진행되었다. 사회주의국가가 중동, 베를린, 동구권은 물론 한국과 인도차이나에서도 언제든지 '서방'을 시험하기 위한 도발을 저지를 가능성이 있는 것으로 간주되었던 것이다.[117]

---

116) Theda Skocpol, "Political Response to Capitalist State", *Politics and Society*, 1980, Vol.10, pp.155-201; J. Scott eds, *Power-Critical Concepts*, Routledge, 1994, pp.331-370.

혁명운동을 제압한 국가폭력 연구의 필요성은 현실적, 이론적 두 가지 측면 모두에서 각각 제기된다. 첫째, 현실적 필요성은 이미 언론매체나 현실생활을 통해 숱하게 사례를 관찰할 수 있다. 전쟁과 권위주의통치를 겪은 한국인의 입장에서 국가폭력은 낯설지 않은 역사이자 현실이다. 근대 이후 상비군제도의 등장에 따라 세계사는 새로운 차원으로 전개되었다. 전통사회에서는 아무리 국가의 군사력 행사가 강했다 해도 그 군사력의 중앙통제에서 벗어나서 저항하려는 세력이 나타나기 마련이었다. 군벌들이라든가 약탈적인 유목집단의 존재, 그리고 해적과 비적 등은 계급분열사회의 분파적 성격을 보여 주었다.118) 그러나 상비군제도를 통해 국가의 폭력 독점이 성공적으로 제도화하면서 근대국가에 비견할 만한 유력한 정치 단위가 사라지게되었고 국가폭력에 의한 희생은 갈수록 증가하였다.

20세기는 국가폭력의 세기였고 전쟁의 세기였다. 20세기 동안 세계적으로 국가폭력에 의해 목숨을 잃은 민간인은 1억 7천만 명에 달한다.119) 정보력과 통제력을 포함한 국가의 구조폭력은 역사상 최초로 20세기 들어 본격적으로 고안되고 확장되었으며 시공을 초월하여 배치되었다. 이에 비례하여 국가에 맞서는 반체제세력의 폭력 또한 가공할 규모로 행해질 가능성이 높아가고 있다. 그러한 가능성은 이미 2001년 9월 11일 미국 테러로 입증되었으며, 이에 맞서는 국가폭력의 대비 역시 강화하여, 상호 상승 요인으로 작용하고 있다.120)

둘째, 이론적 필요성이다. 국가폭력은 지배수단 중 한 축을 이루는 강제력의 근간이 됨에도 불구하고, 그간 정치학에서 뚜렷이 부각되어 논의되지

117) "Survival as a Free Country", Interview with Gen. Bruce Holloway, *U.S. News & World Report*, Dec. 27, 1971, pp.52-55.
118) Anthony Giddens, 진덕규 역, 『민족국가와 폭력』, 삼지원, 1991, p.24.
119) 김성국, "반론: 5.18에 있어서 국가, 폭력 그리고 민주주의", 『한국사회학』33집 1호, 1999. p.237.
120) 2002년 동계 올림픽 경호 예산은 3억 달러였다. 9.11테러로 인해 사상 유례없는 액수가 책정되었다. 조선일보, 2002년 1월 19일.

못하였다. 국가자율성은 앞장에서 보았다시피 계급관계를 비롯한 사회 내부의 세력관계를 통해, 그리고 국제관계에서 주어지는 것이다. 그러나 국가자율성이라 한다면 외부 구조로부터 배태된 자율성을 추적하는 작업뿐만 아니라, 국가의 내적 자원이 어떻게 국제관계와 대내적 세력관계에 대해 자신의 힘을 매개시키고 발휘해 들어가는지에 대한 분석 작업을 병행할 필요성이 제기된다. 간단히 말해, 국가론을 비롯한 기존의 국가-사회관계 관련 정치사회학의 논의와 시각의 출발을 거꾸로 세우는 작업이 필요하다. 국가권력의 초석이 되는 국가폭력은 그 작업에서 빠뜨릴 수 없는 요인이다.

자본주의체제와 합법적 폭력(군사력) 사이에는 인과관계가 아닌 상호 상승작용의 상관관계가 존재한다. 20세기 들어 이러한 위협은 산업사회의 일반적 자산으로 편입되었고 더이상 자본주의의 특수한 부산물로 치부될 수 없을 정도에 이르렀다. 그 원인은 바로 20세기 국제관계였다. 사회주의국가들의 국가폭력의 규모와 강도도 자본주의국가에 못지않았다는 사실이 이를 증명한다. 역사 발전과 인민 해방을 위해 정당한 폭력이 불가피하다는 자기 변호는 사실상 명분론에 불과한 허위였다. 헝가리, 아프가니스탄, 체코슬로바키아에 대한 소련 개입, 중국과 소련 간, 중국과 월남 간 벌어진 대규모 전쟁은 대표적 사례이다. 냉전시대 당시 동서 진영의 경제체제 논리는 차이가 있었지만, 국가 간 경쟁의 우위를 차지하기 위한 폭력과 군사부문 논리의 확장에서는 차이가 존재하지 않았다.121) 군사적 행위가 대내 사회적으로 갖는 의미와 효과는 다를지라도, 국가폭력은 체제를 막론하고 국가의 실체를 보전하는 자원임을 이러한 역사적 사실이 증명하고 있다. 신좌파도, 한국 좌파도 당국의 물리적인 국가폭력과 맞서 싸워야 했고 이들의 표면적 특징 중 하나였던 '신좌파의 무장투쟁'과 '화염병 시위'를 낳게 한 구조적 요인이었다.

국가가 '폭력을 독점한 정치공동체'라는 고전사회과학 이래의 개념 규정은

---

121) 김진균·홍성태, 『군신과 현대사회』, 문화과학사, 1996, p.30.

첫째, 국가권력에 복속된 폭력을 대내적으로 허용하지 않는다는 의미, 둘째, 국제관계에서 행위자로서 갖추어야 할 최소한의 혹은 지배와 정복을 위한 능력을 갖춘다는 의미가 있다. 국가폭력은 사적(私的) 폭력과 달리 도구적 합리성을 밑바탕으로 하여 주도면밀한 계획과 의도 아래 행사되고 효과를 발휘한다. 폭력은 권력 최후의 수단이자, 존재 자체만으로도 지배를 가능케 하는 유력한 자원이다.122) 그러나 근대 이후 국가폭력에 대한 연구는 그리 풍부하게 이루어지지 못했다. 누구나 폭력을 이야기하지만 어느 누구도 그것에 대해 생각하지 않는다는 지적이 있을 정도로123) 폭력에 대한 정치학은 다른 분야에 비해 부진하다.

1980년대의 한국과 1970년대의 미국에서 공통적으로 발견되는 이론적 시사점들 중의 하나가 바로 '현대자본주의국가에서 국가폭력의 역할'이다. 즉 '국제적, 사회경제적 조건이 무르익지 않은 혁명운동'이라는 양국의 경험에서 공통점으로서 끄집어낼 수 있는 것이 바로 국제적, 사회경제적 조건이 무르익었다 해도 혁명적 사회주의의 실현을 쿠바나 월남에서와 달리 장담할 수 없게 하는, 이 현대자본주의체제의 강력한 국가폭력인 것이다. 지배의 양 축이 되는 강제와 설득 중 강제의 기반이 되는 강력한 국가폭력은 그 자체로서 강력하기도 하지만, 헤게모니와 서로 상호 강화작용을 하는 필수적 장치라는 정치적 성격에 그 의미가 있는 것이다.

양국에서 운동이 벌어지던 당시 행사되었던 국가의 폭력은 폭력의 행사방법과 경로에 따라 세분하여 구조폭력과 현상 폭력으로 나누어 볼 수 있다. 국가의 구조폭력은 합법적이고 잠재적이면서 특정한 대상을 고려하지 않는다는 점이 가장 큰 특징이다.124)

현대자본주의국가에서 지배는 억압과 설득의 두 가지 차원에 걸쳐 가능하

---

122) C. W. Mills, 진덕규 옮김, 『파워엘리트』, 한길사, 1979, p.244.
123) 박호성, "마르크스주의와 폭력", 『사회과학연구』5집, 서강대학교, 1996. 서문.
124) 신정현, "구조폭력과 평화연구", 고려대학교 평화연구소, 『한반도평화론』, 1989, pp.176-178.

다. 설득은 동의를 이끌어 내며 억압은 강제를 이끌어 낸다. 곧 이는 강제와 동의라는 헤게모니 개념으로 설명된다. 강제는 그 당시 정권의 국가권력의 작용에 의한 것이며 동의는 장기적으로 형성되어 온 그 국가의 정치사적 헤게모니의 산물이다. 지배를 가능케 하는 국가권력은 강제력을 가능케 하는 '억압적 권력(despotic power)'과 '사회보루적 권력(infrastructural power)'으로 나누어 볼 수 있다.125) 억압적 권력이란 곧 국가의 전통적인 지배방식인 '강제'를 행사할 수 있는 능력으로부터 나온다. 그러나 이러한 권력은 민주주의가 제도화한 사회에서는 노골적으로 휘두를 수 있지 않아서 그다지 유용하게 발휘되지 못한다. 심각한 정치위기에서 강제력을 발동할 수 있는 권력이 억압적 권력이다. 사회보루적 권력은 억압적 권력의 토대로서 경제, 군사, 통신 등의 인프라(infra)를 구축하고 관장하는 능력을 기반으로 한다. 경제사회적 기반시설을 가리키는 인프라의 의미에서 암시하고 있듯이, 이 사회보루적인 권력은 곧 전체사회에 대하여 국가의 결정과 집행이 순조롭고 자연스레 이루어지게끔 하는 능력(capacity)으로부터 나오며 경제, 군사, 이데올로기의 부문으로 나눌 수 있다.126)

사회보루적 권력의 증대는 '집중'현상의 대표적인 예이며, 현대자본주의국가들의 현저한 특징이다. 전근대시기까지 각국마다 존재했던 지역의 독자세력이나 군벌은 생각조차 할 수 없었고 그 외의 모든 사회부문 역시 국가의 관장과 비호 아래 있었다. 한국은 그중에서도 특수한 경우로서 조선왕조 집권 이후 중앙정부 이외의 어떤 자치나 무력도 허용하지 않은 세계사적으로도 사례를 찾기 힘든 경우였다. 곧, 사회보루적 권력은 군사와 경제부문에 대한 사회의 여러 자원을 집중시키는 자본주의체제의 물적 능력을 토대로, 이를 정당화하는 이데올로기를 정식화하고 끊임없이 재생산하는 정권의 헤게모니 능력의 유기적 결합으로만 가능하다.

오랜 세월에 걸쳐 형성된 그 국가 정치사 특유의 체제, 이념, 정치문화는

---

125) Michael Mann, 1988, pp.5-11.
126) Michael Mann, 1988, pp.5-9.

하루아침에 바뀔 수 없는 것이며, '강제력에 대한 국민대중의 동의'라는 헤게모니를 가능케 하는 원천이 된다. 헤게모니과정에 의해 장기간에 걸쳐 사회에 광범하게 정착된 주도적인 이데올로기는 단순한 허위의식이라는 협의의 개념이 아니라 그 사회에서 당연히 받아들여지는 현실 해석의 체계와 정치, 사회현실에 대해 통용되고 인정되는 일련의 논리와 인식의 총체이다.127)

그러므로 선진자본주의국가라 할지라도 그 목표가 체제의 공식 이념에 반하거나 그럴 소지가 있다고 판단되는 활동이라면 폭력적 강권을 거리낌 없이 동원하여 진압한다.128) 20세기 이후 지배연합의 핵심기관으로서 국가는 군사부문의 인력과 정책, 자원을 동원하여 국가의 구조적 폭력을 필수적인 지배 장치로 끌어들였다. 여기에 군수산업의 경제부문에서의 역할, 군사주의와 군사문화의 사회적 파급 등을 정당화하기 위해서는 지배연합 정체(政體)의 성격, 이데올로기체계가 필수적이다.129) 지배연합에서 군부는 한국과 미국에서 형태와 성격은 다르지만 각각 일정한 지분을 차지하고 있으며, 양국의 이데올로기체계 역시 정치사적인 헤게모니를 기반으로 하여 1980년대 후반과 1970년 전후의 국제관계를 기화로 '반공주의'를 정착시켜 놓고 있었다.

1980년대 후반의 한국과, 1970년을 전후한 미국에서 이러한 구조적 폭력의 효과는 사회 각 부문에 걸쳐 각각 한국의 권위주의 군부정권을 중심으로 한 지배연합과, 미국의 군·산·정 3자연합의 지배연합을 통해 발휘되었다. 1980년대의 한국 군부정권 중심의 지배연합과, 1970년의 미국 군산복합체 지배연합은 운동세력들에게는 '타도'의 대상이었다.

---

127) 김동춘, "1960, 70년대 민주화 운동세력의 대항이데올로기", 역사문제연구소, 『한국정치의 지배이데올로기와 대항이데올로기』, 역사비평사, 1994, p.212.
128) 동아일보, 한국일보, 2001년 7월 23일. 2001년 7월 열린 G8회담은 15만 명에 달하는 반세계화 시위대를 향해 경찰이 사격을 가해 1명이 숨지고 230명이 부상을 입었으며 85명이 체포되는 시가전 양상을 띠었다.
129) Frank Wilson, *Concepts and Issues in Comparative Politics*, Prentice-Hall, 1996, pp.133-134.

특정 정권이나 개인, 집단의 의도를 이미 벗어나, 국가는 사회를 통제하고 조정하는 작용을 담당하는 틀을 헌법을 비롯한 제도와 규칙을 통해 구비해 놓고 있다. 그러나 제도적 틀이 완벽하다 해도 그 자체로서는 아무런 기능을 할 수 없다. 정치권력을 담당한 국가는 그 사회의 주도 집단들(member group)과 제휴하여 정체(polity, 政體)를 관할한다. 제휴한 집단들은 도전하는 사회집단(challenger group)들을 지배하게 된다.130)

지배연합에 군부가 중심 세력으로 등장한 것은 냉전시기 한미 양국의 공통점이다. 계급관계로부터 자유로울 수 있는 국가자율성은 국제관계로부터 확보된다. 그 명분은 어떤 국가이든 간에 전쟁과 안보인데, 이를 담당하는 세력은 군부였다. 정치사회에 개입하는 방식은 한국과 미국이 서로 두드러지게 달랐지만 지배연합에서 차지하는 지분이 압도적이었다는 사실은 차이가 없었다. 합법적 국가폭력을 대표하는 군부세력이 지배연합의 중심에 자리하면서, 혁명운동을 억압하는 기제 또한 강력해졌으며, 나아가 혁명적 사회변혁을 주장하지 않더라도, 좌파에 속하는 그 어떤 주장일지라도 요주의 대상으로 보는 시각이 정치사회와 시민사회에 팽배해졌다. 국민소득과 경제 수준을 볼 때, 어느 정도 발전한 서방의 자본주의진영 국가들 중 유일하게 대한민국에서는 1980년대 후반 당시 군부권위주의가 '고도화한' 사회경제체제를 이끌고 있었다. 1970년을 전후한 시기의 미국에서 군부의 역할은 한국보다 오히려 더욱 구조적으로 전체사회에 주는 영향이 막대하였고 이는 지금도 변함이 없다. 선진자본주의국가 중 거의 유일하게 '군산복합체'가 비판적 사회과학의 끊임없는 이슈가 될 만큼 20세기를 통틀어 미국 군부는 군수산업의 규모의 경제 효과, 정치사회에 대한 침투를 통해 그 영향력과 비중을 독보적으로 강화했다.

한국과 미국에서 지배연합을 통해 정착한 구조폭력은 20세기 이후 이미 몇몇 개인에 의해 통제될 수 없다. 대표적 예를 들어, 300만 명 이상의 고

---

130) Charles Tilly, *From Mobilization to Re Vol. ution*, London: Addison-Wesley, 1978, pp.53-54. 특히 p.53의 표 3-1.

용 인력과 1만 명의 로비스트 조직을 거느린 미국의 군산복합체131)에 대해 최고권력자인 대통령조차 위험성을 경고하였다는 것은 국가의 구조폭력이 이미 개인과 사회 위에 군림하게 되었음을 보여 준다.

현상적 폭력은 억압적 권력의 자원으로서 문자 그대로 직접 저항세력에게 행하는 강제력 행사를 의미한다. 1980년대 이후 저항운동세력의 이념화와 급진화의 계기로 작용했던 광주항쟁은 국가가 저항운동에 대해 취할 수 있는 극단적 형태의 현상적 폭력이다. 미국의 경우는 1970년 5월에 집중적으로 일어났던 전국의 대학캠퍼스에 대한 군부대의 발포 진압과정에서 수많은 학생과 흑인들이 사살되는 사건이 일어났다.

고전사회혁명의 시기에 비교해 볼 때, 운동이 벌어지던 당시 한미 양국의 군사력은 양적으로는 물론, 질적으로도 사회의 어떤 다른 부문에 비해서도 폭력의 독점과 유사 시 발휘했을 때의 강력함은 독보적이었다. 고전혁명의 정석 코스인 '혁명지도부의 등장, 이반된 민심과 대중의 동원, 기존 체제와의 무력대결' 자체를 꿈도 꾸지 못하게 하는 하나의 거대한 구조적 요인이 된 것이다. 고전혁명과 같이 '혁명전사들의 영웅적 헌신과 희생'의 아마추어리즘은 의기는 가상하나 현실에서는 성공할 수 없다. 빈약한 연구 전통에도 불구하고 현대국가의 구조적 성격분석에서 이러한 요소들의 효용성은 무시될 수 없는 것이다.132)

### 3) 헤게모니: 강제와 동의의 결합

한국에서 6.25전쟁 이후 최초로 '사회주의혁명노선의 비합법 전위운동조직'을 자처하면서 자생적으로 생겨났던 조직인 '남한사회주의노동자동맹의 전략·전술'에서 국가 강제력의 자원이 되는 강고한 국가폭력과 이를 둘러

---

131) 주간동아, 2001년 12월 27일.
132) 박상섭, 『근대국가와 전쟁』, 나남출판, 1996, p.20.

싸고 있는 동의 기제라는 헤게모니의 강력함에 대한 고민과 인식이 단적으로 나타난다. 사노맹은 민중무장봉기의 단계별 이행과정을 3단계로 나누었는데 1단계가 자생적 단계, 2단계가 계획적·조직적 무장화 단계, 3단계가 기존 국가권력의 무장력 제압과 접수단계라는 것이다. 즉 사노맹은 궁극적으로 지배권력의 강고한 국가폭력에 대한 무장적 대응이 불가피할 것으로 인식하고 이에 대한 구체적이고 계획적인 준비작업이 필요했던 것이다. 예컨대 폭발물 개발을 추진한다거나 무기고 탈취계획을 수립한다거나 지방조직별로 민중무장력을 확보하기 위한 계획을 수립한 것이 여기에 해당한다.[133] 그러나 이 과정에서 제기될 '혁명의 폭력성'에 대한 대중의 지지 여부에 대한 논란과 고민은 현대국가가 지닌 '헤게모니'의 구조적 효과를 그대로 보여 준다.

이렇듯, 한국의 운동에서는 계획으로 그쳤지만, 미국에서는 1968년 이후 운동 후기로 접어들수록 국가의 억압적 강제력에 직접 맞서서 대항하는 이른바 '무장투쟁'이 전국 각지에서 일어나 사회적 혼란을 불러오는 요인이 되었다.

물적 토대의 강고함과 이데올로기 재생산을 통해 억압체제를 끊임없이 유지하고 있는 자본주의국가에서 기존 국가권력을 혁명세력 편으로 전이시켜, 헤게모니 영역을 근본적으로 재편성하는 것이 당시 운동의 현실적 목적이었다. 헤게모니는 국가의 지배를 관철하는 두 가지 메커니즘인 강제와 동의의 통합으로 가능하기 때문에 이를 깨뜨리지 않고서 혁명적 사회주의는 성공할 수 없다.

마르크스주의식 결정론을 극복하기 위한 그람시의 맥을 잇는 연구들에서는 국가의 구조적 폭력에 대한 접근보다는 대중의 동의를 이끌어 내는 평화적이고 일상적인 정치과정을 상대적으로 더 강조해 왔다. 그람시 스스로도 헤게모니 개념이 강제력의 중요성을 무시하는 것이 아니라고 주의하고 있지

---

133) 조희연, "사노맹-비합법 전위조직에 대한 조직사회학적 분석", 역사비평 18호, 1992, p.234.

만, 대체로 국가의 강제를 가능케 하는 여러 가지 자원보다는 헤게모니 본래의 내용, 즉 강제보다는 동의에 기반을 둔 지배가 이론적으로나 경험분석에서 부각되어 왔다.

원래 행위자의 의지, 선택 동기와 의미 이해를 중시한 베버리안들이 구조학파를 이끌어 냈고, 그럼으로써 주체와 행위 부분이 상대적으로 경시되었다. 이와 반대로 원래 마르크스주의의 구조결정론적 약점을 극복하기 위한 그람시의 전통이 정치과정과 평화적 동의에 의한 지배 기제 분석으로 협소하게 이해되어[134] 편중된 것은 이론적 고충을 짐작케 하는 역편향이다. 그러나 구조학파가 빠져들 수 있는 구조 편향의 위험, 그람시의 헤게모니 개념을 강제와 대치되는 개념으로 해석하는 편향 양자 모두 지양되어야 할 필요가 있다.

이를 위해서는 첫째, 혁명운동을 제약한 국가 자체의 조직적 능력을 좀더 심층적으로 이론화하여 분석해야 할 것이다. 전근대국가와 달리 20세기 발전한 자본주의국가로서 한국과 미국 국가의 역사적 위상과 성격을 분석할 필요성이 제기된다.

둘째, 지식인과 학생 위주의 혁명운동이란 특성에 연유한 한계와 이후의 영향을 알기 위해서는 분석과정에 주체 요인을 결부시켜야 한다. 구조 요인을 중시하는 입장에서 본다면, 사실상 주체 요인은 큰 변수가 아닌 것처럼 여길 수도 있다. 구조적 요인은 말 그대로 행위자를 압도하면서 주변 조건을 형성하기 때문이다. 그러나 그 구조적 요인, 그중에서도 헤게모니 요인은 운동의 내부적 노선과 태도에 매개되어 영향을 주었기 때문에 그에 대한 검토가 자연스레 연계되어야 한다. 즉, 주체 요인에 대한 검토는 역사적이고 구조적인 요인들이 이들의 행동과 선택에 어떠한 영향을 주었는가에 대

---

134) 원래 그람시의 헤게모니 개념은 평화와 동의만이 아니라 강제력을 바탕에 두고 있다. Antonio Gramsci, *Selections from the Prison Notebooks of Antonio Gramsci*, Lawrence & Wishart, 1973: A. Gramsci, 이상훈 옮김, 『그람씨의 옥중수고』, 거름, 1986.

한 인과론적 맥락에서 이루어져야 한다. 신좌파는 미국의 운동이었으므로, 미국정치사를 통해 형성된 헤게모니로부터 영향을 받아 무장투쟁에서부터 비폭력저항까지 그들 특유의 폭넓고 다양한 노선을 형성하였다. 마찬가지로 한국의 운동은 한국정치의 역사적 전개에서 비롯된 헤게모니 요인으로부터 그들의 노선 형성에 큰 영향을 받았던 것이다. 그 인과관계를 분석함으로써 만 비로소 구조적 요인이 어떻게 작용하였는지를 알 수 있게 되는 것이다.

구조학파가 주체의 행위와 이념 및 문화에 관련된 변수 즉, 헤게모니, 이데올로기 관련 요인들을 '구조적 요인'이 아니라 해서 경시한 점은 비판의 여지가 있다. 이들 요인의 중요성을 부인하지는 않지만, 본질적으로 국가의 정치위기, 민중동원과 계급관계의 변화, 지배연합의 구성과 성격 등 구조적 조건에 영향을 미치는 매개 변수에 불과하다는 것이다.[135] 그러나 이는 비교역사방법 본래의 인식론적 전제와 배치되는 이론적 문제점이다. 특정 부문의 선험적 우위를 미리 판정하는 것은 비교역사방법의 인식론과 방법론에 위배되는 자가당착이다. 구조적이라 해서 행위, 이데올로기, 문화 등의 영향을 무시하라는 뜻은 아니다. 구조적 접근이란, 구조만 보는 접근, 혹은 구조가 주체를 압도한다고 보는 시각[136]이 아니라, 주체의 행위를 관찰하되 그것이 구조와 동떨어진 외딴 주체의 자의적 결정의 산물이 아니라 구조적 조건과 연관되어 있다는 맥락에서 관찰하는 접근이다. 운동의 요인과 영향을 이해하기 위해서는 기존 체제의 여러 조건들로부터 영향을 받은 운동 세력 자체의 한계와 성격을 가늠해 보아야 한다. 구조학파의 연구들이 구조적 요인만 중시한 것은 운동 주체 요인을 간과한 절반의 성공이며, 설령 분석의 내부적인 틀을 방법적 오류(tequenical fallacy) 없이 마련했다 해도 인식론적으로는 분명한 착오(cognitive failure to Notice)였다.

---

135) Theda Skocpol, "Cultural Idioms and Political Ideologies in the Re Vol. utionary Reconstruction of State Power", *Journal of Modern History*, Vol.57, 1985, pp.89-95.

136) 이는 구조학파의 이론적 원류를 제공한 베버의 방법론과도 배치되는 시각이다. 임영일 외 편역, 『막스 베버 선집』, 까치, 1992.

이 책은 기본적으로 구조학파의 혁명에 대한 개념정의와 관점에 동의한
다. 그러나 위와 같은 비판적 논의에 기초하여, 전근대국가와 달리 20세기
현대국가의 강력한 실체와 능력을 가능케 했던 요인들로서, 양국의 운동을
제약한 국가폭력의 문제, 그리고 양국 정치사를 통해 관철되어 온 고유의
헤게모니 관련 요인들을 추출하여 분석할 것이다.

이미 널리 인정되고 있다시피 국가의 일상 헤게모니(everyday hege-
mony)는 강제력과 따로 존재하지 않는다. 동의와 지지의 획득을 기반으로
하는 체제의 안정은 순수하고 평화로운 정치과정의 민주화, 그리고 팽창한
시민사회의 활기 있는 역할만으로 가능한 것이 아니다. 일상적 헤게모니가
행사될 수 없을 때를 대비한 최후의 보루로서 국가폭력은 자본주의국가에서
필수적이다. 헤게모니 개념은 마냥 평화적이고 일상적인 성격만 갖고 있는
것이 아니다.[137] 문약(文弱)에 빠진 국가는 헤게모니과정을 절대 제대로
뒷받침할 수 없다. 순전히 절차적 민주주의의 활성과 시민사회의 성장만으
로 급진적 운동과 반체제혁명 예방이 가능하다고 보는 것은 정치전략적으로
나, 아카데미즘으로나 불충분하고 순진한 시각이다. '이데올로기적 동의에
의해 지배를 가능케 하는 과정과 수단'이라는 개념의 헤게모니는 국가폭력과
합의가 결합될 경우에 비로소 제 효과를 발휘한다.[138]

여기서 동의라고 하는 것은 바로 국가폭력의 독점과 행사에 대한 승인을
의미하기 때문이다.[139] 국가는 자신이 독점한 폭력을 정당한 권력 자원으
로 승인받기 위해 사회구성원의 동의, 즉 민주적 과정을 거치게 된다. 자연
상태에서 벌어지는 임의의 폭력은 정당한 권력 자원이 될 수 없다. 더구나
정치공동체에서 국가권력은 자신이 독점한 폭력에 대해 아래로부터의 동의,
즉 "국가폭력의 정당한 권력화"에서는 피치자의 동의가 필수적인 매개과정이

---

137) 이내영, "안토니오 그람시의 헤게모니 이론", 『국가, 계급, 사회운동』, 한울, 1995,
    p.47.
138) 김성국, "안토니오 그람시의 헤게모니 이론", 사회비평 제5호, 1991, p.218.
139) 최장집, "그람씨의 헤게모니 개념", 『한국정치학회보』, 18집, 1984, p.26.

다.140) 피치자의 동의는 바로 헤게모니의 요체가 된다는 사실에서, 헤게모니와 국가폭력의 상관관계를 명확하게 알 수 있는 것이다.

만약 동의의 대상이 되는 국가폭력이 민간의 폭력보다 약하거나 혹은 민간의 사적 폭력기구나 장치가 국가폭력에 버금가는 상황에서, 반체제세력이 나타난다면 그러한 동의는 위기에 봉착할 가능성이 크다. 처음부터 그러한 위기를 방지하기 위해서는 국가폭력을 아예 절대적으로 강화시키는 것이 가장 효과적인 방법이 된다. 이때 국가폭력만 강화하는 것이 아니고 헤게모니가 동반 강화하므로, 혁명적 사회주의운동이 국가폭력에 성공적으로 맞서 싸운다 해도(어차피 그럴 가능성은 매우 희박하다) 헤게모니투쟁에서는 그보다 훨씬 더 어려운 싸움을 벌여야 하는 것이다.

이러한 국가폭력과 헤게모니의 상관관계에서 국가폭력이 선차적인 것은 아니다. 헤게모니가 국가폭력에 선행하는 요인이 아니듯, 국가폭력 역시 헤게모니를 일방적으로 규정하는 요인은 아니다. 양자는 마치 눈과 비를 생성하는 구름과 기온처럼 상호작용하는 공통요인으로 존재하며, 결정론적으로 하나가 다른 것을 규정하는 관계는 아니다. 그 예를 동구권사회주의국가들의 혁명에서 볼 수 있다.

소련 및 동구사회주의권의 변화는 1789년 프랑스혁명, 1830년 7월혁명, 1917년 러시아혁명 등과 비교될 만한 혁명임에도 불구하고 사회주의권의 붕괴는 이러한 고전혁명들과 다른 특징을 갖고 있다. 고전혁명들은 대규모 폭력사태를 수반하였지만, 사회주의권의 붕괴는 유례없이 평화적 방법으로 진행되었으며, 아래로부터의 저항에 대해 국가폭력의 근간을 이루는 국가관료, 군대, 경찰이 의외로 맥없이 체제수호 의지를 상실한 것이다.141)

국가폭력 없는 헤게모니만으로 지배를 유지할 수 없는 것과 마찬가지로

---

140) 배동인, "폭력에 대한 사회학적 고찰", 한국사회학 21집, 1987, p.198.
141) S. N. Eisenstadt, "The Breakdown of Communist Regimes and the Vicissitudes of Modernity", *Daedalus, Vol.*121, No.2, Spring 1992, pp.22-26.

동구권의 이러한 사례에서 보듯이 헤게모니 없는, 즉 동의 기제 없는 국가폭력만으로 지배를 유지할 수 없다는 것을 알 수 있다. 동의와 지지를 통한 지배 메커니즘을 결여할 수밖에 없는 사회주의국가의 정치적 특성으로 말미암아 줄곧 국가폭력에만 의지한 지배는 결국 허무하게 무너져 내린 것이다. 사회주의정치체제의 가장 큰 특징의 하나는 당 국가기구가 공적 토론을 독점하고, 정보유통통로를 봉쇄함으로써 아래로부터의 동의 형성이나 문제제기 자체를 허용하지 않는 점이다. 그러나 실제로는 사회주의국가에서도 다양한 형태의 비공식 부문이 존재한다. 그러나 공적으로 이러한 부문들을 인정하지 않으므로 제도와 현실 사이에 괴리가 생길 수밖에 없었다.142)

그러한 괴리가 곧 경제정책결정과정에서의 계획의 비일관성과 비합리성, 임기응변적 정책 남발, 특정 부문과 지역에 대한 특혜, 태자당(太子黨)이나 노멘클라투라 등에서 보이는 계층 비리를 낳는다. 냉전시대에도 경제부문의 지하경제는 이미 소련을 비롯한 동구권사회주의국가들에서 일반적이었으며, 언론부문에서는 각종 지하유인물과 루머, 이데올로기 측면에서는 사회주의를 부정, 비판하는 경향이 나타났다.143)

사회주의권의 붕괴가 시사하듯, 동의 없는 강제에 의존하는 지배는 한계를 맞을 수 있으며, 이는 사회 전 부문의 불합리, 제도와 현실의 괴리와 맞물려 결국은 강고한 국가폭력도 제 기능을 하지 못하게끔 된다. 서구 선진국들이 국가폭력의 무지막지한 행사에서 벗어나 동의의 기제를 일찌감치 도입한 과정이 바로 민주화 과정이었다. 이러한 과정을 통해 대내 지배전략과 수행을 어느 정도로 수월하게 이룰 수 있는가라는 측면에서 자본주의권은 사회주의권 국가보다 확실히 우월한 위치에 서 있었다.

---

142) 박종철, "사회주의체제의 붕괴에 대한 이론적 조명", 현대사회 41, 1992년 가을, p.166.

143) Steven Sampson, "The Informal Sector in Eastern Europe", *Telos*, No.66, Winter 1985, p.44.

현대국가, 그중에서도 한국과 미국이 좌파세력의 진압을 위해 동원한 국가폭력은 서로 양상이 상이하였지만 그 규모와 강도는 강고하기 이를 데 없었다. 운동을 제약한 여러 가지 구조적 요인들 중 운동세력들이 체감할 수 있도록 현실로 드러난 요인은 현상적 국가폭력에 의한 강제 진압, 그리고 대중의 냉담한 시선이었다. 월남전 반대운동에 대해, 그리고 호헌 철폐에 대해 양국 대중의 반응과 지지는 광범하고 강력했지만, 그 이상의 주장, 즉 체제의 변혁에 대해서는 양국의 역사적이고 구조적인 요인들에 의해 대중들이 거의 반향을 보이지 않거나 무관심, 반대, 우려를 나타내었다.

양국 대중의 냉담한 반응은 국가가 운동에 대하여 과잉진압이라 할 만큼 강고한 폭력을 행사할 수 있는 정당화의 근거가 된 것이다. 헤게모니가 강제와 동의의 통합이라는 정의의 현실적 모습은 이러한 양국의 역사적 사실에 그대로 나타난다.

연구대상 자체의 실제 특성을 감안하더라도 헤게모니에 관련된 변수는 분석대상이 된다. 첫째, 구조학파가 주로 관심을 가졌던 근대 초기의 고전혁명들과 달리 20세기 중후반기의 혁명운동은 '자본주의산업화'가 일정하게 진행된 이후를 배경으로 한다. 즉 고전적 혁명의 시공간적 배경과 달리 현대 자본주의산업국가가 '헤게모니' 지배를 구축한 조건에서 시도된 혁명운동이므로, 고전혁명이 일어났던 전통사회와는 대조적인 맥락을 고려해야 한다. 둘째, 학생운동은 기본적으로 지식인운동이다. 양국에서 일어난 학생지식인에 의한 혁명운동은 관념론적 경향이 매우 두드러졌다. 학생 세대의 객관적 존재구속성을 탈피하지 못한 채, 한국의 경우 과도한 정통 좌파에 집착함으로써 이론과 현실을 혼동한 나머지 노동계급의 대자적 의식을 지나치게 낙관했다. 미국의 경우는 한 걸음 더 나아가 노동계급에 대한 기대보다 오히려 운동세력 스스로의 혁명적 역량을 과신했고, 관념론적 성향을 강하게 드러내었다.

# III

# 국가폭력의 원천과 실제

# III. 국가폭력의 원천과 실제

## 1. 지배연합과 국가

현대산업국가에서 국가폭력이 사회 전반의 제도적 차원에서 어느 정도로 개입하고 구조화하였는가 하는 것은 곧 그 사회 지배연합에서 군부의 역할과 비중이 어느 정도인가에 달려 있다. 한국과 미국의 경우에, 국가폭력이 각각 20세기 중반 이후 양국에 독특한 형태로 유별나게 각인됨으로써 지배연합의 성격에 큰 영향을 미쳤으며, 이는 곧 정치사회, 시민사회의 이념적 스펙트럼과 아래로부터의 저항에 대응하는 방식에도 영향을 행사해 왔다.

양국의 정치적이고 역사적인 국면을 반영하여 한국은 좌파혁명운동이 '군사파쇼'라 명명한 군부독재와, 그리고 미국은 신좌파가 '억압적 양키 체제'라 부른 '군산복합체'와의 대결로 나타난 것이다. 양자는 국가의 구조적 폭력 측면에서 민주주의의 제도화 정도, 국가와 자본의 관계의 성격에서의 차이로 인해 다르게 나타났으며 이는 각각 양국의 정치적, 역사적, 경제적 특성의 차이를 반영하고 있다.

한국은 정당이 아닌 군부가 정치사회에서 1961년 쿠데타 이래 압도적인 영향력을 행사했다. 한국 군부는 미국과 달리 재계와 정계를 노골적인 폭력으로 압도하면서 적어도 1987년 이전까지는 1960년 4.19의 결과 출범한 민주당정권에 의해 잠시나마 선보였던 민주주의적 절차를 훼손한 채 자의적이고 독재적 권력을 행사하였는데 한국에서 좌파운동이 활발하게 일어나던 1980년대 후반, 즉 1987년 이후에는 그 과도기로서 이완(弛緩)된 군부권위주의정권 시기에 해당한다.144)

미국의 군산복합체가 군부ㆍ산업계ㆍ정계 삼자가 서로 융합되어 어떤 한 편이 우월한 위치에 있다기보다는 적어도 행태 측면에서 솥발과 같은 수평적 정족(鼎足)형태를 이루고 있음에 비해, 한국의 지배연합은 1961년부터 1992년까지의 기간 동안 군부 정권이 정점에 있고 그 아래에 제도권 정당의 직업정치인 및 전문가 관료집단, 그리고 재벌을 중심으로 하는 상층 부르주아가 받치고 있는 수직적 피라미드 형태를 이루고 있었던 것이다.

따라서 이를 살펴보는 시각과 논점 역시 달라질 수밖에 없는데, 한국의 군부우위의 지배연합은 그 피라미드적이고 억압적인 성격을 부각시켜 봐야 한다. 미국과 달리 한국은 노골적으로 정권 스스로 불법, 탈법적인 통치행위를 구사해 왔으며, 예측 가능한 시스템이 아닌 임의적 통치행위가 언제든 가능한 불안정한 정치체제였다. 강력한 국가와 함께 지배연합 내의 주요 파트너였던 재벌에 대하여서도, 산업화 과정에서 특혜를 베풀면서 '정경유착'을 이루기도 했지만 대등한 역학관계는 결코 아니었다. 재벌에 대해서도 자

---

144) Bruce Cumings, "The Abortive Abertura: South Korea in the Light of Latin American Experience", *New Left Review*, Vol.173, 1989, p.10. 김일영, "한국의 정치ㆍ경제적 발전 경험과 그 세계사적 위상", 한국정치외교사논총 13집, 1996, p.481.

유민주주의의 원리에 규정된 절차와 규칙, 그리고 공적인 관례를 무시한 거의 폭압적인 통치를 줄곧 행해 왔기 때문이다. 1980년대 국가는 강제에 거의 의존하다시피하면서 사회에 대한 전면적 지배를 행해 왔고 지배연합에 속한 재벌도 전체 재벌의 이익 차원에서는 국가의 육성과 보호를 받았지만, 개별 그룹 차원에서는 언제나 정권 앞에서 행동과 선택의 미시적 측면에서는 자율성이 없던 존재였다.145) 1990년을 전후하는 이 책의 주된 분석대상 시기의 경우, 지배 측면에서 강제보다는 동의에 의존하는 필요성이 증대되고는 있었지만 여전히 군부권위주의정권 자체는 강력하였다.

미국의 군산복합체는 완비된 제도적 민주주의, '견제와 균형의 원리' 속에 그 영향력과 실체가 녹아 들어가 있기 때문에, 일상적 정치구조와 사회경제적인 구조를 통해 자신의 효과를 은연중 드러낸다. 그러므로 그에 대한 심층적 원인 분석과 효과 규명을 통해 신좌파에 미친 구조적 영향을 추론해 낼 수 있다. 그런데 흥미롭게도, 미국은 절차적 민주주의가 한국에 한발 앞서 있었음에도 불구하고, 오히려 한국보다 더 신좌파에 대해서는 군대를 동원한 강력한 진압을 지속적으로 행하였다. 이는 당시 월남전 장기화, 미국 신좌파 내부의 무장투쟁세력 봉기 등 한국에 결여되어 있던 역사적 상황 국면의 특수성을 감안하지 않고는 이해할 수 없는 일회성 기제들에 속한다. 미국이 당시 '전시상태'라는 비상 국면이었으므로, 신좌파에 대한 무력적인 진압이 대중정치적 설득력을 가질 수 있었다.

양국은 군부가 막강한 영향력을 차지하고 있었던 만큼, 지배연합에 도전하는 중도적, 좌파적 세력과 제도적 정치사회에 뿌리박지 못한 공통된 특징으로 말미암아, 양국에서 국가는 사회주의지향 운동세력에 대해 단호한 조치로 억압하였다는 데서는 역시 공통적이다. 이는 양국의 구조적 요인들 중 지배연합 내에서 군부의 비중이라는 내부적 요인과 함께 '냉전'이라는 공통적 요인을 들어 이해할 수 있다.

---

145) 손호철, "진보진영의 代案 찾기, 어디까지 왔나", 月刊中央 1992년 5월호, pp.388-397.

## 1) 한국: 군부정권 우위의 피라미드형 지배연합

1980년대 후반 당시 노태우 정권은 사회의 모든 부문을 압도하고 있었으며 패권적 부르주아가 미약했던 역사적 상황에서 자본가들 역시 이전 시기에 비해 별달리 나아진 것 없이 굴복하였다. 재벌을 비롯한 상층 부르주아는 확실히 전두환 정권 시절에 비해 발언권을 키워 나가고 있었지만, 혁명운동이 가장 활발하게 벌어지던 1980년대 후반과 1990년대 초반에 이르는 시기의 노태우 정권은 여전히 권위주의적 성격을 탈피하지 못한 과도기였다. 그러나 지배연합의 성격 변화는 '혁명'을 공개적으로 주장하던 좌파세력에게는 악재 중의 악재였다. 정치적 영향력을 암중모색하면서 기지개를 켜던 상층 부르주아와, 여전히 권위주의적이었던 국가의 결합으로 인해 이중적인 제약이 운동세력에게 가해짐을 의미하기 때문이었다. 3당 합당 이후 곧바로 취해진 재벌 일방통행의 정책 변화는 그 실증적 사례이다.

그러나 한국은 지배연합 내부에서 1961년부터 1990년대 초반까지 어디까지나 군부가 상층 부르주아인 재벌과, 여야를 막론하고 정치, 행정 엘리트들을 압도한, 즉 군부정권이 장악한 국가가 우위에 선 지배연합을 형성하고 있었다. 이러한 국가의 우위성은 무엇보다도 군부가 지닌 강고한 국가폭력으로부터 나온 것이었다.146) 1961년의 5.16 쿠데타는 이후 한국의 산업화는 물론, 반체제적 주장과 운동에 대한 억압의 강도, 역할, 성격의 근원이 되었던 것이다.

> "그동안 군인이었기에 굳게 다물어왔던 심층 속의 한마디를 끝까지 참지 못하고 토함을 용서하기 바랍니다……급진좌경세력을 중심으로 민주화와 개방이란 이름 아래……군인만의 특성을 반민주, 반역사적이라 매도하는 무책임하고 무지한 선동적 모함에 우리 군은 국가 장래를 크게 염려하지 않을 수 없습니

---

146) 김일영, "한국에서 발전국가의 기원, 형성과 발전 그리고 전망", 『한국정치외교사 논총』 23집 1호, 2001년, p.105.

다……철모와 군화가 선거유세장의 연단 위에서 무참히 능욕당하는 장면을 보
면서 백보를 양보해도 용서할 수 없는 울분을 느꼈습니다."

(박희도 육군참모총장의 퇴임연설, 1988년 6월 12일)

"전두환 대통령은 단임정신을 지켰다……야당이 전두환 전 대통령에 대한
추궁을 고집한다면 그것은 그들이 공약한 정치보복 금지와 위배된다……제동이
안 걸리면 파국으로 갈 수 있다"

(익명의 육군 장성 인터뷰, 1988년 6월)147)

2000년대 이후의 정치적 국면에서 위와 같은 인터뷰와 연설은 적어도
공개적인 장소나 공적인 언론 앞에서 행해지기란 불가능한 일이었다. 그러
나 1988년, 그리고 1992년 정도까지의 한국사회에서는 여전히 위와 같은
발언이 가능하였고, 또한 정치적, 사회적으로 실제 영향력이 있었음을 부정
할 수 없다. 1988년 노태우 정권 출범은 군부세력을 비롯한 국가기구 내의
고위관료층에게 '정권 연장'의 안도감과 아울러 '미래에 대한 불안감'을 동시
에 안겨 주었다. 현역 군인들이 현역 신문사 사회부장을 정보사령부의 고위
장성들이 지시하여 조직적으로 테러한 충격적인 사건이 1988년 8월 6일
벌어졌으며, 같은 해, 국가기관인 내무부는 '우익은 죽었는가'라는 책자를
공무원들에게 배포하는 사건이 연이어 발생하였다.148)

1990년 5월 행해진 월간 『다리』의 여론조사에서 한국의 민주화에 장애
가 되는 집단을 묻는 질문에 군부(50.7%), 미국(27.4%), 재벌(14.5%)
순으로 응답한 결과는 6.29선언과 이후 노태우 정권 출범 이후에도 한국사
회에서 군부가 차지하는 위상과 힘을 그대로 보여 주고 있다.149)

---

147) 두 기사는 월간 말, 1988년 10월호, p.16. 두 번째 인터뷰에서 익명의 장군은
     당시 수도방위사령관 김진영 장군으로 기사에서 추정하고 있다.
148) 한겨레신문, 1990년 10월 7일, 양동안, "이땅의 우익은 죽었는가", 현대공론,
     1988년 8월호.
149) 월간 『다리』와 '한국사회연구소'가 공동조사한 '사회운동세력의 사회·정치의식에
     관한 연구보고서', 한겨레신문, 1990년 4월 20일.

제도적 민주주의의 정착이 이루어진 미국에서 구조적 국가폭력은 군부, 산업계, 정계가 서로 공존하는 군산복합체로 나타났지만, 한국의 불안정한 제도적 민주주의, 국가보안법을 비롯한 이른바 '악법'을 비롯한 각종 법제도, 그리고 군부통치의 환경은 1980년대 중반 타협에 의한 점진적 민주화로 귀결될 때까지 한국정치사회와 시민사회를 군부정권이 일방적, 강제적 수단에 의지하여 지배하는 형태를 띠어 왔다. 이러한 과정에서 구조적으로는 지배연합 속에 재벌로 대표되는 상층 부르주아가 포함되어 있었지만, 행태적 역학관계에서 이들은 군부 중심의 정치사회에 대해 위약하기 짝이 없었다.

## (1) 군부우위 지배연합의 특징

1985년 2월 21일, 임직원이 3만8천8백 명으로, 대한민국의 대표적. 재벌 중 하나였던 국제그룹을 해체한다는 조치가 정부에 의해 취해졌다. 당시 국제그룹이 강제로 해체될 때 재계에서 차지하는 위치는 랭킹 7위였다. 계열기업이 영위하고 있던 업종은 무역, 건설, 신발, 기계, 방직, 철강, 제지, 금융 등 스물세 개 분야에 이르렀다. 1984년 매출액은 1조7천9백13억 원, 수출액은 9억3천4백만 달러에 달하는 한국의 대표적인 재벌기업 중 하나였던 것이다. 당시 재무장관이었던 김만제 씨는 국제그룹 해체가 헌법재판소에서 위헌 결정이 난 후 언론과의 인터뷰에서 "과다부채로 회생이 어려워 부득이 정리했다"고 밝혔다. 실제 당시 국제그룹이 진 빚은 엄청나게 많았다. 84년 10월 말 기준 총여신 규모가 1조4천4백58억 원이었고 이 중 제2금융권 차입이 5천5백4억 원에 달했다.[150]

그러나 정부는 당시 국제그룹의 부채에 대해 은행 여신으로 지원키로 정해 놓고 있었으나 갑자기 이를 철회한 조치를 취해서 결국 재계 7위의 대재벌을 명쾌한 이유 없이 분해시켜 버린 것이다. 그 원인은 전두환 전 대통령

---

150) 조선일보, 1985년 2월 23일, 매일경제신문, 1995년 10월 25일.

과 내각 각료들, 그룹 관계자들의 증언이 엇갈려 아직도 불분명하다.[151]

당시 내각과 전두환 전 대통령의 증언에 의하면 전적으로 방만한 경영, 과도한 부채비율, 비합리적인 족벌경영 등이었다. 그러나 '2·12총선'에서 당시 집권 민정당이 국제그룹의 본거지인 부산에서 패배했기 때문이었다는 추측, 양정모 회장이 정치헌금에 비협조적이었기 때문이라는 추측이 있었다.[152]

국제그룹의 경우는 '민주주의와 시장경제'를 정상적으로 실천한다는 자본주의체제에서 결코 있을 수 없는 상징적 사건이었다. 군부가 지배연합에서 다른 제휴자의 의사까지도 전혀 고려하지 않았음을 보여 준다. 대통령의 '괘씸죄'에 의해서가 아니라 설령 경제적인 이유만으로 해체되었다 해도, 국가기구가 민간 대기업을 임의로 해체할 수 있었다는 사실 자체만으로, 1980년대 한국의 지배연합에서 군부정권은 도전세력뿐만 아니라 사회 전 부문에 걸쳐 강제적 지배를 행했다는 점을 알 수 있다.

1961년 군부 쿠데타로 집권한 박정희 정권 이래, 한국의 권위주의정권 시기 지배연합은 근 1990년대 초반까지 정치경제적으로 '신중상주의 지배연합'으로서 군부 중심의 막강한 권력과 자원 동원능력을 거의 독점하다시피한 국가기구, 그 아래에서 정치적 동원과 침투의 매개 역할을 한 집권 정당, 그리고 산업화 정책에 적극 동조할 태세가 되어 있으면서, 수동적이면서도 지속적으로 한국의 자본주의경제발전에 일익을 담당한 산업자본가들로 구성되어 있었다.[153]

---

151) 매일경제신문, 1995년 10월 25일.
152) 심지어 양정모 회장이 대통령으로부터 괘씸죄를 적용받게 됐다는 설도 있다. 1984년 12월 23일에 청와대 만찬이 있었고 공교롭게도 양회장이 만찬에 늦었던 것으로 알려졌다. 또 정치자금과 관련 돈을 많이 낸 기업에게 무언가 혜택을 주기 위해 비협조적인 그룹을 해체해 계열사를 나눠 줬다는 설도 있다. 매일경제신문, 1995년 10월 25일. 양정모 회장은 1988년 5공 청문회에서 그러한 내용의 증언을 했다.
153) 박광주, "집정관주의적 신중상주의론", 한국정치학회 편, 『현대한국정치와 국가』, 법문사, 1986, 백종국, "한국의 국가, 시민사회.. 그리고 지배연합의 변동", 경남대 극동문제연구소, 『한국정치사회의 새 흐름』, 1993.

사회주의지향 운동이 한창 벌어졌던 1980년대 후반부터 1990년대 초반 시기는 6공화정에 해당한다. 이 시기의 지배연합의 특징은 구조적으로는 재벌로 대표되는 상층 부르주아의 비중이 점차 국가에 대등한 정도로 올라서고 있는 데 비해, 정치권력은 지배연합에 대한 도전에도 아랑곳없이, 그리고 지배연합 내부 파트너였던 상층 부르주아의 성장에도 불구하고, 여전히 권위주의 군부정권이었다는 일종의 정치사회에서의 '괴리' 내지 '지체' 현상이었다.

어떤 관점에 따르면, 1987년 이후 민주화 과정을 거치면서 한국의 신중상주의 지배연합이 천민자본주의 지배연합으로 변모, 혹은 전락했다고 지적하고 있다. 천민자본주의란 막스 베버의 개념으로서, 고대 인도와 페니키아 또는 이탈리아의 도시국가들에서 보듯이, 저급한 윤리의식하에서 주로 투기성 이익만을 추구하는 상업자본주의의 하나로서 생산적 활동과는 거리가 먼 자본주의를 의미하고 있다.[154]

투기성 자본활동만을 가지고 천민자본주의 지배연합을 설명하기에는 부족하다. 투기성 활동은 재벌들의 행태 일면에 불과한 것이며, 더 근본적으로 이들을 천민자본주의로 부르는 것은 이들의 '정신적 박약성'이다. 경제적 덩치에 어울리지 않게 이들은 어떤 정신적 자산도 없었고, 사회적인 명예나 가치에서 대중의 인정을 전혀 받지 못하고 있었다. 그러한 의미에서 이들은 천민자본주의의 부르주아였다.

이러한 군부우위 지배연합의 특징으로서는, 첫째, 정치의 실종 현상이다. 군부가 모든 부문, 모든 세력에 대해 도구적 자율성[155]을 가지고 행정국가, 혹은 병영국가(Garryson State)로의 전환을 도모해 온 것이다. 둘째, 군부정권이 주축이 된 국가는 당시 미국 주도의 세계체제에서는 별다른 대외 도구적 자율성을 확보하지 못했지만, 모든 사회세력과의 역학관계에서 일방

---

154) 백종국, "한국의 국가, 시민사회, 그리고 지배연합의 변동", 경남대 극동문제연구소, 『한국정치사회의 새 흐름』, 1993, p.158.
155) 손호철, "국가자율성개념을 둘러싼 제 문제들: 개념 및 이론적 문제를 중심으로", 한국정치학회보, 23집 2호, 1990, pp.296-318.

적으로 우위에 있었다. 군부와 산업계의 파워엘리트가 서로 종속관계가 아
니라 공생관계였던 미국과는 대조적인 현상이랄 수 있다.

## (2) 군부우위 지배연합의 변화

1990년 1월 22일 전격적으로 실행된 민정당, 통일민주당, 공화당의 3당
합당은 한국정치사에서 매우 의미가 큰 사건으로서, 이에 대한 객관적인 평
가는 다음의 시국선언문에 그대로 나타난다. 1990년 5월 7일 전국의 교수단
1천41명은 3당 합당을 반대하면서 그 의미를 다음과 같이 발표하였다.[156)

> 지나간 80년대에는 한국사회의 민주적 변혁과 민족의 자주적 통일을 실질적
> 으로 앞당길 수 있는 토대가 이루어졌다. 생산력 증대, 국민의 정치의식고양
> 등은 물론 민중의 주체적 자각이 이루어짐으로써 전반적인 민족민주세력이 양
> 적으로 확대되고 질적으로 심화되었다. 이제 국제적으로도 평화와 인간화를 달
> 성하기 위한 큰 변화가 진행되고 독일의 재통일 분위기가 성숙하는 90년대를
> 맞아 한반도에도 민주·통일·평화가 하루속히 자리잡게 되기를 국민대중은 크
> 게 기원해 마지않는다. 이러한 상황에 역행해서 등장한 것이 정계재편이요, 그
> 결과물이 이른바 보수대연합 구도이다.……
> 보수대연합은 사회의 전반적인 민주화 요구와 민족의 자주적 통일열망에 대
> 해 기득권 계층인 가진 자들이 자기방어를 하기 위해 꾸민 음모적 야합이다. 이
> 는 현 정권이 파벌정치와 금권정치를 통해 영구적인 일당독재를 획책하고자 하
> 는 기도로서,……김종필 씨가 "30년 이상 정권을 안정시킬 수 있는 구상……"
> 운운한 사실과 일본 자민당을 본받겠다는 3당 합당의 취지에서도 확인된다.
> 또한 보수대연합은 독점재벌들과의 유착을 더욱 공고히 하고 이들의 물적인 지
> 원을 그 기반으로 하고 있다. 독점자본은 그동안 정치자금뿐만 아니라 공안정국
> 유지비, 전교조, 전노협 등 주요 민주단체 파괴자금 등까지 지원하였는데 이를 더
> 욱더 합법화 및 공식화하고자 하는 의도가 이 보수대연합 구도에 담겨 있다.
> 첫째, 정권은 국민대중을 적으로 돌리면서 그동안 국민적인 요구 속에서

---

156) 한겨레신문, 1990년 5월 7일.

1987년 선거 때부터 약속해 온 국가보안법, 안기부법, 노동관계법, 교육관계법 등 악법 개폐문제를 원점으로 되돌리고 있다.

둘째, 경제민주화가 후퇴하고 있다. 우여곡절을 거친 끝에 실시를 눈앞에 두고 있었던 금융실명제와 토지공개념제도가 실종되거나 퇴색했다.

셋째, 현 정권은 자신들의 정책 부재, 정당성 결여, 민주화 역행, 재벌 횡포와 부조리에 의해 조성된 침체국면을 국민 일반에게 그 원인을 전가시키면서 민중의 생존권 확보운동과 국민대중의 기본권 보장요구를 압살하고, 정권과 기득권유지를 위해 안간힘을 다함으로써 정권 말기적 증상을 보이고 있다.

넷째, 천민자본주의의 말기적 증상인 부동산투기 성행 등이 온 사회에 팽배하고 정치권력은 이를 방기하고 오히려 조장함으로써 국민은 불안한 삶을 영위하고 전세값 폭등으로 15명이 자살하는 등 서민대중은 생사의 갈림길에 놓여 있다.

3당 합당은 새로운 권위주의의 모델로서 손색이 없었다. 그 이전까지 한국의 국가는 6공화정의 3당 합당 이후 출현한 지배연합과 조금 다른 형태의 이른바 발전국가적 지배연합을 이끌던 강력한 실체였다. 곧 국가가 시장에 일상적, 계획적으로 개입하여 경제발전을 도모하는 형태의 국가였던 것이다. 극대화한 국가능력과 국가자율성을 특징으로 하는 발전국가는 자본주의국가로서 총자본, 즉 지배연합 내부의 부르주아계급 전체의 이익과 자본주의체제의 원리를 거스르지는 않지만, 개별 자본으로서의 재벌을 비롯한 그 외 사회세력에 대해 거의 절대적인 자율성을 갖고 경제발전을 도모하게 된다.[157]

1960년대, 어느 정도 최소한도의 절차적 민주주의는 지키고 있던 당시 발전국가의 박정희 정권은 3선 개헌과 유신체제를 통해 발전국가를 사회 내의 부르주아와 노동자세력뿐만 아니라 정당, 의회로부터도 자율적인 실체로 공식화하게 된다. 즉 정치가 실종되고 오로지 행정적 효율성에 의해 지배되는 국가가 탄생하게 된 것이다.[158] 물론 자본주의체제의 경제적 이념과 작

---

157) 국가자율성에 대해서는 손호철, "국가자율성, 국가능력, 국가强度, 국가硬度", 한국정치학회보 24집, 1990.

동 원리는 여전히 준수하지만, 정치적 측면에서 거의 절대적인 자율성을 노리고 탄생한 이 발전국가는 1987년까지 지속되었다.

현대한국의 정치사는 세계사상 유례없는 단시일 내의 압축적 경제성장, 군부권위주의정권이라는 용어로 압축될 수 있다. 이들 용어에서 보듯이, 한국의 발전 유형은 국가의 시민사회에 대한 우위, 나아가 국가의 상층 부르주아에 대한 압도적 우위, 그리고 노동계급에 대한 양보를 필요로 하지 않는 지배연합구조를 특징으로 하기 때문에 정치적 민주화와 복지 요구에 대해서는 무감각한 반응을 보여 왔다. 즉 유럽이나 미국과는 비교할 수 없을 정도로 국내 사회계급관계에서 한국의 국가는 행태적 측면에서 막강한 힘을 보유했고 강제적 수단을 위주로 권력을 행사해 왔다. 지배는 강제적 수단으로만 가능하지 않기 때문에, 이때 곁들여 필요한 국민의 동의는 자유민주주의가 안정적으로 제도화함으로써 가능하지만, 한국은 1987년 이전까지 자유민주주의가 제대로 실현된 적이 없었다. 자연히 지배를 위한 강제의 비중이 동의 획득을 위한 설득적 행위에 비해 훨씬 높았기 때문에, 저항세력들은 물론, 재벌과 같은 상층 부르주아까지도 국가의 강도 높은 강제력 앞에 제 목소리를 내지 못하는 상황이 1990년대 초반까지 계속되어 왔다.

혁명적 사회주의를 지향한 운동이 벌어지던 1980년대 중반부터 1990년대 초반까지의 기간은 전두환 정권의 후기부터 노태우 정권까지 걸쳐 있던 시기이다. 당시 1987년 6.29선언으로 절차적 민주주의의 일부가 실현되었지만 여전히 권위주의정권이 완전히 종식되었다고는 볼 수 없었으며 따라서 민주화 과정에서 1980년대 후반은 일종의 과도기였다. 그러나 여전히 군부 인맥은 정치에 가장 강력한 영향력을 행사하는 사회집단이었고, 노태우 정권은 그 이전의 강권적 독재정권에 비해 한층 부드러워지기는 하였으나, 노태우 스스로가 군 출신이었던 동시에 연성(soft) 권위주의체제로부터 완전

---

158) 김일영, "한국에서 발전국가의 기원, 형성과 발전 그리고 전망", 한국정치외교사 논총 23집 1호, 2001년 8월, p.109.

히 탈피하지는 못한 상태였다.

혁명적 사회주의를 지향하는 운동은 노태우 정권 시절 가장 격렬하게 일어났고, 또한 가장 많은 탄압을 받았다.[159] 그 이전 정권 시기까지, 지배연합의 중심축이었던 국가는 노태우 정권이 들어선 이후부터 상층 부르주아였던 재벌과의 관계를 감안하지 않을 수 없을 만큼 지배연합 내부의 역학관계는 변화의 조짐을 보이고 있었다. 수시로 강제력을 동원하던 시절에 비해, 절차적 민주주의의 승인을 받아 집권한 정권 입장에서는 더이상 군부정권의 구태의연한 방식에 매달릴 수는 없었기 때문이다.

정치적 측면의 이러한 변화는 사회경제적 측면의 변화와 연관되어 있다. 1980년대 초반 이후 진행된 시장순응적 경제정책의 기조는 노태우 정권 들어서도 큰 변화 없이 진행되었다. 다만 여소야대정국에서 개혁적 케인즈주의 경제철학을 갖고 있던 조순 부총리와 문희갑 경제수석 팀을 중심으로 경제민주화 기조가 시도되기는 하였으나, 3당 합당 이후 지배연합은 개혁적인 드라이브를 제지하면서 재벌대기업 위주의 전형적인 시장순응적 정책으로 기조를 전환하게 된다. 애당초 국가가 시장에 일정하게 개입하여 분배 정의를 추구하는 경제민주화정책은 6공화정 초기, 재벌들의 염원이었던 민간주도 경제정책과 배치되는 것이었다. 경제력 집중 억제시책, 금융실명제, 토지공개념 법안 추진, 대규모 주택정책 등은 경제민주화를 위한 시도였다. 이는 1980년대 이후 급속히 성장한 민주화 세력을 중심으로 한 시민사회의 팽창, 그리고 여소야대정국을 통해 가능하였다. 재벌은 반발하였고 이로써 지배연합 내에 위기가 온 것이다.

이미 재벌은 1988년 6공화정 출범 이후 전경련을 앞세워 과거와는 사뭇 다른 행태를 보여 왔다. 첫째, 전경련의 활동대상에 있어서 행정부 일변도

---

159) 고동우, "사회주의자들의 '커밍아웃'에 대한 단상", 월간 말, 2001년 10월, pp.160-163. 1989년과 1990년 두 연도를 중심으로 6공화정 내내 사회주의조직사건들이 그 어떤 다른 정권 시기보다 많이 일어났다. 조작의문이 끊이지 않았으나, 이 당시 관련자들은 법정에서 '사회주의자'임을 스스로 선언하였다.

에서 벗어나 대 언론홍보활동을 강화하고 정치지도자들과 직접적, 공개적으로 접촉하였다. 둘째, 활동방법 선택에 있어서도 정치사회에 대한 구걸이나 탄원의 과거 소극적 방법에서 벗어나 대중사회의 전면에 나서는 적극적 방법을 택하게 된다.[160] 이러한 변화는 물론 아래로부터의 저항과 희생에 의한 6.29선언이 가져다 준 무임승차의 열매였다. 1987년의 민주화 과정에서 재벌은 아무것도 한 게 없이 눈치만 살피고 있었다.

그러나 상층 부르주아 재벌은 민주화의 성과를 자기 것을 하는 데 그 누구보다도 민활하게 대응하였다. 1990년을 전후하여 당시 전국경제인연합 이외에 따로 6개 대재벌기업의 의견을 독자적으로 수렴하는 경제단체협의회를 결성하여 정치사회에 대하여 압박을 가해 왔다.[161]

1980년대 중반 이후에 와서 한국의 재벌은 제2금융권을 장악하여 자금력을 확보하였고, 그전에는 국가의 지불보증이 필요했던 외국 자본을 국가의 도움 없이 직접 끌어다 쓸 수 있게 되었다. 1981년부터 5대 시중은행이 민영화되면서 재벌은 과점 주주로 참여하기 시작하였고, 그 결과 30대 재벌이 소유하고 있는 금융기관 주식이 1992년 들어 1억4천8백44만9천 주에 이르러 금융기관 자본금의 45%를 차지하고 있어 재벌의 금융과점현상이 1980년대 10년 동안 급속도로 진행되었음을 알 수 있다.[162]

그리고 경제발전으로 인해 국제시장에서 규모의 경제 효과가 발휘되면서 기술과 설비, 새로운 시장 개척 등의 분야에서도 재벌은 독자적인 역량을 발휘할 수 있을 정도로 성장해 있었다. 1980년에서 1990년까지 10년 동안 4대 재벌의 매출액은 평균 7배 증가하였고 자산액은 평균 10배 증가하였다. 같은 기간 동안 국가기구의 세입총계도 1980년의 7조 5천억 원에서 1990년의 34조 5천억 원으로 약 4.6배 증가하였는데, 이는 한국의 전체

---

160) 이병화, "한국의 경제입법과 이익집단", 한국과 국제정치, 경남대 극동문제연구소, 1992년 가을·겨울호, p.200.
161) 김일영, "한국에서 발전국가의 기원, 형성과 발전 그리고 전망", 『한국정치외교사논총』 23집 1호, 2001년, p.114.
162) 한겨레신문, 1992년 7월 1일.

GNP가 4배 증가한 데 비하여 매우 빠른 성장이었다. 1980년 4대 재벌의 총자산이 국가기구 세입총계의 약 1.13배였는데 1990년에 와서는 2.47배에 달하게 되었던 것이다.[163] 박정희 정권의 발전국가건설 이후, 6공화정에 와서 재벌은 적어도 외형적 규모와 경제적 비중 측면에서 국가를 능가하기에 이른 것이다.

재벌의 이러한 성장에 비하여, 상대적으로 발전국가의 대응과 능력은 현저하게 하락하고 있었다. 비교적 경제의 규모가 작았던 1980년대 이전까지는 발전국가의 엘리트들이 사회를 통제하면서 경제발전을 일사불란하게 이끌 수 있었지만, 민간경제부문이 급성장하고 시민사회가 팽창하기 시작한 6공화정 출범을 거치면서 1990년대를 전환점으로 한국의 국제경쟁력은 당시 국제적으로 매우 뒤떨어졌던 것으로 평가됐다.

독일의 저명한 경제주간지(Wirt-schafts Woche)가 발표한 바에 따르면 1990년대 초 한국은 16개의 선진국 및 신흥공업국가들 가운데 국제경쟁력이 16위였다. 당시 한 학술연구소의 평가보고서도 한국의 국제경제력이 이른바 '작고 개방적인 나라들'인 싱가포르(1위), 홍콩(2위), 룩셈부르크(5위), 스위스(6위) 등에 미치지 못하는 것은 물론 대만(9위), 말레이시아(10위), 일본(13위), 태국(14위) 등 이른바 아시아의 신흥공업국가들 중에서도 한참 낮은 순위인 20위였다. 평가기관들은 한국의 국제경쟁력이 낮게 분석된 주된 요인으로 정치·행정 등 '국가부문'을 공통적으로 꼽았다. 특히 관료부문은 1백점 만점에 충격적으로 0점을 받아 심각한 문제로 지적되었다.[164] 발전국가의 효율성이 1990년대 이후에는 더이상 적용되기 무리라는 사실을 입증하였다. 1980년대 후반까지만 해도 줄곧 국제적으로 높은 경쟁력을 인정받았던 한국이 이처럼 바닥권 평가를 받은 것은 놀랄 만한

---

163) 공제욱, "정부와 재벌 간의 관계에 관한 연구(1)", 1995년 전기 사회학대회 발표 논문, p.240.
164) 정용덕, "관료 달라지기는커녕 갈수록 태산－기획시리즈, 2010년으로부터의 경종", 월간 WIN, 1999년 2월호.

일이었다. 발전국가가 상명하복식으로 지도자본주의체제를 이끌고 가기에는 더이상 무리란 사실이 드러난 것이다.

그 결과, 집권 여당은 야당 일부 세력과 통합하여 '민주자유당'을 탄생시키기에 이른다. 국가의 이러한 선택은 지배연합의 보수화를 초래하였으며,[165] 혁명적 사회주의운동세력에게는 과격한 투쟁의 명분을 주었다. 친재벌·반기층민중적인 이러한 행태는 6공화정의 정책기조가 6.29선언의 성과를 상층 부르주아인 재벌에 유리한 정치경제적 자유주의로 돌려놓았음을 말해 준다.[166] 3당 합당과 같은 시기에, 노동부가 임금인상 억제를 노린 최저임금법 개정안을 발표하고 전노협에 가입한 1백60개 노조에 대한 업무조사권을 발동하는가 하면 전노협과 맞서고 있는 경제단체협의회가 올해 임금인상 7%선을 제시하고 나오고 정부도 올해 임금억제선을 전 업종 평균 7%로 결정했다. 당시 7% 선이라면 전노협이 요구하는 수준의 3분의 1에 불과하였다. 또한 3당 통합의 민자당은 토지관계 법률과 금융실명제의 실시를 연기하였던 것이다.[167]

연이어 4월 4일 '경제활성화 종합대책'이 발표되었는데 특별설비자금 증액, 여신규제의 과감한 완화, 무역금융 융자단가 인상, 기술개발지원책의 강화 등을 주요 내용으로 하고 있었다. 이에 대하여 전국경제인연합은 "이번 조치가 제조업 부문의 설비투자 촉진에 중점을 두어 경제활력회복에 도움을 줄 것으로 기대한다."는 적극적 환영 의사를 표명했다. 그러나 중도개혁노선을 표방하던 경실련은 "국민을 속이는 정책이며, 재벌 중심의 경제구조를 강화하겠다는 의도"라면 강력하게 반발하였다.[168] 이로써 6공화정의 정책방향은 당시 경실련의 평가처럼 공정과 형평추구에서 불균형성장우선으

---

165) '보수대연합'의 발상은 일본의 자민당을 모델로 하고 있음을 스스로 밝혔다. 경향 신문, 한겨레신문, 1990년 1월 23일, 1월 24일.

166) 임혁백, "지연되고 있는 민주주의의 공고화", 최장집·임현진 편, 『한국사회와 민주주의』, 나남, 1997, p.39; 김일영, "한국에서 발전국가의 기원, 형성과 발전 그리고 전망", 『한국정치외교사논총』 23집 1호, 2001년, pp.113-114.

167) 경향신문, 동아일보, 1990년 2월 6일, 2월 7일.

168) 경향신문, 1990년 4월 4일.

로 회귀했던 것이다.

노동운동에 대한 단기적인 탄압강도 증대가 곧바로 전면적인 항쟁을 결과하여 보다 큰 정치적 갈등, 그리고 보다 악화된 투자환경으로 번져 가는 것을 경험한 재벌로서는 구사대 투입이나 공권력 요청이 아닌, 국민적 명분에 입각한 장기적이고 안정적인 대응구도를 정비해야 할 필요성을 느끼게 되었던 것이다.169) 국가 역시 마찬가지였다. 6공화정은 노동운동과 학생운동에 대해 지속적으로 강압적인 통제를 가하고는 있었으나, 그러한 방식은 한계가 있었다. 이미 6.29선언과 직선제를 통해 민주주의 절차 복원을 이룬 주체로 자처하던 노태우 정권의 입장에서, 정권의 성격이 과거의 강성 군부권위주의에 머무르고 있을 수만은 없는 처지였다. 그럴 부담을 느끼는 것보다는 정치사회에서 합당을 통해 보수연합을 이루어, 아래로부터의 저항을 보다 안정적, 원천적으로 제어할 필요성을 절감하고 있었던 것이다.

그럴 정도의 요구를 제기하는 데 필요한 사회적이고 정치적인 정당성을 사실상 재벌은 결여하고 있었지만, 그들의 덩치는 이미 특정 정치세력이나 지도자가 제어할 수준을 넘어 선 상태였다. 이미 1991년도 삼성그룹의 총매출액은 31조 원을 돌파하여 당해 연도 한국정부의 일반회계 총액과 같은 수준이었다. 1987년을 기준으로 30대 재벌이 고용하고 있던 인원은 제조업만을 중심으로 77만 5천 명이었는데 이는 같은 해 공무원들의 숫자 70만 5천 명을 7만 명이나 능가하는 것이었다. 이미 고용효과와 사회경제적 파급효과에서 상층 부르주아인 민간의 재벌이 국가와 맞먹는 실체로 성장한 것이다.170)

그러나 노태우 정권은 지배연합 내부에서 이전의 노골적인 군부정권보다는 약했지만, 재벌보다는 역학관계에서 여전히 우위에 있었다. 국제그룹의

---

169) 정관용, "3당 합당의 구조적 본질과 실천적 대안", 『동향과 전망』, 7호, 1990년, p.206.

170) 백종국, "한국의 국가, 시민사회,. 그리고 지배연합의 변동", 경남대 극동문제연구소, 『한국정치사회의 새 흐름』, 1993, p.154.

해체 같은 극단적 조치는 더이상 가능하지 않았지만, 노태우 정권은 개별 재벌기업들에 대한 압박을 통해 비자금과 불법적 정치자금을 재벌로부터 역대 어떤 정권보다도 월등하게 거두어들인 정권이었다.

1995년 12월 5일 검찰은 노태우 대통령이 재임 중 조성한 비자금의 규모가 총 4,189억 원에 이르며 이 중 3,690억 원을 사용한 사실을 밝혀내고, 측근 '4인방', 즉 이현우, 이원조, 김종인, 금진호, 그리고 재벌기업주 36명, 금융실명제 위반자 6명에 대한 수사결과를 발표했다. 검찰은 노태우 전 대통령에게는 재임 중 조성했다고 진술한 4,500∼4,600억여 원의 비자금 중 재벌기업 대표 35명으로부터 받은 2,838억 9,600만 원이 뇌물로 인정돼 특정범죄가중처벌법 위반(뇌물수수)죄로, 이현우 씨는 방조한 혐의와 뇌물수수죄, 그리고 정태수 한보그룹 회장에 대해서는 뇌물 공여와 업무 방해 혐의로 구속 기소하고, 기업인 등 12명을 불구속 기소하였다.[171] 비자금 문제로 전직 대통령이 구속되는 최초의 사건인 동시에, 권위주의적 군부정권과 민주화가 진전되기 시작한 민간정권 사이의 과도기에서 그때까지 미처 제 힘을 정치적으로 조직화하기에는 여전히 유약하던 상층 부르주아에 대하여 기존 군부정권의 방식을 연장하면서 군림하던 부패한 국가였던 것이다.

요컨대, 6공화정은 1980년대의 5공화정보다는 훨씬 부드러워지긴 하였고, 재벌의 영향력이 서서히 증대되고는 있었지만, 위의 사건에서 보듯이 여전히 군부세력이 중심을 이룬 강력한 정권이 상층 부르주아 위에 군림한 채 지배연합을 형성하고 있던 과도기 정권이었던 것이다.

## 2) 미국: 군산복합체의 정족형(鼎足型) 지배연합

한국에 비하여 미국은 건국 이후 민주주의의 제도화를 지배 엘리트의 주

---

171) 경향신문, 조선일보, 한겨레신문, 1995년 12월 6일.

도로 꾸준히 다져 온 경험을 갖고 있었다. 이로 인해, 2차 대전과 냉전으로 인하여 형성된 군산복합체는 그 비민주적 성격에도 불구하고 형식적 민주절차와 자본주의시장경제의 논리를 통해 정치분야까지 영향력을 미칠 수 있었다. 경제계 지도자들은 합법적 로비와 정책과정에의 간여, 그리고 민주적 절차의 힘을 빌려 군부와 더불어 실질적인 권한과 역할을 수행하고 있었고 하나의 사회구조로서 군산복합체를 형성, 유지하고 있었다. 특히 신좌파운동이 융성하던 1970년을 전후한 시기에, 미국에서 군부의 영향력은 월남전의 영향, 닉슨의 권위주의적 통치 스타일 등의 '호재'가 겹쳐 최고조에 이르렀으며, 온건한 지식인들도 이러한 미국 군부의 조직적 침투와 강화를 우려하고 있었다. 신좌파는 이들과 대결을 벌였던 양상으로 나타났다.

그리고 미국의 경우는 200년에 걸쳐 건국 세력과 일반국민 모두 근대정신의 기원인 합리주의와 자유주의에 기반을 둔 미국식 민주주의 헌정원리를 구현하고 체득하는 경험을 가졌는데 군부의 등장과 전쟁 경험, 그리고 냉전 이전에는 그러한 원리가 비교적 이론으로나 현실로나 괴리가 없었다. 그러나 역사적으로 뉴딜체제 이후 1, 2차 세계대전과 냉전을 거치면서 이를 기화로 국가폭력이 증대하고, 이를 담당하는 군부와 산업계 사이에 일회성 유착이 아닌 구조적 공생관계가 굳어지면서 미국경제 자체가 군산복합체에 의해 좌우되기에 이르렀다.

사회경제적 현실에 대한 군산복합체의 영향은 갈수록 증대하였는데 그 실질적 영향력과 비중에 비하여 관련된 사안에 대한 정책결정과 수행은 미국의 체제이념인 자유민주주의에 어긋나는 방식으로 이루지게 된다. 곧 '안보상 국가 기밀'을 구실로 하여 비밀주의와 무의사결정에 의한 메커니즘이 이룩되었다.

곧 군산복합체는 정치적 원리와 경제군사적 현실의 괴리를 낳았는데, 그렇다고 해서 군부라든가 재계가 정치권력을 노골적으로 침해할 수는 없었다. 미국정치의 자유민주주의원리는 이에 대해 어쨌든 견제 구실을 하고 있었기 때문이다. 그 대신 미국은 군산복합체가 합법적이고 제도적인 형태로 정치에 지속적인 영향을 끼치고 있었다.

## (1) 군산복합체의 특징

2002년 미국정부의 군비증강은 현대국가가 스스로의 능력과 자원을 지속적으로 집중, 확충시키고 있음을 보여 준다. 미국의 예산안은 환경사업 등 새롭게 떠오르고 있는 주요 분야 예산을 줄이는 대신 대(對)테러전쟁 및 안보 비용을 대폭 증액한 총 2조1천3백억 달러 규모에 이른다. 2002년 10월 1일 개시되는 새 회계연도 예산안은 2002 회계연도 예산보다 3.7% 늘어난 것으로 국방비를 4백80억 달러, 국토방위비를 3백77억 달러 증액한 것이 특징이다.172) 전체 예산안에 포함된 국방예산 규모는 전 회계연도보다 무려 14.5% 늘어나 20년 만에 최대 증가폭을 기록했다. 이 같은 증가율은 1980년대 초반 군비증강에 박차를 가했던 레이건(R. Reagan) 정권의 국방예산 증액 폭을 뛰어넘는 것이다. 특히 공화당정권 특유의 자유주의적 사회경제정책과 같이 수행되어, 감세 등 경기부양책을 담고 있기 때문에 미국의 다음 회계연도 재정적자는 8백억 달러에 달할 것으로 예상된다.

막대한 출혈을 감수하면서까지 미국이 군비를 늘이는 목적은 물론 국가폭력의 강화이며, 이를 토대로 향후 세계전략을 안정적으로 수행함은 물론 대내외적 지배를 공고히 하겠다는 의지의 반영인 것이다. 세계대전의 가능성을 안고 살았던 20세기 냉전시대가 종식되었음에도, 한층 군비를 증강하는 것은 군비증강을 비롯한 국가폭력 강화가 외부 적국의 위협이라는 본연의 이유보다는, 국가의 역할을 포기하지 않고 대내외적 헤게모니를 뒷받침하겠다는 정치적 필요성에 의한 것이다. 냉전이 끝났다고 해서 국가폭력의 역할이 줄어들 것이라 예상하는 것은 국가폭력과 헤게모니의 상관관계를 읽지 못한 데서 오는 단견이다. 국가폭력의 증대는 명분상 대외 적국을 향하고 있지만,

---

172) 중앙일보, 2002년 2월 6일.

실제로는 지배를 위한 헤게모니와 밀접한 관련을 맺고 있기 때문이다.

군비와 더불어 국가의 '집중' 현상을 증명하는 정보 부문의 국가능력 강화는 현재 위험 수위에 이르렀다. 미국 국가안보국(NSA) 산하 에셜론(Echelon) 시스템은 첩보위성 120여 개를 이용, 전세계 유-무선전화와 팩스 이메일 등 모든 종류의 통신내용을 시간당 최고 수십억 건씩 감청할 수 있다. 강력한 음성인식 기능을 지닌 슈퍼컴퓨터를 통해 감청내용을 체계적으로 분류할 수 있다. 에셜론에 포착된 통신내용은 미국 NSA로 넘겨진 뒤 일정한 정보 분류작업을 거쳐 백악관과 상무부에 전달되어 정보전쟁 및 무역전쟁의 자료로 활용된다.[173] 에셜론 설비들은 미국, 영국, 캐나다, 호주, 뉴질랜드 등 5개국 영토 내 11개 장소에 배치돼 있으며[174] 이들 도청센터 운영비만도 한해 200억 달러에 이른다.[175]

신좌파운동의 혼란과 충격이 어느 정도 잠잠해졌던 1971년, 당시 미합중국 공군 전략회의 의장(Commander of the Strategic Air Command)이었던 브루스 할러웨이 장군(Gen. Bruce Holloway)은 현대적 무기체계와 그에 따른 전략이 냉전시기에는 '자유국가의 생존'을 뒷받침하는 가장 필수적인 요소라고 지적하였다. 현대전에서 그러한 무기체계는 전폭기를 통한 미사일공격 능력을 의미하고 있는데, 1971년 당시 미국이 보유하고 있던 470기의 전폭기로는 '평화와 안보'를 지키기에 역부족이며, 이를 지속적으로 보강해야 한다는 것이었다. 대륙 간 탄도미사일(즉, ICBM, Intercontinental Ballistic Missile)의 수에서 당시 소련이 1,500두를 보유하고 있었는데 비해 미국은 '불과' 1,054두를 보유하고 있을 따름이라는 것이었다. 이에 대해 할러웨이장군은 유사시 적의 공격을 맞아서는 당위성을 따질 여유도 필요도 없으므로 적의 능력을 압도할 수 있는 힘을 갖추어야 하며, 이는 개인의 이익에는 어느 정도

---

173) 한국일보, 2000년 2월 29일.
174) 현재까지 확인된 것만 그러하다. 몇 개가 있는지는 정확히 알 수 없고, 5개국 이외 유럽과 아시아 각지, 노르웨이, 이스라엘, 한국에도 있는 것으로 알려지고 있다.
175) 세계일보, 2000년 3월 6일.

손상이 갈지 모르지만 국가안보의 논리와 이익이 월등히 이를 상쇄하고도 남는다는 것이었다.176)

할러웨이장군은 이에 덧붙여, 보다 중요한 것은 그러한 현대적 무기체계가 미국사회의 현대화와 기술과학 발전의 초석이자, 미래사회를 위한 투자가 될 것이라는 데서 정당성을 부여하고 있다. 반전운동을 비롯하여, 미국의 무기체계를 현대화하고 증강하려는 계획에 대한 당시 사회적인 반대 분위기의 가장 큰 요인으로 그는 '일반대중의 이해 부족'을 들고 있다. 곧 그러한 현대적 무기체계의 개발과 증강이 미국을 자유국가로 생존시키는 필수조건임을 이해시키는 일이 급선무라는 것이었다.

미국과 같이 안정된 제도적 민주주의에서는 지배연합의 성격이 한국처럼 노골적이고 억압적이지 않기 때문에, 합법적이고 경제적인 논리로 무장한 군산복합체의 역할이 두드러지게 된다. 군산복합체는 뉴딜과 2차 대전을 거치면서 그 후 20세기 미국경제의 체질은 물론 미국정치의 메커니즘을 바꾸어 놓았으며 노동운동과 사회주의운동에게도 심대한 영향을 미쳤다. 뉴딜체제를 '군사적 케인즈주의'(military Keynesianism)의 실현으로 보는 것은 바로 국가가 적극적으로 방만한 예산집행을 군비 관련 산업경제부문에 퍼부어 공황으로부터 국가경제를 회생시킨 역사적 사실에 근거하고 있는 것이다.177)

이후, 2차 대전과 냉전 등 국제관계의 변화무쌍한 환경에 대응하면서 군산복합체는 미국경제를 움직이는 원동력이 되었으며, 1950년대의 군사비 증액과 물적 토대 마련에 이어 1960년대에는 의회, 연방정부, 주정부, 군수산업체, 대학, 연구소 등에 군수산업을 지지하기 위한 거대한 인적 연결망이 형성되었다.

---

176) "Survival as a Free Country", Interview with Gen. Bruce Holloway, *U.S. News & World Report*, Dec. 27, 1971, pp.52-55.

177) Theda Skocpol, "Political Response to Capitalist State", *Politics and Society*, 1980, Vol.10, pp.155-201; J. Scott eds, *Power-Critical Concepts*, Routledge, 1994, pp.331-370.

군산복합체는 1961년 1월 17일 아이젠하워대통령의 퇴임연설에서 언급
된 이후 일약 관심을 끌게 되었다. 아이젠하워는 재임 시절 국방장관에게
"GM(제너럴 모터스)에게 유익한 것은 미국에도 유익한 것입니다"라는 극단
적인 조언을 들으면서, 군부와 군수산업체로부터 군비증강의 가공할 압력을
직접 체험하였다. 그 연설에서 아이젠하워는 다음과 같이 직접적인 수사로
군산복합체를 정면에서 비판하고 있다. 대통령의 고별연설로서는 매우 이례
적인데, 이는 그만큼 군산복합체가 미국에서 갖는 위상을 이미 1950년대에
확보하였다는 증거이다.[178]

"현재 350만 명의 남녀가 직접적으로 국방관련 조직체에서 일하고 있습니
다. 방대한 군사조직과 거대한 군수산업 간의 결합은 미국인이 일찍이 경험하
지 못한 새로운 현상입니다. 경제, 정치, 심지어 우리들의 정신적 영역까지 침
투하고 있는 이 파급력은 도시, 주, 연방정부의 사무실을 막론하고 어디서든
확실하게 체감할 수 있습니다. 이처럼 왜곡된 세력이 급속도로 팽창하여 파멸
을 부를 수 있는 가능성이 현재도 존재하고 있으며, 앞으로도 그 가능성은 계
속 존재할 것입니다."

아이젠하워는 장군 출신으로서 2차 대전의 영웅이었음에도 불구하고 대
통령 재임 시절 군산복합체의 위력을 직접 실감하여 그 위험성을 고별연설
에서 경고하였던 것이다.

의지를 관철시키기 위한 강압적 수단의 직접 행사뿐만 아니라, 그 수단의
존재 자체, 그리고 수단을 행사할 가능성과 장치까지도 폭력이다. 일반적으
로 타인에 대한 불법적이고 사적(私的)인 위해(危害) 행위, 국가기관의 민
간인 불법 투옥과 고문, 국제법을 무시한 국가 간 침략 행위, 불특정 다수
를 겨냥한 개인이나 집단의 테러, 약소국 지배를 노린 열강의 함포 외교 등
과 같은 무지막지한 드잡이질을 흔히 폭력에 해당하는 사회현상을 지칭한

---

178) Carrol Pursell. Jr. *The Military-Industrial Complex*. Harper &
Row. 1972. pp.204-208.

다. 그러나 현대사회에서 폭력은 단순한 물리적 실력 과시만을 가리키지 않는다. 폭력은 도구적 행위이자 반도덕적, 비윤리적 현상으로 이해되곤 하지만 폭력에 가치판단이 내재해 있는 것은 아니다. 정치현상에서 문제삼아야 할 폭력은 폭력 자체가 아니다. 문제는 어떤 폭력인가, 즉 폭력을 누가 행사하고 어떤 효과를 불러오는가 하는 정치적 함의에 있는 것이다. 특히 국가에 의해 행사되는 구조적 폭력이 그 국가가 채택하고 발을 딛고 있는 체제의 원리보다 구체적으로 말하여 근대국가의 공통된 이념적 기초인 민주주의에 어긋나게 된다면, 국가폭력을 떠받치는 현실정치적 조건이나 경제적 토대에 맞지 않는 사회 내부의 어떤 움직임에 대해서도 좌시하지 않고 '불온'의 혐의를 씌워 현상적 폭력을 행사하게 된다.

그것이 바로 군산복합체가 가지고 있고, 또한 신좌파운동에 대해 실제로 강제적 억압으로서의 현상적 폭력을 행사하게 한 구조적 폭력의 효과인 것이다.

정치부문과 경제부문은 자유주의정치학에서 말하는 것처럼 분리되어 있지는 않다. 복합적인 데다, 실제로는 나눌 수 없는 부문이기도 하다. 그런데 분석적 평가의 편의를 위해 불가피하게 나눈다면, 군산복합체는 경제적 자유시장 원리와 정치적 자유민주주의원리에 정면으로 배치되는 두 가지 특징을 갖고 있다.

경제적 측면의 경우, 군수산업은 수요자가 국내, 혹은 국외의 정부라는 기본적 특징 이외에, 시장성에 의존하기보다 무기체계와 국가정책에 의존하므로 예측에 의해 수요 물량을 조절하는 일반 민수산업과 달리 정부계획에 의해 수주 생산을 한다. 따라서 생산 품목, 용도, 납기 결정 모든 과정에 정부가 개입하고 가격 형성도 시장경제의 수요공급 메커니즘이 아니라 정부 예산과 국가정책에 의해 연동되는 특징을 갖고 있다.[179) 민간의 시장경제 원리와 전혀 상관없이 움직이는 군산복합체이면서도 시장경제 전반에 대한

---

179) 김형균, 『군수산업의 사회학』, 세종출판사, 1997, p.41.

파급력은 지속적으로 증대하고 급기야 시장의 상당 부문을 지배하기까지 하는 것이다.

이러한 원리와 효과 때문에 국가재정과 민간경제부문의 윤리적 측면과 사회적 측면에 대해서는 확실히 군산복합체가 이론경제적으로도 그리 바람직하지 못한 존재이다.

또한 현실적 측면에서 미국의 경우, 근대적 군대라는 것은 산업경제의 발전 없이는 존재할 수 없었고 역으로 20세기 미국경제가 군대와 전쟁 없이 부양될 수 없었음에도 불구하고 순수 이론경제학자들은 군사제도를 생산과 경제의 곁가지 정도로밖에 생각하지 않는다. 미시경제와 거시경제 이론 일반에서 군사 요인은 주요한 이론적 고려 대상이 아니다.

그러나 군사적 요인이 경제체제에서 우연적인 부산물이라는 점은 당위성을 강조한 이론적 명제일 따름이며 현실은 전혀 그렇지 않다. 특히 적어도 2차 대전 이후의 미국에서는 명백한 현실이 된 것이다.[180) 일시적 경기부양효과와 고용 및 재정에 파급효과가 큰 군수산업을 국가의 주요한 기간산업으로 육성하고, 노동시장의 안정을 도모한 주체는 바로 루즈벨트 정권 시절 미국의 국가였다.

정치적 측면에서 군수산업과 군산복합체는 비밀주의적 정책 입안과 국가의 독단적 시행이 가능한 무의사결정 효과의 가장 큰 수혜 대상이므로, 국민주권의 실행을 규정한 자유민주주의헌정원리로부터 사실상 독립적인 존재가 된다.

그러나 자본주의국가에서도 대내적 폭력이든 대외적 폭력이든, 국가의 물리적 폭력 행사를 결정하는 결정과 수행의 정치과정에 국민이 실질적으로 관여했던 적은 없었다. 거꾸로, 전쟁에서 흔히 관찰되듯이 크레덴다(credenda)의 작용에 의해 국가의 물리적 폭력 행사가 정당화되고 선전되는 경우가 일반적이다. 대외적 전쟁 수행과정이나, 대내적인 반체제세력 진압과정에서도 마

---

180) C. W. Mills, 진덕규 옮김, 『파워 엘리트』, p.298.

찬가지이다. 특히 그러한 비상시에는 상황논리의 우위에 의해 일반국민뿐만 아니라 국가사회의 전 구성원들이 권리와 판단을 유보할 것을 요구받는다. "장수가 전란을 맞아 진중에 있을 때는 불가피하게 군왕(君王)의 명도 듣지 않을 수 있다"라는 고대 중국의 격언은 오늘날에도 그대로 적용된다. 5.18 당시 광주 시민에 대한 사격 명령을 누가 내렸는가 하는 데 대해 확실한 답을 찾을 수 없는 이유도 이러한 격언의 논리를 당시의 집권세력이 의도하든 그렇지 않든 지금껏 적용한 때문이다. 마찬가지로 대외든 대내든 국가폭력의 중대한 행사(원폭 투하 결정이라든가, 반체제세력에 대한 무력진압 등)를 실제 국민의 결정에 따른 적은 없었다. 통치엘리트들에게 안전한 이슈만을 논의하고 불리한 문제는 거론조차 못하게 공론의 기회를 애초부터 봉쇄하는 비밀주의와 '무의사결정'의 수단과 효과181)는 바로 군사관련 분야에서 가장 대표적이고 빈번하게 나타난다.

선거를 통해 집권한 정부는 정통성을 통치행위의 명분으로 삼기 마련인데, 그 과정에서 일일이 모든 사안을 국민의 뜻에 물어볼 수는 없다. 미국과 같이 거대한 체제에서 이는 불가피한 측면이 있었다. 이로써 정책결정을 맡은 고위 엘리트들의 자의적 선택이 가능해지며, 이러한 행위는 그 정부가 국민 다수의 지지를 받아 집권했다는 사실로서 정당화된다. 대의제 민주주의제도 자체는 이렇게 구조적인 국가폭력을 가능케 하는 근본 장치가 되는 것이다.

정치적으로나, 경제적으로나 군산복합체는 미국의 자유민주주의와 시장경제원리를 사실상 위반하는 '반체제'적 실체임에도 불구하고 기존 체제를 수호한다는 명분 아래 지속적으로 강화한다. 이러한 미국정치의 역설이 엄연히 존재하므로, 퇴임하는 대통령이 나서서 이를 경고한 것은 어찌 보면 지극히 당연한 일이었다.

이러한 모순은 20세기의 냉전시대 동안 한국과 미국에서 가장 극명하게

---

181) Bachrach and Baratz, p.80.

나타났는데, 자유민주주의를 지키기 위해 반공주의를 강화하여 급기야 반공주의가 자유민주주의질서를 제약하게 된 모순은 단지 최고권력자나 특정 세력의 지배욕과 떳떳치 못한 악의에서 비롯된 것이 아님을 말해 준다. 군산복합체는 그러한 이념적 모순을 배태한 실체 내지 구조로서 형성되었던 것이다.

## (2) 군산복합체의 형성 원인과 효과

군산복합체가 미국사회에 등장하여 헤게모니를 장악하게 된 원인에 대해서는 20세기 초반과 중반의 역사적 관점에서 관찰해야만 한다. 이는 다음과 같이 정리할 수 있다.182)

첫째, 미국사회에서 전반적으로 진행되고 있던 관료화와 국가의 집중화이다. 일찍이 신좌파에게 이론적 토대를 제공했던 중도적 제도주의경제학자들과 급진적 자유주의계열의 사회학자들이 미국의 전통적 자유주의와 다원주의의 명제와 반대로 국가의 집중과 관료제의 폐해를 일찍부터 주목하였던 점을 감안하면 이는 일리 있는 지적이다.

둘째, 1940년대 이후 1960년대까지의 이념적 흐름과 외교정책노선이라는 것이다. 곧 미국이 수행한 세계적 차원의 전쟁들, 냉전에서 미국의 각국 개입과 소련 및 중공과의 경쟁이 요인이라는 것이다. 그러나 이에 관련하여 군부와 군수산업체에 막강한 결정권이 부여된 것은 '민주적 결정'의 결과로 나타났는데 갈브레이드는 이것이 바로 민주주의체제의 약점에 근원을 둔 오류라고 지적한다. 제도적 민주주의가 진척된 미국이라 할지라도, 군사부문의 권력이 국민의사에 영향을 받지 않은 채 견제 없이 흘러가는 경향은 군산복합체를 북돋운 하나의 분위기였다는 것이다.

셋째, 비밀주의이다. '무의사결정의 효과'라 할 수 있는 바로 그러한 효과를 지칭하는 비밀주의는, 군사와 경제분야의 주요한 정책과 이슈, 그리고

---

182) John. K Galbraith, 1969, pp.32-40.

이와 관련된 외교안보분야의 쟁점까지도 기밀사항으로 처리하여, '국민에 의해 선출된 정치권력'의 정당성을 빌어 입안과 결정, 집행을 도맡아 함으로써 실질적으로 국민에 의한 감시를 피하게 되었다는 것이다. 일반적으로 매스컴과 학계에 의한 공론의 장에서 군산복합체에 관련된 이슈는 1차 자료가 극도로 제한되어 있는 데다 설령 공개된다 해도 국가안보에 대한 고려와 적성국가에 대한 시위를 위해 일반인들은 일부만 알 수 있을 따름이다.

1966년 미국에서 제정된, "행정부는 개인의 청구에 대해 그가 점유하고 있는 정보를 공개해야 한다."는 내용의 정보공개법(Fola Freedom Information Act)은 비밀주의에 의한 무의사결정 효과가 자유민주주의의 미국 건국이념과 정치원리에 위배되는 괴리를 해소하기 위한 입법이었지만, 여기서도 안보와 국방 관련 문제는 제외된다. 워터게이트사건으로 인하여 이 법은 개정과 강화를 거치지만 여전히 비밀주의는 유지되었다. 이 법에서는 외국인을 포함한 시민으로부터 정보공개의 청구가 있으면, 10일 이내에 응답해야 하는 것으로 되어 있다. 그런데 대통령 문서, 입법·사법관계 문서, 국방·외교관계 비밀문서(classified documents), 인사상의 규칙이나 관행 등의 항목은 정보공개 면제항목(exception)으로 되어 있다.[183]

넷째, 1950년대 전후의 매카시즘과 극렬한 반공주의, 그리고 당시 미국 사회에 퍼져 있던 징벌에 대한 공포이다. 마르크시즘에서 '독점자본주의국가의 군사화', '제국주의국가의 구조'를 테제로 하는 이론이 미국에 소개된 20세기 중반 이후, 군산복합체에 이의를 제기하는 이는 '공산주의자', 혹은 '빨갱이'로 몰리게 된 풍토가 만연한 점이 군산복합체 성장에 알게 모르게 큰 도움이 되었다.

다섯째, 1950년대와 1960년대 초까지 미국 내에서는 국내문제가 국외 문제에 우선되지 못한 정책적 우선순위의 문제가 있다. 이에 비해 군사·안보 관련 문제들은 언제나 정책집행과 예산의 1순위를 차지하고 있었던 것이다.

---

183) http://www.masan.go.kr/bureau/planning/exposition, 2002년 3월 10일 검색.

여섯째, 학문적으로 미국의 학자들과 지성인들이 군산복합체의 등장을 포착하지 못하거나 알더라도 이를 미처 이론화할 만한 분석틀이 없고, 또한 반공주의의 열풍 아래 침묵을 지키고 있었던 점이다.

자유주의와 평화를 실현하려는 건국이념에도 불구하고, 역사적으로 미국도 많은 폭력을 경험하였다. 국지전 개입과 사소한 충돌을 제외한다 해도, 1776년부터 월남전까지 미국은 여덟 차례의 정규전을 치렀으며, 대내적으로는 남북전쟁 이후 인디언을 상대로 무려 100년이 넘는 기간의 전쟁이 있었다. 그러나 미국에서 20세기 이전의 그러한 폭력들은 "국민"에 의해 직접 행사되거나 적어도 국민에게 알려지고 국민들이 간여할 수 있는 성격의 것이었다. 19세기까지만 해도 군사세력은 봉건적이라고 해도 좋을 만큼 각 지역 민병단에 분산되어 있었고 군사제도들은 분산적 경제수단과 연합적 정치권력에 병행하여 발전하였다.

인디언에게 대항했던 19세기 미국의 개척자들은 기술적으로나 수적으로 인디언을 능가하고 있었으므로 군사조직과 국가폭력을 관리할 기관의 출현이 불필요하였다. 즉 미국의 민주주의는 한 자루의 소총이 주요 무기이며 선거권의 한 표를 의미하기도 했던 것이다. 이러한 상황은 1차 대전까지도 지속되었다. 항구적인 군사훈련이나 조직과 기율은 미국으로서는 큰 필요가 없는 것이었고 심지어 연방정부에 의한 군사적 강제력 독점도 20세기 초만 해도 미래의 일이었을 뿐이었다.[184]

그러나 진주만 기습을 겪은 이후, 그리고 2차 대전이 끝나면서부터 미국의 국가폭력은 국내뿐만 아니라 세계를 겨냥하게 되었고, 전쟁의 성격이 승리가 아닌 상호공멸로 특징지어지고 면서, 국가폭력의 집행은 군부의 전략적 결정사항도 아니며 그 반대로 미국 전통적인 개인의 결정사항도 아니게 되었다. 전쟁과 국가폭력의 규모 자체가 변하면서 이를 관할하는 국가의 성격도 역시 변하게 됨은 물론이다. 미국사회에 군부지도자들이 영향력을 행

---

184) C. W. Mills, 진덕규 옮김, 『파워엘리트』, 한길사, 1979, pp.250-252.

사하고 상층 엘리트로 참가하기 시작한 것은 바로 2차 대전 당시였으며 군
부 예산의 증대라는 이면에는 항구적인 전시경제를 지향하고 있는 현대 미
국자본주의의 거대한 구조적 변화가 존재하고 있기 때문이다.[185]

2차 세계대전 시기 동안 미국 군산복합체는 본격적으로 토대를 갖추었으
며 미국경제는 비약적인 성장을 이룰 수 있었다. 미국의 연방정부 예산은
1939년 90억 달러에서 1944년 984억 달러로 10배 증가하였고 연방정부
공무원 수는 100만 명에서 380만 명으로 거의 4배 증가하였다.[186]

냉전시대에 수퍼 파워 두 군사강대국은 모두 경쟁적으로 군비를 늘리며
국가폭력을 강화하였다. 이들은 국제정치경제에서 그들의 국가적 이해관계
를 실현하는 데 군사력에 크게 의존하였기 때문이다. 1960년부터 1981년
까지의 20년 동안 미국의 군비와 GNP 대비율을 보면 GNP의 6.5%가 군
비에 들어갔다. 같은 시기 미국 GNP의 절반에도 못 미치는 소련은 절대적
군사력에서 밀리지 않기 위해 GNP의 무려 11%를 군비에 투자하는[187]
출혈을 감소하였으며 이는 1980년대 이후 소련경제의 근본적 위기를 일으
킨 주요 요인이기도 했다.

이 과정에서 군부는 국내산업정책과 외교정책의 결정권을 실질적으로 손
에 쥐게 되었고 이와 함께 군수산업을 담당한 대자본가들 역시 같은 비중의
영향력을 보유하게 되었다. 월남전의 당시 외교정책을 주도적으로 입안하고
수행한 사람들은 직업정치인과 전문 외교관들이 아니라 국방부의 맥나마라
장관을 비롯한 군부지도자들이었음은 널리 알려진 사실이다.

군부를 중심으로 한 우파의 이데올로기와 활동은 닉슨 정권 시절 최고조
에 이르렀으며, 신좌파운동이 가장 융성하던 시절인 닉슨 정권 아래서 미국
의 국방부는 권력의 최고 거점이었다.[188] 비상사태와 위기 논리를 자주 사

---

185) C. W. Mills, pp.296-297.
186) *TIME-LIFE Books*, 『제2차 세계대전 - 미국』, 1992, p.180.
187) 이수훈, "자본주의세계경제와 전세계적 군사화", 1988, p.242.
188) 이신행, 『사회운동의 이념적 지향』, 형성, 1992, p.100.

용하는 군부 인사들은 냉전시대 내내 대내외적 위기를 강조하며 군산복합체의 인적 효과를 보여 주었다.

특히 아이젠하워집권시기를 지나면서 군수산업은 급속히 발전하고 나아가 냉전을 가속화시키는 역할을 담당하게 된다. 2차 대전 종전으로 미국의 국방예산은 급격하게 감소했다. 이에 따라 군수산업은 위기를 맞게 되었고 많은 노동자들이 직장을 잃었다.189) 미국의 노동계급과 노동조합이 군산복합체의 구조적 위험성에 대해 별달리 문제의식을 갖지도 않으며 이슈화하지 않는 것은 이에 연유하고 있다. 그러나 미소 간 냉전이 점차 표면화하면서 1947년 이후 미국의 국방예산은 다시 증가하기 시작하였다.

아이젠하워대통령 시절 들어, 미국의 국방예산은 매년 약 10%의 수준으로 증가를 계속했다. 이 기간 동안 군수조달계약은 점차 대규모화하고 기업 환경이 기밀사항으로 부쳐져 폐쇄적으로 변모하였으며 특정 무기의 계약공급자는 보잉, 록히드 등 소수 거대 기업으로 한정되었다. 그리하여 이 기간 중에 군산복합체의 특징인 폐쇄성, 전문성, 사업의 연속성과 유착성이 형성되기 시작한 것이다. 제도적 민주주의의 원리 아래서는 이 모든 것이 공개되어야 하지만, 민주주의적 절차를 피하여 효율성을 증대시키고 국가부문의 집중을 도모하기 위해 취해진 조치였던 것이다. 비밀주의에 의한 무의사결정 효과는 바로 아이젠하워정권 시기 이후 냉전의 시작과 함께 일찌감치 형성된 것이다.

케네디대통령 시절 월남전 수행과 함께 재래식 무기의 개발과 개량이 급속히 증가하였고 국방예산은 폭탄과 비행기, 전차 등 재래식 무기 생산에 더욱 많이 배정되었다. 미국의 세계전략이 광범하게 수행되기 시작하면서, 지상군보다 해군의 전략적 중요성이 그전보다 높아지고 있던 1960년대 말

---

189) 미국에서 노동계급이 군산복합체와 일정한 친밀성을 갖게 된 것은 군산복합체의 효과 때문이다. 미국 군산복합체는 고용효과가 기간산업과 제조업만 따져서 최소한 300만 명으로 알려져 있는데 서비스업, 유통, 통신 등의 관련 부문까지 합치면 그 수는 기하급수적으로 늘어난다. 주간동아, 2001년 12월 27일.

에는 항공모함을 비롯한 대규모 선박 건조가 군산복합체의 메뉴로 떠올랐다.[190] 이로써 1960년대 이후에 군수산업은 각각 공군 군비 관련 업체가 항공 산업, 육군 군비 관련 업체가 자동차산업, 해군 관련 업체가 조선산업을 완전히 좌우하게 되었다. 현대산업국가에서 가장 대규모이며 철강, 발전, 전기에 관련한 국가기간산업에 가장 큰 영향을 미치는 이들 3대 산업을 군산복합체가 통제하게 됨으로써 '전쟁과 위기가 없으면 산업경제가 지탱하지 못하는' 구조가 정착하였다.

미국은 연방정부뿐만 아니라, 각 주(州)와 도시들도 지역에 유치한 군산복합체를 잃어버리게 되면 지역경제가 무너지는 구조 아래 놓여 있다. 원자탄 개발 비밀 프로젝트였던 맨해튼계획(Manhattan Project))의 수행과정에서 불과 며칠 사이에 오크리지(Oakridge)라는 인구 7만 5천 명의 신흥 도시가 생겨났는데, 당시 스톤 앤 웹스터(Stone & Webster)사가 동위원소 분리공장단지를 건설하였고, 웨스팅하우스(Westing House)사는 기계관련 작업을, 제너럴 일렉트릭(GE)은 전자제품을 공급했다. 다수의 대기업이 참가한 결과 테네시 강변의 들판이 '하룻밤 사이에' 도시로 변한 것이다.[191]

오크리지는 극단적인 예이지만 미국의 모든 주와 도시가 유사한 환경에 놓여 있다. 냉전시기 대표적으로 시애틀(Seattle)은 1960년대 이후 가장 급속도로 발전한 도시인데, 시가지 인근에 위치한 해군과 공군 기지가 없다면 시애틀은 한갓 휴양지나 어촌에 불과한 곳이었다. 시애틀의 경제는 현재 군대와 보잉사가 주도하고 있으며 두 기관이 최대의 고용주로서 지역 발전의 견인차 역할을 담당한다. 지역의 주요 현안 결정에 대해 이 두 기관의 동의 없이는 아무것도 되지 않는 것이다. 이 지역 출신 의원들은 1980년대까지 상하원의 군사위원회에 소속되어 있으면서 군수산업에 대한 정부의 강력한 지원을 촉구하고 군수 관련 전자·항공 산업을 시애틀로 유치하여 시

---

190) 정성화, "미국의 핵전략과 군수산업 및 군사과학 발전", 명지사론 10호, 1999, p.173.
191) *TIME-LIFE Books*, 『제2차 세계대전-미국』, 1992, p.186.

애틀을 일약 미국 굴지의 대도시로 성장시켰다.192)

군산복합체의 핵심적 연결고리는 국방예산을 심의하는 의원들과 지역 정치인들, 그리고 전현직 군 고위 장성들이다. 민간인들로 구성된 1만 명을 넘는 군산복합체 산하 로비단체들도 군산복합체를 옹호하고 강화하는 데 일익을 담당한다. 재향군인회, 해군동맹, 공군협회, 육군협의회, 외국전쟁참전용사협의회, 미국군단 등과 같은 민간주도 군사로비단체들은 냉전 기간 중 방위비 증액을 위해 의회와 국방부에 끊임없는 압력을 가했다. 물론 군부와 군수산업체의 막대한 지원을 받은 것이다. 특히 이 단체들은 다른 시민단체들에 비해 규모도 크고 수완도 뛰어나거니와 결속력과 조직력이 월등하여 육군협의회는 육군이 주도하고 있는 ABM계획 해군동맹은 핵잠수함 건설을 강력히 지원함으로써 군산복합체를 민간부문과 여론에서 뒷받침하고 있는 것이다.193)

미국은 한국과 달리 의회민주주의가 일정한 궤도에 올랐기 때문에 군산복합체가 전쟁 수행시기와 맞물려 20세기 동안 거의 주기적으로 위기를 맞이하였다. 즉 대외적 위기가 없는 마당에 군비를 증강할 명분이 없기 때문이다. 2차 대전 종전 직후, 한국전쟁 종전 직후, 월남전 종전 직후, 냉전종식 후 군수산업은 위기에 빠졌던 것이다. 그러나 그때마다 묘하게도 정치적 위기가 찾아왔고, 또 다른 전쟁이 시작되고는 하였다.194)

(3) 군산복합체와 신좌파

군산복합체의 영향은 정치, 경제뿐만 아니라 학문체계 및 과학에 지대한

---

192) *New Left Review*, 1987,
193) 정성화, p.175.
194) 음모이론의 출현 배경이다. 작년 9.11테러 역시 이러한 맥락에서 읽히기도 한다. 별다른 대규모 국제분쟁이 없는 현재, 미국으로서 택할 수 있는 위기는 자국에 대한 위협과 공격뿐이라는 가정이다. 사실 여부에 관계없이 그만큼 이러한 시각이 존재한다는 자체는 군산복합체가 미국정치에서 차지하는 비중을 보여 준다.

영향을 미치므로 대학을 비롯한 지식인 사회에 대한 국가와 자본의 개입과 간섭을 구조적으로 뒷받침한다.

신좌파운동이 학내문제에 대해 유달리 민감하였고, 그들의 이상적 공동체 사회를 대학가를 중심으로 건설하려 한 것은 그만큼 당시 대학가가 군산복합체에 거의 완전히 종속되어 관료화되어 가고 있던 현실에 기인하고 있다. 자연과학계열은 군산복합체의 무기체계와 정보전술 연구를 위한 수주 센터로서 막대한 자금을 지원받고 있었고, 인문사회과학계열은 국가가 지원하는 프로젝트를 수행하는 행태과학의 수행 기관으로 역시 자금을 지원받고 있었다. 이러한 상황에서 대학의 자율성은 실질적으로 제대로 구현될 수 없었다. 신좌파 학생운동가들에게는 미국의 대학은 더 이상 공부하는 캠퍼스가 아니라 군산복합체의 종속적 기지에 불과했던 것이다.

대학은 군산복합체의 지속적 간섭과 통제로 인해 재정적 종속이 심화되었고, 외부기관으로부터 재정 지원받은 결과 세워진 연구소들은 신좌파운동의 공격 대상이 되어 테러를 당하기에 이르렀다. 부설 연구소가 신좌파로부터의 위협과 테러에 당면한 스탠포드대학교와 컬럼비아대학교는 아예 연구소를 독립시키는 극약처방을 내리기도 하기에 이르렀던 것이다. 재정적 종속과 대학의 타락을 막고 시정하기 위해 캘리포니아대학교에서는 교수진이 '연구 수주'를 놓고 투표를 통해 수주할 것인지 여부를 결정하는 운동을 일으켰고, 일부 소장파 교수들과 학생들은 '핵무기' 관련 연구와 같은 분야의 수주는 '도덕적 견지'에서 삼가야 한다는 여론을 조성하기도 했다.195)

현대국가의 능력은 상당부분 과학기술의 도움을 받아 강화한다. 국제관계의 냉전과 군산복합체의 성장은 이를 부채질한 대외적이면서도 직접적인 자극 요인이었다. 그보다는, 국가가 자신의 능력을 강화하는 데 국제관계 요인을 십분 활용했던 측면이 더 강하다. 과학기술의 비약적인 발전은 20세기 내내 주요국가의 군사력 강화에 필요한 기초를 마련해 주었던 것이다. 강제

---

195) *U.S. News & World Report*, Dec. 20, 1971, p.36.

력의 두 가지 축이 되는 정보력과 군사력 증대에는 과학기술의 발달이 필요하였다. 과학기술의 발달은 단순히 자연과학 내부 학자들이 발휘한 순수한 열정의 소산만이 아니다. 핵무기 생산의 이론적 기초를 닦은 아인슈타인(A. Einstein)과 오펜하이머(R. Oppenheimer)가 모두 한결같이 과학이 전쟁의 수단으로 이용되는 데 반대를 표명하였지만, 과학기술은 발전하면 할수록 체제 강화에 유용하게 도입되었다. 2차 대전 이후 1990년대 중반까지 미국의 (자연)과학연구 성과들을 수치화할 때, 국가의 재정 지원을 받아 수행된 부문은 전체의 75%에 해당한다.[196] 국제관계에서의 국가 위상과 대내적인 군사력 강화를 통해 국가의 능력을 향상시키려는 국가의 노력, 그리고 그 매개체이자 실질적 수행자인 군산복합체가 접합되어 나온 현상인 것이다.

미국의 대학은 2차 대전 시기 동안 군산복합체에 의해 위기를 극복할 수 있었던 경험을 갖고 있다. 2차 대전을 통해 미국은 정치·경제·사회 모든 분야에서 비약적인 발전을 하였지만 그중에서도 교육기관의 회생과 발전이 가장 두드러졌다. 원래 전쟁으로 인해 농업분야와 함께 대학은 징병제 실시로 큰 피해를 볼 수밖에 없었다. 1944년 대학 인문사회계열 졸업생은 전쟁 전의 20%에 불과하였던 것이다. 그러나 군부는 수십만 명의 신병들에게 공학, 탄도학, 해독학, 제도법, 항공학, 지리학 등의 지식을 가르쳐야 할 과제에 봉착하였다. 이리하여 1943년 말, 육군은 특수훈련계획(Army Special Training Project, ASTP)을 실시했고 해군 역시 대학교육계획(V-12)을 실시했다. 이 계획에 의해 전체 150만 명의 장병들이 대학 교육을 받았고 비용은 국가가 부담하였으므로 대학은 기적적으로 침체를 딛고 다시 소생하였던 것이다.[197]

군산복합체가 대학과 지식인 사회에 대해 행사하는 압도적 영향력은 한국

---

196) Margaret Jacob, "Science and Politics in the Late Twentieth Century", *Social Research*, Vol.59, No.3, Fall 1992.
197) *TIME-LIFE Books*, 『제2차 세계대전 - 미국』, 1992, p.182.

의 1980년대 좌파가 정치투쟁에 비하여 학내문제에 비교적 소홀했던 데 비하여 신좌파가 학내문제와 대학의 자율성을 주요한 이슈로 만든 근본 요인이 되었다. 1964년 당시 매사추세츠 공대(MIT)의 운영재정은 정부 지원이 80%를 차지하고 있었으며 콜롬비아대학과 프린스턴대학은 50%에 달하였다. 대학에 대한 국가의 재정 지원이 풍부한 것은 바람직한 일이었지만, 그 지원액의 거의 대부분이 군수산업관련 연구와 과학에 대한 것이라는 데 문제가 있었다. 구체적으로 그 실태를 보면, 스탠포드대학의 우주공학부 건물은 국가항공우주국이 지원한 208만 달러, 그리고 공군이 지원한 99만 달러로 세워졌으며, 캘리포니아공대의 경우 신좌파운동이 한창 융성하기 시작하던 1968년 당시 국방부로부터 연구자금 350만 달러를 받았고 당시 학장은 학계 인사가 아닌 공군장성 출신 해롤드 브라운(H. Brown)이었다.[198] 특히 매사추세츠공과대학은 2차 대전 당시, 총 1억7천만 달러라는 거금을 지원받아 150종류에 이르는 레이더장치를 개발하는 사업을 벌였다.[199]

1957년 미국의 대학들은 국가 차원에서 연구 예산으로 8억 달러를 지원받았지만, 1968년 33억 달러, 1971년 35억 달러로 급증하여 이 시기 군산복합체가 대학의 재정을 완전히 장악하고 있었음을 보여 주고 있다.[200] 국방부를 비롯한 군수산업체 등 외부에 대한 대학의 관계가 밀접해지면서 미국의 대학은 건국 이후 최초로 외부로부터 변화의 매개체, 그것도 유사 이래 가장 강력한 변화 매개체(agent of change)[201]를 끌어들이게 되었다.

1964년 버클리대학의 자유언론운동 당시 총장을 맡고 있던 클라크 커어는 대학의 사명(uses of the University)이라는 책에서 군산복합체에 대한 대학의 종속성을 공개적으로 천명하고 있다.

198) Sidney Lens, 서동만 옮김, 『군산복합체』, 지양사, 1984, pp.198-199.
199) *TIME-LIFE Books*, 『제2차 세계대전-미국』, 1992, p.183.
200) *U.S. News & World Report*, Dec. 20, 1971, p.36.
201) 정치사상가이자 버클리대학장을 지냈던 로버트 니스벳(Robert Nisbet) 교수의 진단이다.

"대학과 지식인은 '군산복합체'의 어엿한 멤버가 되었다. 이데올로기 경쟁이 벌어지는 오늘날 냉전의 현실에서 우리는 국가에 대한 봉사 차원에서 지식을 생산해야 한다. 이것은 불가피하다."202)

군산복합체를 옹호하는 미국 골드워터 장군(Gen. Goldwater)의 발언은 군산복합체 스스로의 영향과 효과를 실토하고 있다.

"……현재 사용되고 있는 군산복합체라는 명칭이 제대로 실제를 반영할 만큼 합당한 것인가? 군수산업체에서 신무기를 개발하기 위해 필수적으로 요구되는 학자들의 연구를 고려한다면 학문·군사·산업복합체로 불러야 할 것이다. 또한 안보관련계획을 후원하기 위해 대학에서 계속된 프로젝트들을 고려한다면 교육·학문·군사·산업복합체라고 불러야 할 것이다. 또한 이러한 노력에 투입된 거대한 재정적, 경제적 영향력을 고려한다면 경제·교육·학문·군사·산업복합체로 불러야 마땅하다……"203)

대학뿐만 아니라 군산복합체는 '국가안보'와 '자유 수호'를 명분으로 노동자계급까지도 체제 내 세력으로 통합시켰다. 노동조합은 미국에서는 좌파운동의 기반이 아니라 체제에 흡수된 계급세력으로 존재하는데 이는 미국의 건국과정과 민주주의제도화과정 자체가 유럽과 달리 국가의 주도 아래 진행되었다는 역사적 사실에 기인하는 한편, 군산복합체 경제라는 현실적 기제에도 기인하고 있다.

신좌파운동이 노동계급과 연대를 맺기는커녕 충돌을 빚거나 노동자들이 이들을 지원하지 않은 것은 바로 군산복합체의 영향 때문이었다. 군수산업이 아니라면 수백만 명의 노동자들이 일자리를 잃게 되는 미국의 현실에서 신좌파운동의 반전 주장이 이들 노동자들에게 효과적으로 전달될 리가 없었

---

202) Clark Kerr, *the Uses of the University*, Cambridge: Harvard University Press, 1964, p.124. 이 책은 필자가 확인한 바에 의하면 국내의 유수한 출판사에 의해 1971년 이후 두 차례에 걸쳐 번역, 소개되었다.
203) Sidney Lens, p.36.

다. 또한 신좌파가 주장한 '억압적 체제'의 해체는 곧 미국에서는 군산복합체의 해체를 의미하므로, 노동계급을 비롯한 미국의 군산복합체는 미국경제와 정치의 근간을 부정하고 비판하는 신좌파운동에 대해 온 힘을 다해 저항하는 구조적 제약 조건으로 작용하였다. 그러한 노력 끝에 신좌파운동의 저지를 위해 군산복합체는 월남전에 대한 재평가와 닉슨의 하야라는 전략적 선택을 감행하게 되었고, 이러한 전략은 결과적으로 성공하였던 것이다.

이와 같이 미국의 거대한 군산복합체는 신좌파운동에 대해서 여러 가지 경로를 통해 압박을 가하였다.

첫째, 무장혁명을 가로막는 국가의 사회보루적 능력을 증대시키고 그럼으로써 국가가 전 사회에 대한 통제 능력을 확대할 수 있도록 해 준 기반이 되었다. 제아무리 기존 체제를 변혁시키려는 혁명적 사회주의자라 할지라도 고전혁명적 전술을 더이상 수행하지 못하도록 한 것이다.

둘째, 그 반대로 억압체제와 제국주의의 모체 역할을 함으로써 신좌파에게 저항운동의 빌미를 제공하였다. 근대국가의 억압성 증대는 근대적 이성의 상징인 과학과 기술을 해방 영역의 확장과 동시에 지배와 통치의 수단으로 전화시키게 되어 해방성과 억압성을 동시에 노출시킨다.[204] 따라서 어떠한 체제이든 간에 국가폭력의 공적 독점과 강화를 기반으로 하여 근대국가는 필수 요건으로 전쟁준비구조를 발전시켜 왔는데,[205] 그중 가장 극단적이며, 정상적 자본주의체제의 이념형과 동떨어질 정도로 국가폭력에 사회의 전 부문을 의존하게 된 국가가 바로 미국이었던 것이다. 미국의 국가 확장과 집중이 군사화로 갖는 효과에 대해서는 이미 라이트 밀즈와 랄프 밀리반트에 의해 1950년대 이후 지적되었다.[206]

셋째, 미국경제를 좌우하는 구조적 조건에 근거하여, 노동계급의 역동원

204) Amos Perlmuter, 1977.
205) 김형균, "한국군수산업에 대한 사회학적 연구", 한국사회학회 1994년 전기 사회학대회, 박사과정분과 발표논문집, pp.213-214.
206) C. W. Mills, 진덕규 옮김, 『파워엘리트』, 한길사, 1979, Miliband, Ralph, *The state in capitalist society*, Basic Books, 1969.

을 통해 신좌파의 사회경제적 기반이 되어야 할 노동계급으로 하여금 창끝을 거꾸로 돌리게 하는 데 성공하여 신좌파운동에 큰 타격을 주었다. 노동계급 중 일부는 신좌파의 주장에 동조하여 파업으로 화답하기도 하였으나 미국의 양대 전국노조조직인 CIO와 AFL 소속의 대규모 노동조합 소속 노동자들은 신좌파에 대한 적대감을 공공연히 표출하였고, 학생시위대와 곳곳에서 충돌하는 사태까지 발생했던 것이다. 재정적, 사회적, 정치적으로 군산복합체와 유기적으로 연계되어 있던 각 주정부 단위에서도 군산복합체를 공격하는 신좌파에 대한 무력진압을 수행하였다.

넷째, 군산복합체를 운영하는 정점에 있던 국가 공식기관인 국가안보위원회 등은 켄트주립대학을 비롯한 당시 대학가에 대한 군 투입과 강경진압을 유도하여 이를 실현시킴으로써 현상적 국가폭력을 통해 신좌파를 저지시켰으며 이 과정에서 끊임없는 언론플레이를 통하여 매스컴에 크게 의존하고 있던 미국 일반대중들에게 신좌파에 대한 부정적 이미지를 성공적으로 전파하였다.[207]

다섯째, 지속적으로 군비를 증강하여 신좌파 내부의 무장투쟁세력을 좌절시켰다. 미국의 전통적 시기에서는 가능했을지도 모를 신좌파의 무장투쟁은 군산복합체로 특징지어지는 국가폭력의 거대한 힘 앞에서 무모한 테러집단으로 전락했던 것이다. 1970년 웨더 언더그라운드(Weather Underground)는 뉴욕시의 시경 본청을 폭파시켰고 두 달 후에는 매디슨의 육군수학연구센터가 완전 폭파당했다. 블랙팬더당[208]과 일기예보단[209]을 비롯한 무장투쟁의 확산은 1970년과 1971년에 최고조에 달했지만 결코 효과적인 성공을 거둘 수 없었다.

오히려 이러한 행동은 군산복합체로 하여금 더더욱 억압성과 강제성을 강화시킨 계기로 작용하였다. 1971년 신좌파의 무장투쟁의 영향을 받아 일어

---

207) 신좌파가 이데올로기와 문화 투쟁을 비중 있게 벌인 이유도 이에 기인한다.
208) 급진적 흑인해방운동조직.
209) 급진적 신좌파의 무장투쟁조직.

난 반란사태에서 당시 미국 군산복합체의 최고지도자 중 한 사람이었던 뉴
욕주지사 넬슨 록펠러는 반란세력과의 중재와 협상을 거절하고 단호하게 무
력진압을 명령하여 42명이 사살되는 사상 최악의 유혈사태가 빚어졌던 것
이다.210) 당시 반란에 참여한 이들은 신좌파 출신 수용자를 비롯한 감옥의
죄수들이었는데, 사회의 기본 규범과 가치를 부정한 신좌파의 주장에 고무
되어 일어난 반란이었으므로, 이러한 사태는 군산복합체로 하여금 좋은 진
압 구실을 들어 무력으로 억압할 수 있게 한 효과가 있었던 것이다.

　다른 어떤 나라에서도 찾아볼 수 없었던 군산복합체는211) 냉전시대가 낳
은 소산인 동시에 극단화된 근대국가의 억압성을 잘 보여 주는 사례인 것이
다. 신좌파가 타파하고자 한 현대 미국의 억압성은 뿌리가 바로 군산복합체
에 있었다.


## 2. 강제적 탄압: 국가폭력의 실제


　양국이 직접적인 물리적 강제력, 즉 현상적 국가폭력으로 운동세력을 억
누른 수단과 방식은 서로 대조적이다. 그 차이는 운동세력의 특징으로부터
연유하고 있는데, 한국의 경우에 치열한 이론적 논쟁이 중심을 이룬 반면,
실제로 국가에 맞서서 혁명거사를 계획하고 수행한 일은 사실상 없었고, 혁
명적 사회주의를 노동자, 농민을 비롯한 대중에게 전파하려는 조직적 시도

---

210) George Katsiaficas, 이재원·이종태 옮김, 『신좌파의 상상력』, 이후, 1999,
　　　pp.321-322.
211) 냉전시대에는 소련이 미국과 유사한 군산복합체였다. 흐루시초프와 케네디는 사적인
　　　대화를 통해 가장 걱정되는 국내문제가 무엇인지 속내를 토로하였다. 두 지도자의
　　　대답은 똑같이 "군산복합체가 걱정입니다"였다. 崔晄烈 옮김, J. K. Galbraith, 『
　　　불확실성의 시대』, 범우사, 1978.

들은 결코 성공적이지 못했다. 그럼에도 불구하고 국가는 이들 운동세력들의 사상과 노선이 당시 바로 "혁명운동의 실천＝무장투쟁＝북한의 지령 연계＝내란 음모＝공산독재체제 수립"으로 옮겨질 것이라고 간주하여 이들을 압박하였다.

그리하여 현상적 국가폭력은 모두 국가가 주도적으로 나서서 행사하였으며, 그 과정에서 실제 내란 음모라든가 북한의 지령을 수행하는 방식의 연계가 불분명하거나 사실은 없었음에도 불구하고, 그러한 혐의를 적용하여 국가보안법 위반으로 기소하였다. 특히, 1987년 대통령직선으로 절차적 정당성을 강화한 노태우 정권은 '공안정국'을 수시로 조성하여 운동세력을 집권 기간 동안 지속적으로 억눌렀다. 이는 당시 한국의 운동세력이 혁명에 대한 이론 논쟁이 워낙 활발하였고, NL, CA, PD 모두 혁명적 사회주의를 지향하여 각기 '운동의 과학화'라는 명분 아래 '혁명이론'에 대한 논쟁 자체를 '혁명의 실천'으로 동일시하기에 이르렀다.212) 당시 관련 서적이나 유인물 자체의 내용과 문구가 하나같이 매우 급진적이었다는 데서 원인 제공을 했다고 볼 수 있다.213)

그러나 미국은 한국과 반대로, 마르크스주의이론에 근거한 치밀한 이론 논쟁은 매우 빈약하거나 단순한 대신,214) 그보다는 실제 무장투쟁이라든가 대규모 폭력적 시위, 테러 등 국가의 군부대 및 경찰력에 맞서는 행태를 취하고 있었다. 당연히 국가의 현상적 폭력이 대규모로 동원되어 유혈사태가

---

212) 조희연, 『한국의 민주주의와 사회운동』, 당대, 1998, pp.125-135.
213) 대표적으로 읽혔던 일송정 편집부 편, 『팸플릿 조직노선』 및 『팸플릿 정치노선』은 표지목차에서 전자는 혁명과 해방을 5차례 쓰고 있고, 후자는 3차례 쓰고 있다. 이러한 '과격성'은 당시 일반적이어서 다른 책자들도 별 차이가 없었다. 특기할 사항은 위의 책들은 당시 합법적으로 출판이 용인된 서적이었다는 점이다. 합법 서적에도 이러한 공개적인 혁명노선의 설정이 나타날 정도였고, 운동세력들 내부의 문건과 용어들은 이보다 훨씬 더 급진적이었다.
214) 신좌파의 이론적 입장과 논쟁 수준은 한국의 운동세력과 비교해 다양성, 개방성, 창조성에서는 월등하였으나 '마르크스주의 원전의 정통성 견지와 해석 및 논쟁'을 기준으로 한다면, 한국의 운동세력과 비교해서 '조야'하다고까지 할 정도였다. 이 논문의 Ⅱ장 참조.

곳곳에서 벌어졌으며 인명 피해가 속출하였다. 국가기구는 신좌파의 대규모 시위와 과격한 테러, 공공기관에 대한 습격 등의 폭력을 진압하기 위해 각 주의 방위군을 중심으로 군·경찰력을 총동원하여 '현장'에서 총검을 사용하는 직접 진압의 형태를 띤 점에서 한국과 대조적이다.

국가폭력을 선악의 가치판단대상으로만 취급하거나 아니면 정치사회이론에서 그 비중을 상대적으로 간과하는 경우가 대부분인 자유주의자뿐만 아니라, 의외로 사회주의자들 중 일부도 자본주의체제가 폭력적 노선과는 친화성이 없고 논리적으로는 무관하다는 주장을 펼치기도 하였다. 페리 앤더슨(Perry Anderson)은 자본주의의 합리성과 군사적 요소와는 별 상관관계가 없으며 중세에서 전쟁이 수행한 기능이 과장된 기억의 산물이라고까지 극언하였다. 그러나 9천5백만 명의 인명이 희생된 양차 세계대전에 자본주의국가들이 대거 참여하여 천연스레 전쟁을 수행하였음을 본다면 위의 주장은 근거가 없다. 대전 이후 자유주의자들과 사회주의자들은 군사부문에 대한 논의 자체를 기피해 왔다. 1970년대 이후 마르크스주의자들은 국가론을 중심으로 이론을 발전시켜 왔으나, 자본주의국가와 국가폭력의 문제를 상론한 적이 없었다.[215]

국가폭력은 반대의 대상이 아닌 분석의 대상이다. 실제로 폭력이 국가공동체의 한 존립근거라는 점은 이미 오랜 세월 전 베버에 의해 정식화한 개념정의에 나와 있는 만큼 사회과학의 전통으로 돌아가는 작업의 일환일 뿐이다. 폭력의 구조적 성격에 대한 선구적 접근을 행한 갈퉁(J. Galtung)과 아렌트(H. Arendt) 역시 폭력에 대한 혐오와 비난의 입장을 벗어나지 못했다. 기본적으로 폭력 자체가 불합리한 사회구조에서 비롯되는 것이며 그래서 타파되어야 할 치유 대상이란 것이다.[216] 불합리한 사회구조에서 비롯되는 구조폭력은 치유되어야 하며, 또한 그에 대한 치유 노력은 지속적으로 국가에 의해 수행되어야 할 규범적 과제이긴 하지만 국가의 구조폭력

---

215) Michael Mann, 1988, Chapter. Ⅳ.
216) 신정현, "구조폭력과 평화연구", 고려대학교 평화연구소, 『한반도평화론』, 1989, p.172.

이 존재한다는 사실을 부정할 수는 없다. 둘은 별개 문제이다. 의학의 목적은 질병 퇴치이지만 그 목적을 현실과 혼동할 수 없듯이, 국가폭력 역시 인간사회의 실존하는 특징으로 파악할 수 있다. 더욱이 국가폭력은 국가에 의해 필연적으로 행사될 수밖에 없으므로 이를 나쁜 무엇으로 볼 수는 없는 것이다. 그러므로 국가폭력이라는 객관적 현상을 '폭력에 대한 혐오와 배제'라는 일정한 가치관이 깃든 시각에서 바라보는 태도는 피해야 한다. 폭력은 인간생활에서 배제될수록 좋은 것이다. 그러나 현대국가가 행사하는 폭력은 익명성, 정당성, 나아가 죄책감이나 책임의식으로부터 자유로운 행사와 발휘가 전근대 어느 시절보다 강화되었다.

일반적으로 국가폭력이라 했을 때, 법이 그어 놓은 일정한 한계를 넘어서는 공권력 남용을 이르고 있으며, 그래서 마땅히 추방되어야 할 비인간적이고 부정의한 행위로 평가한다.217) 그러나 이는 협소한 인식이며 이상주의적이고 정서적인 접근이다. 어떤 국가도 '평화주의'의 실현을 위해 상비군과 경찰을 폐지할 가능성은 없다. 안보를 유지하기 위한 국가폭력은 국가의 존립에 절대적으로 필요하며, 독재정권에 저항하는 아래로부터의 정당방위적 폭력 역시 제한적으로나마 그 가능성과 정당성을 인정하지 않을 수 없다.

합법과 불법의 잣대로 국가폭력을 가늠하는 것 역시 국가의 본질적인 기능과 위상을 간과한 데서 오는 시각이다. 법은 국가폭력을 방지하는 제도적 틀이 아니라 오히려 국가폭력을 보장하고 규정하는 틀이다.

국가폭력의 행사 근거가 되는 일국의 법체계는 가변적이며 상황에 맞게 수정되는데 그 수정 주체는 민주주의원리에 의하면 바로 국민이다. 그러나 국민이 접근할 수 있는 법의 원리 수정은 대개 그 큰 테두리, 즉 권력구조나 헌법조문과 같은 기본적 원리에 그친다. 이마저 사실상 수동적인 국민투표를 통할 뿐이며 입안과 논의를 통한 사실상의 결정은 정치사회 엘리트들의 몫이다. 실제 일상적인 법규라든가, 전문적인 국가기관과 국가통치행위

---

217) 조현연, 『한국현대정치의 악몽: 국가폭력』, 책세상, 2000.

에 관련된 규칙에 대해서는 공포된다 해도 그것이 무엇을 의미하며 어떤 효과를 갖고 올 것인지 제대로 대중에게 침투되지 못하는 경우가 대부분이다. 강제력이 존재하지 않는다면 동의 또한 존재할 수 없으며, 동의를 끌어내는 과정을 이처럼 아예 은폐하거나 무시하는 경우도 빈번하다.

대표적인 예는 국가안보에 관련된 각종 기관과 활동에서 찾아볼 수 있다. 각국 정보기관의 활동은 법에 의해 규정되며 근본적으로 그 법은 의회민주주의의 중추인 의회 내의 입안과 동의에 의해 마련되는 것이 원칙이지만 권력집단과 그를 둘러싼 전문가집단은 사실상 이들의 기능과 활동을 대부분 국가안보를 위한 기밀사항에 부쳐 두었다. 따라서 법을 궁극적으로 만들고 감시하는 주체인 국민들이 이들 기관과 관련 법령에 대해 접근할 가능성은 사실상 차단되어 있다. 그러므로 '법의 테두리를 벗어난 국가의 폭력'만을 국가폭력이라 부른다면 이러한 개념정의는 한계 정도가 아니라 하나의 오류이다.

국가폭력의 예로 가장 자주 드는 한국의 국가보안법 역시 위와 같이 해석할 수 있다. 국가보안법은 '악법 중의 악법'으로 불리며, 국가폭력 남용을 조장하는 대표적인 수단으로 여겨진다. 위헌 여부, 인권 탄압 여부에 대해 지금도 치열한 논쟁이 벌어지고 있다. 국가보안법은 '불법'이나 '탈법'의 오명을 피하면서 국가가 개인이나 단체를 억누를 수 있는 근거가 되어 왔다는 비판을 받으면서, 법으로 존재하긴 하지만 사실상 상위법인 헌법을 위배하는 소지가 다분하다는 점에서, 국가폭력의 범주에 포함된다[218]는 비판이 제기된다.

국가보안법이 문제가 되는 것은 그것이 국가폭력의 근거가 되어서라기보다, 그 법이 국가폭력의 남용과 오용을 가능케 하기 때문인 것이다. 국가는 지배를 위해 대내적 폭력을 독점해야 한다는 당위성, 그리고 독점하고 있다는 현실성, 마지막으로 그러한 폭력의 독점을 국민들의 동의와 지지를 통해

---

218) 김동춘, 『근대의 그늘』, 당대, 2000, 1장, 조현연, 앞의 책.

승인받는다는 정당성, 이 세 가지에 비추어 볼 때, 실로 구조적 국가폭력의 원천은 민주주의국가라 할지라도 국가를 중심으로 하는 지배연합과 그 국가의 주도적 헤게모니이다.

신좌파의 활동 시기 당시 미국정치상황과, 1980년대 후반의 한국정치상황으로 좁혀 단기적으로 보았을 때, 국가폭력은 미국에서는 비무장 시위대를 향한 무차별 사격이 있었고, 한국에서는 위헌의 소지가 있는 많은 탄압이 있었는데, 이는 각각 치안을 위한 나름의 법적 근거를 갖고 있었다. 그 시대의 지배가 어떤 성격과 방법으로 이루어지는가에 대한 탐구 없이, 단순히 법조문의 규정만 가지고 국가가 행사하는 합법적인 폭력의 효과를 판단할 수 없는 것이다.

현대국가, 그중에서도 한국과 미국이 좌파세력의 진압을 위해 동원한 국가폭력은 서로 양상이 상이하였지만 그 규모와 강도는 강고하기 이를 데 없었다. 운동을 제약한 여러 가지 구조적 요인들 중 운동세력들이 체감할 수 있도록 현실로 드러난 요인은 현상적 국가폭력에 의한 강제 진압, 그리고 대중의 냉담한 시선이었다. 월남전 반대운동에 대해, 그리고 호헌 철폐에 대해 양국 대중의 반응과 지지는 광범하고 강력했지만, 그 이상의 주장, 즉 체제의 변혁에 대해서는 위 Ⅲ장에서 설명한 양국의 역사적이고 구조적인 요인들에 의해 대중들이 거의 반응을 보이지 않거나 무관심, 반대, 우려를 나타내었다.

이러한 대중의 반응은 국가가 운동에 대하여 때로는 과잉진압이라 할 만큼 강고한 폭력을 행사할 수 있는 정당화의 근거가 된 것이다. 여기에 이 요인들의 중요성과 의미가 있다.

## 1) 한국: 공안정국과 합수부

한국에서 좌파혁명운동의 경우, 학생운동권 중 소수 세력이 좌파혁명을 시도하고 있었으며, 대부분의 일반 학생들은 이미 1980년대 후반 들어와서는 말 그대로 '일반학우'로서 운동권에 대해 '심정적 지지', 혹은 '침묵'으로 일관했다. 1987년 민주화 운동의 성공 이후 대학가를 제외하고는 일반대중의 지지와 동원을 1987년 6월 정도로 이루어낼 수 없었고, 1991년 몰아닥친 전국적인 시위 열풍 역시 좌파의 노선을 지지해서 우러나온 것이 아니라 정권의 폭압적인 운동 탄압으로 학생이 사망한 사건에 대한 분노의 표출이었던 것이다. 실제 혁명단체들이 존재하기는 했으나 봉기와 정권 접수를 위한 '직접 행동'을 주장한 세력은 극소수였으며 이러한 비합법단체들은 지하활동 중 당국에게 모두 체포되었다.

한국의 운동세력에게 가해진 현상적 국가폭력은 첫째, 국가보안법에 의한 지속적이고 제도적인 압박, 둘째, 한국의 운동세력이 합법·비합법 양 측면에서 가장 활발하게 움직이던 6공화정 시절, 정권의 공안정국 조성을 통한 강제력 동원 두 가지 차원에서 파악할 수 있다. 한국에서도 운동가들의 귀중한 인명이 해를 입는 경우가 있었지만, 공개된 장소에서 진압경찰이나 군부대의 '공격'을 받기보다, 실종과 의문사 내지 운동의 극단적 방법인 '자살'에 의한 피해였다. 즉, 미국처럼 총기와 폭약을 소지한 학생무장투쟁가들과 이를 진압하려는 국가권력 사이의 '대결'로 일컬어질 만한 폭력적 사태나, 미국의 군경이 대학가나 시가지에 진주하여 사격을 가한 결과 일어난 대규모 인명 피해는 보이지 않는다. 그보다 한국에서는 국가가 먼저 주도적으로 나서서 운동세력이 '친북, 좌경, 용공'을 했다는 이유로 압박을 가해 왔다.

1987년 전국적 민주화 운동으로 개헌을 이끌어낸 후, 학생운동권에서 혁명적 사회주의를 지향하는 급진 운동은 점차 노골화되어 갔고, 이들에 의해 6.29선언은 "향후 사회변혁을 위한 하나의 작은 이정표"에 지나지 않거나, 혹은 '군사파쇼집단'의 개량주의적 술책으로 평가되면서, 운동은 오히려 6.29선언 이전보다 더 격렬해졌다.

뒤이어 사노맹을 비롯한 비합법 무장투쟁단체까지 등장하였으며, 국가는 좌파운동에 대한 탄압을 항상적으로 진행하기에 이르렀다. 학생운동과 노동계, 재야, 정치인들 중 소수에 불과했던 좌파운동을 탄압함으로써 대다수의 민주화 운동세력까지도 움츠리게 만드는 효과가 있었음은 물론이다.

1980년대에 나타난 좌파운동세력을 제거하기 위한 국가의 탄압은 1980년대 초반 무렵, 학림 사건으로부터 시작하여 1990년대 초반에 이르기까지 지속되었다. 국가의 탄압 자체는 불합리하거나 정당하지 못한 행위만은 아니었다. 정상적인 자본주의국가라면, 체제를 부정하고 혁명을 명시적으로 의도한 세력을 강제로 막아야 할 의무가 있었기 때문이다. 문제는 그 과정에서, 혁명을 목적으로 하는 '거사'를 구체적으로 계획했거나 시도한 적이 없는 사람들까지도 탄압의 대상에 포함되어 있었다는 것이다. 사회주의사상을 신봉하고 있다 해도 그것은 개인의 사상과 양심의 문제이기 때문에 자유민주주의체제에서라면 그 어떠한 법령의 근거로도 국가가 구속하거나 처벌할 수 없다는 헌정원리에도 불구하고, '북한'과의 연관성을 들어, 사회주의 지향의 운동세력은 국가보안법의 적용 대상이 되었다.

실제로 사회주의를 지향하는 세력은 당시 재야와 노동계, 대학가에서 소수였으며, 그 소수 중에서도 '내란 음모'를 행동으로 옮긴 이는 극소수였다. 단순히 사상과 양심 차원에서 좌파가 되는 것은 한국사회의 자유민주주의원리에 비추어 볼 때 조금도 하자가 없는 일이다. '불법, 처벌'의 대상은 실제로 적을 이롭게 하는 행위 목적, 즉 북한과의 실제 연계활동을 수행하거나, 폭력혁명을 실천적으로 계획하고 행동하려는 단체나 개인에 한정될 수밖에 없다. 그럼에도 불구하고 사회주의를 지향하고 있다는 사실만으로 운동세력을 구속하고 처벌할 수 있었던 근거는 바로 이적행위나 내란행위 등에 대해 광범하고 애매한 조항을 합법화시킨 국가보안법을 비롯한 제도적인 압박이었다.

국가보안법은 1980년대 당시는 물론 현재까지도 사회주의를 지향하거나, 지향하지 않더라도 정권에 대항하는 세력 일체를 겨냥하고 단속하기 위한 법령이었다. 5공화정 초기였던 1980년 12월 말 반공법은 폐지되었지만, 국가보안법은 반공법을 흡수, 강화하면서 존속되었다. 국가보안법은 1986

년 이후 갑자기 적용 사례가 늘어나는데, 이는 민주화 운동이 거세진 경향
에서 비롯된 것이었다.

<표 2> 연도별 국가보안법과 공안관계 법령 적용 기소 인원

| 연 도 | 국가보안법 | 형법(공안) |
|-------|-----------|-----------|
| 1983 | 153 | 52 |
| 1984 | 93 | 30 |
| 1985 | 176 | 30 |
| 1986 | 318 | 20 |
| 1987 | 432 | 99 |
| 1988 | 104 | 58 |
| 1989 | 312 | 38 |
| 1990 | 414 | 52 |
| 1991 | 357 | 37 |
| 1992 | 342 | 4 |
| 1993 | 136 | 22 |

자료: 법원 행정처, 『司法年鑑』, 1983-1993.

<표>에서 나타나듯이 국가보안법 적용 기소 인원은 1986년 갑자기 급증
하였다가 1993년 갑자기 감소하는 추세를 보여 준다. 1988년 당시 급감한
것은 1987년 6월 이후 조성된 민주화 정국에서 국가의 무차별적인 탄압이
주춤해진 데 기인하며, 1993년 급감한 것은 이해 출범한 김영삼 정권이 '문
민정권'을 표방하면서 위로부터의 민주화 개혁을 시도한 데 기인한다.[219]
    그러나 국가보안법의 공판 결과, 대부분이 집행유예로 처리되었는데, 이는
뚜렷한 증거가 없이 다만 검찰과 경찰의 자의적 판단에 따라 '이적' 혐의가
있는 것으로 영장이 남발되어 기소되었기 때문이다. 이러한 결과는 운동세력

---

219) 그러나 1994년 들어 김영삼 정권이 초기 개혁노선으로부터 후퇴하면서 구속자는
    크게 증가한다. 1994년 시국 관련 구속자는 775명에 이른다. 한겨레21, 1997
    년 5월 15일.

의 성격에서 연유한다. 앞서 지적하였듯이 한국의 운동세력은 실제 혁명적 사회주의를 행동으로 옮기기보다 '이론투쟁'이 매우 활발하였고, 어떤 측면에 서는 이론투쟁에 오히려 비중을 더 두고 있었으므로, 이들에 대한 통제와 처벌은 '출판물'과 '문서'를 증거로 삼아 이루어졌다. 6공화국 들어 1988년부터 1990년 9월까지 기간 동안, 도서출판과 관련 국가보안법 위반혐의로 구속된 출판인의 숫자가 5공화국 7년 동안보다 2배 이상 늘어났으며, 구속자 중 90% 가량이 집행유예 등으로 풀려난 것으로 나타났다.[220]

그에 따라, 노태우 정권 초기인 1988년 10월, 내무부 산하에 공안문제 연구소가 설립되어 '이적표현물'을 심사하였으며 2001년 현재까지도 이적표현물은 1천2백20종에 이른다.[221]

1989년 6월 27일, 당시 국가안전기획부는 "국내 좌경실상 자료집"을 집권여당이었던 민정당에 제출하였다. 여기서, 전민련, 전대협, 전교조 등 재야단체 일반은 물론 한국기독교교회협의회까지 포함하여 '좌경세력'이 침투해 있다고 보고하고 있다. 전국 조직이 12개로서 학원 2, 노동 1, 출판문화교육 4, 재야 및 종교 5개 단체가 해당되며, 지역 조직이 1백 14개로서 학원 20, 노동 30, 출판문화교육 25, 재야 및 종교 39개 단체가 해당된다는 내용이었다. 인원까지 상세하게 밝혀 놓았는데 학원가에는 6천 5백 명, 노동계 2천 2백 명, 출판교육문화 1천 명, 재야 및 종교계 8백 명 등 총 1만 5백 명에 이르는 것으로 파악하고 있었다.[222]

이미 노태우 대통령은 1989년 4월 6일 해군사관학교 졸업식 연설에서 "우리 사회의 일각에서 계급혁명을 주장하는 일부 세력이 민주주의를 위협하고 있다"고 경고하였으며, 같은 날 오후 '좌익대책회의'를 청와대에서 열고 "이들의 활동을 정면대응하여 엄정히 다스려 척결할 것"을 과제로 삼아 "공권력과 공안기관의 단속차원뿐만 아니라 범정부적이고 범국민적인 차원에서

---

220) 한겨레신문, 1990년 10월 20일.
221) 시사저널, 2001년 7월 5일.
222) 경향신문, 1989년 6월 28일.

모든 역량을 결집"할 것을 강조했다.[223]

1989년 상반기 이후, 노태우 정권은 지속적으로 '공안정국'을 수시로 조성하였으며 대통령의 지시와 방침에 따라 1989년 4월 3일에는 검찰, 경찰, 안기부, 보안사, 문교부, 노동부, 문공부 등 관계기관으로 '공안합동수사본부'(합수부)를 구성하고 전국 12개 지역 검찰청에 '지역공안합동수사본부'를 상설하였다.[224] 유력한 일간지 중에서도 이러한 경향에 대해 "극좌 몰아내려다 극우로 돌아갈 수 있다"는 우려를 표명하였다.[225]

사회주의적인 색채가 조금이라도 보이는 세력에 대해서는 설령 자본주의 체제를 부정하지 않거나, 혁명적 의도가 없거나, 북한에 대해 비판적이라 할지라도 대대적인 발본색원이 이루어졌다. 민간에 대한 수사를 하지 못하게 되어 있는 군의 보안사령부까지 동원된 현상적 폭력은 정부의 사전 승인 없는 대북 접촉을 봉쇄하고 자유민주주의를 수호한다는 기치 아래 검찰의 지휘로 활동을 시작한 1989년 4월 한 달 동안에만 시국·공안 사건과 관련하여 무려 2백 34명을 구속했고 2백 15명을 불구속입건시켰다. 학생이 1백 30명으로 압도적 다수를 차지하고 있었고 노동자 50여명 이외에 국회의원 보좌관까지 포함되어 있었다.[226]

군 보안사가 여기에 포함되었다는 것은 군대의 수사기관이 불법적인 민간 사찰을 공공연히 할 수 있었던 당시의 정치상황을 반영하고 있다. 보안사는 당시 1천 3백 3명에 이르는 각계 인사를 탈법적으로 감시하고 있었다. 대외 안보를 위해 설치된 군의 사찰기관이 검찰과 경찰의 일까지도 맡아 할 뿐만 아니라 다른 기관과 맞먹거나 오히려 더욱 극심한 사찰활동을 벌였던 것이다.[227]

---

223) 동아일보, 경향신문, 1989년 4월 7일.
224) 조선일보, 경향신문, 1989년 4월 4일.
225) 경향신문, 1989년 4월 7일 1면 논평기사.
226) 김강, "제6공화국 공안사범이 늘고 있다", 통일한국, 1989년 9월, pp.27-28.
227) 경향신문, 한겨레신문, 1990년 10월 6일, 7일. 보안사 윤석양 이병의 '양심선언' 사건.

국가폭력이 현상적으로 발현하는 것을 '강제'에 의한 지배수단, 곧 '공권력'이라 할 수 있는데. 대내적 공권력의 발동에 군이 개입되어 있다는 사실은, 당시 한국의 국가가 구조폭력뿐만 아니라 현상적 폭력 측면에서도 사회주의를 지향하는 세력을 탄압하기 위해 체제이념인 자유민주주의를 거스르는 수단까지 동원하였음을 보여 준다.

당시 야당이었던 민주당과 평민당은 모두 전민련 등 재야단체 관계자 구속을 반대하면서 이들의 석방을 요구하였고, "좌경세력과 민주세력을 구분해야 한다."고 주장하였으며228) '민주사회를 위한 변호사모임' 역시 '합수부는 법적 근거 없이 구성되었으며 검찰 독립과 경찰 중립을 저해하고 민간인 수사에 간여할 수 없는 보안사가 참여하는 등 위법부당한 기구'라고 지적하였다.229)

그러나 당시 검찰은 형사소송법과 검찰청법의 근거 조항을 들어 합수부 설치는 현행법에 위반되지 않는다고 반박하였다. 국가의 현상적 폭력은 이처럼 불법과 합법이 문제가 아니라 그 당시의 정치상황이 문제가 되는 것이다. 사회주의를 지향하는 세력에 대해서는 위헌 시비의 소지가 있는 수단을 동원해서라도, 기필코 색출해서 척결해야 한다는 것이 당시 한국 국가의 선택이었다.

이러한 선택은 앞서 살펴본 국가의 지배연합이 형성하고 보유한 구조폭력 및 그 성격에 의거하고 있었음은 물론이다. 군부권위주의에서 완전히 벗어나지는 못했던 국가의 성격으로 말미암아, 당시 운동세력에 대한 이러한 극단적 탄압이 가능했던 것이다.

여기서 보안사의 수사 참여는 국가의 기존 법률체계가 아니라 당시 '대통령령 11385호(기관간 업무협조조정)'에 근거하고 있었다는 사실은 국가의 성격 및 구조폭력과 현상적 폭력의 유기적 작용을 대변한다. 국회의 입안과 승인을 거친 법률이 아니라 '대통령령'에 의해 보안사가 수사에 참여하였다는 것은 법제도 시스템과 그에 의거한 정상적 정치과정이 아니라 최고 통치

---

228) 동아일보, 1989년 4월 7일.
229) 경향신문, 1989년 4월 16일.

자의 임의적 결단에 의한 결과였다. 곧 군부우위의 권위주의정권이었기 때문에 가능한 일이었다는 점을 말해 주는 대목이다.

노태우 정권은 정권 초기에 경제민주화와 개혁 조짐을 잠시 보였으나 군부를 비롯한 보수세력에 기반을 둔 태생적 한계가 있었고, 결정적으로 3당 합당 이후 친재벌적인 방향으로 나아갔다. 권위주의와 민주주의 사이에서 과도기적 성격을 보인 노태우 정권이 보수화하자 운동세력은 정권 타도를 지속적으로 주장하였고, 노태우 정권은 다음의 두 가지 이유에서 이들을 강제적으로 억압하였다.

첫째, 재벌과의 유착관계가 과거의 공공연하고 노골적인 압박을 통한 통제가 아닌, 보다 은밀한 방식으로 이루어지면서, 재벌로부터 엄청난 액수의 정치자금을 확보하는 경로가 되었다. 이로써 경제정책을 비롯한 국정의 기조가 3당 연합 이후 보수화하면서, 일방적으로 재벌에 유리한 쪽으로 흘러갔는데, 노사관계에 대한 정부의 강경한 태도는 이러한 지배연합의 보수화로부터 연유한 것이었다. 이 과정에서 '혁명적 사회주의'를 주장하는 운동세력의 존재와 활동은 체제를 부정하지 않던 경제주의적인 순수 작업장 노동운동가들에게도 커다란 악재였다. 1990년부터 1992년까지 노태우 정권은 지속적으로 혁명적 사회주의세력에 대한 조사와 검거를 단행하여 이 시기에 거의 모든 혁명적 사회주의를 표방한 비합법조직운동단체들이 사라지게 된다.

둘째, 군부정권의 성격이 잔존하고 있었던 6공화정으로서는 1980년대를 통해 자신들을 몰아낸 민주화 세력과 대치할 수밖에 없었다. 민주화 운동세력 중에 비록 소수였지만 일정한 지분을 갖고 포진하고 있던 '혁명적 사회주의' 지향세력은 전체 민주화 운동세력의 탄압을 위한 가장 확실한 명분이 되었던 것이다.

이러한 두 가지 배경으로 말미암아, 6공화정은 '혁명적 사회주의'세력을 '체제수호'를 명분으로 강력하게 탄압하였으며, 1991년에 이러한 대치상태는 최고조에 이른다. 더구나, 6공화정이 전력을 기울여 추진하던 북방정책의 성공적 추진을 비롯해 동구권 붕괴는 국가로 하여금 확신을 갖고 사회주의세력을 억압하게 된 국제적 환경으로 작용했다.

동구권이 몰락하고 국제적으로 사회주의세력이 위기를 맞이하였음에도 불구하고 1990년대 초반 근 2년 동안 혁명적 사회주의운동이 사그라지지 않고 오히려 6공화정의 지배연합과 첨예한 대립을 이룬 것은 위의 두 가지 이유가 작용한 결과였다.

## 2) 미국: 주 방위군의 동원과 무력진압

미국의 신좌파는 여러 부문의 운동에 걸쳐 있었다. 미국사회의 가장 민감한 부분인 흑인민권운동, 여성운동, 환경운동, 대중문화운동을 비롯한 여러 가지 사회운동을 병행한 신좌파는 일사불란을 연상케 한 한국의 좌파운동조직에 비해 구심점이 모호하고 조직력이 떨어지긴 하였으나 그만큼 대중적인 사안들을 이슈로 만들었다. 따라서 역시 신좌파의 이념과 혁명노선에 대한 지지는 아니었으나 미국은 한국과 달리 여러 가지 민감하고 주요한 사안에 대해 사회 각 세력의 요구가 일시에 분출하였고, 죄수들까지 폭동을 일으키게 만드는 이러한 파급력에 대해 국가는 강경하게 대처하였던 것이다. 즉 좌파이념의 확산도 확산이거니와, 미국사회 전체의 규범과 가치가 무너져 내리는 현상을 좌시하지 않았다.

미국에서는 1960년대 후반부터 신좌파가 급진화 경향을 띠고 일반 대학생들과 젊은이들 중 상당수가 월남전 징병제를 회피함에 따라 국가는 신좌파에 대한 강제력 동원과 압박의 강도를 높여 갔다. 1970년은 그러한 강제력을 동원한 압박이 절정에 다다른 시기였는데, 이 당시 미국은 전국적으로 거의 내란의 분위기에 휘말려 들어갔다.

1960년대 중반까지 비록 급진적이긴 했지만 그 내부에서 우세한 이념은 자유주의적이고 개혁주의적이었던 신좌파는 1960년대 중반 이후 들어 마르크스주의를 비롯한 사회주의경향의 노선과 행동이 강화하고, 폭력적인 방법까지도 불사하면서 전형적인 혁명적 사회주의세력이 되어 갔다. 정확히 1968년을 기점으로 하는 이러한 변화는 월남전의 장기화와 함께 1970년대로 넘어오면서 더욱 분명해졌다.230)

과격한 폭력노선의 징후를 애초부터 안고 있던 신좌파 내부의 분파는 흑인민권운동단체였다. 일찍이 1919년부터 1922년까지 3년 동안, 사적인 폭력에 의해 무려 239명의 흑인들이 희생당하였고, 1924년 KKK단에 의한 대규모 테러를 경험한 흑인들은 신좌파운동에서도 말콤 엑스(Malcom-X)와 같이 비폭력노선을 반대하는 급진 운동가들이 포함되어 있었다. 킹 목사(Martin L. King)의 지도 아래, 1950년대 이후의 흑인운동은 비폭력노선이 지도하고 있었다. 그 성과로서 1964년의 민권법과 1965년 흑인투표권법이 제정되었지만, 법제도적인 개혁만으로는 사회경제적으로 하층민이었던 대다수 흑인들에게 별다른 체감을 주지 못하였다. 말콤 엑스는 사회주의 사상의 요소를 받아들여 흑인해방을 급진화시켰고, 비폭력노선의 한계를 비판하였다. 1965년 로스앤젤레스, 시카고, 뉴욕 등 전국의 대도시에서 대규모 폭동이 일어나 비폭력노선에서 과격한 폭력노선이 전국적으로 퍼져 갔다.231) 결정적으로 1968년 비폭력노선을 주도하던 킹 목사가 백인인종주의자에 의해 암살당하자, 신좌파 내부의 흑인운동은 폭력 일색으로 변해 갔다. 그의 암살 직후 전국 168개 도시에서 흑인들의 대규모 폭동이 발생하였고 이후 신좌파의 유력한 흑인단체들은 폭력노선을 줄곧 고수하게 된다.

흑인단체를 위시하여 신좌파세력들은 당시 다음의 정치상황적 요인에 의해 폭력노선을 강화시켰다.

첫째, 1968년의 구정공세에 이은 월남전에서의 전황 악화였다. 1968년 7월 4일, 바로 미국 독립기념일에 수치스럽게도 월남전 참전 전사자가 총 3만

---

230) Samuel P. Huntington, *American Politics; the Promise of Disharmony*, Harvard University Press, 1981, pp.186-187.

231) M. Omi & H. Winant, *Racial formation in the United States*, Routledge, 1986, pp.95-97.

명을 돌파하였고, 이로써 반전운동은 더욱 격화하였고 장기화하였다.[232] 특히 1967년 10월 국무부를 향한 신좌파의 10만 명 행진이 성공적으로 끝난 후[233], 명분과 실리 없는 전쟁에 대한 젊은 층의 징병거부운동이 확산됨으로 인해 젊은 층에 대한 대중적 동원이 성공하면서 기세가 오른 신좌파의 폭력적 성향은 가속화한다.

둘째, 로버트 케네디(Robert F. Kennedy, 주로 바비 케네디라는 애칭으로 불렸다)의 암살이었다. 로버트 케네디는 당시 신좌파 학생들을 이해하던 드문 개혁주의 정치인으로서, 월남전을 반대하고 인종문제와 빈곤문제의 해결을 최우선과제로 제시했으며, 1968년 민주당 대통령후보예비선거에서 1위를 달리고 있었다. 그러나 그는 선거운동이 한창이던 1968년 6월 6일, 아랍인 청년에게 암살당하였다. 대표적 개혁정치인의 암살은 신좌파에게 큰 충격을 주었으며, 이어서 정치적 냉소주의 분위기가 확산되었다. 정치체계의 불안 요인 중 가장 큰 것은 체계 외부의 폭발적 참가 욕구를 제도권정치가 흡수하지 못할 때 생긴다.[234] 주로 제3세계 국가에 적용되는 명제이지만 선진자본주의국가라 할지라도 혼란기에는 종종 관찰되는 현상이다. 로버트 케네디 후보의 암살 이후 미국의 제도권정치에 대해 신좌파의 냉소와 실망감은 극도에 이르러, 마침내 자신들의 '행동'에 모든 것을 걸게 되었던 것이다.

바야흐로 신좌파의 폭력적 직접 행동이 전국적 현상이 되기 전이었던 1966년 3월 9일, 존슨 미국 대통령은 의회 연설에서 '범죄와의 전쟁' 방침을 다음과 같이 밝혔다.

> "……범죄 문제는 현재 우리의 직접적 현안이 되었다. 우리가 여기에 대해 어떤 행동을 취하지 않는다면 극복할 수 없게 되었다. 오래된 악(惡)은 쉽게 물리치지 못한다. 우리는 우리의 적을 분쇄하는 데 최대한의 노력을 기울어야

---

232) 황해성 외, 『미국현대사』, 비봉출판사, 1996, p.235.
233) *Newsweek*, 30. October, 1967.
234) Samuel Huntington, "Political Development and Political Decay", *World Politics*, April, 1965, pp.386-430.

한다. 또한 우리는 중대한 결단으로 새로운 지식, 새로운 기술, 새로운 방법을 모색해야 한다……"

젊은 세대의 반국가 분위기와 그에 따른 '혁명적 행동'의 확산에 대한 우려가 높아가고 있던 1960년대 중반이었으므로 대통령의 선언은 1965년부터 이미 실행되고 있었다. 1965년 7월 구성된 '대통령 직속 법정의집행위원회'(Presiden's Commission on Law Enforcement & Administrastion of Justice)는 당시 19명의 상임위원과 63명의 연구원, 그 외 수백 명의 자문위원으로 구성되어 있었는데, 여기에는 법조계 판사, 변호사, 법률전문가, 대학 총장, 법학 교수단, 민권운동관계자 등이 참여하고 있었다.[235] 자문위원의 인선에서 시사하듯, 점점 미국사회의 큰 문제로 비화하고 있던 신좌파운동에 대한 대비책의 일환이었다. 사회의 모든 범죄에 대항한다는 취지였지만, 신좌파에 관련된 여러 가지 범죄들 즉, 폭력, 불법 집회와 시위, 풍속, 마약, 음란물 판정 등에 대한 국가적 차원의 단속이었던 것이다. 그 당시까지만 해도 신좌파는 몇몇 과격한 분파도 있기는 하였으나, 1968년에서 1971년 사이 시기의 과격한 폭력보다는 비폭력노선이 여전히 대체로 주류를 형성하고 있었던 것이다. 1960년대 후반 이전까지만 해도 신좌파에 대한 국가의 통제와 압박은 물리적 강제보다는 이처럼 제도적 차원의 정비와 국가능력의 보완을 통해 이루어졌다.

그러나 경찰력으로는 신좌파운동을 막을 수 없는 상황에 이르러, 국가는 마침내 군을 동원하여 곳곳의 시위와 혁명운동을 진압하였으며 이 과정에서 수많은 인명 피해가 속출하였다. 그중에서도 1970년 전국적으로 벌어진 군의 학생운동 진압은 미국 역사상 최악의 사태로 기록되며, 일종의 내전 상황으로까지 일컬어진다.

신좌파운동의 과격화는 그 이전부터 종종 포착되고는 하였지만 1968년 봄 학기에 전국 대학가에서 벌어진 방위군과 신좌파의 무력 충돌은 신좌파

---

235) Richard Quiney, *Criminology*, Little Brown, 1979, pp.39-41.

운동이 이제 더이상 비폭력노선으로 저항을 계속하지 않음을 알려 주는 신호였다.

1968년 2월 첫째 주에 사우스 캐롤라이나주립대학에서는 4일간에 걸친 학생시위대와 경찰, 주 방위군의 대치 끝에 강경진압이 행해져, 3명의 학생이 죽고 50명이 부상을 당하는 사태가 발생하였다. 3명의 학생은 모두 흑인이었으며, 방위군은 엎드려 있거나 피신하던 학생들을 등 뒤에서 곤봉으로 머리와 목을 가격하여 사망에 이르게 하였던 것이다.236) 그러나 진압군과 주정부는 학생들이 총을 쏘았다고 주장하면서 30명을 추가로 체포하였다.

동부의 대표적 대학 중 하나인 컬럼비아대학에서 벌어졌던 대학당국과 학생시위대의 충돌 및 강경진압 역시 상징적 사건으로서 군산복합체의 억압적 성격에 대한 '신좌파 학생운동의 선전포고'를 불렀다.237) 그 이전까지 신좌파운동이 폭력적인 사례도 있었지만 컬럼비아대학 사태 이후 신좌파는 본격적으로 '폭력'을 주요한 저항수단으로 삼게 되는 전환 계기가 되었다.238) 월남전 반대운동의 와중에서, 군산복합체와의 각종 계약관계 및 지원이 활발했던 대학 중 하나였던 컬럼비아대학에서 학생들은 정부와 군대에 종속되어 있을 수 없다는 주장을 내세우면서 시위에 들어갔다. 당시 총장이었던 그레이슨 커크(Grayson Kirk)는 대학이 '가치로부터 자유로운'(value free) 곳이 되어야 한다면서 '사회적인 이슈'에 대하여 대학이 특정한 가치나 이념을 표방할 수는 없다고 반박하였다. 운동지도자였던 마크 루드(Mark Rudd)는 대학당국 및 국가, 군산복합체에 대하여 폭력, 비폭력을 가리지 않은 방식의 투쟁을 선포하였다.239)

---

236) Tariq Ali and Susan Watkins, 안찬수·강정석 옮김, 『1968』, 삼인, 2001, p.78.
237) 컬럼비아대학에 재직 중이면서 신좌파운동을 적극적으로 지지하던 월러스틴은 이 사건으로 인하여 컬럼비아대학을 떠나기도 하였다. 이수훈, "월러스틴의 세계체제분석 - 拔本과 再構築의 변증법, 중앙일보사, 월간 『에머지』, 2001년 12월호.
238) 스크랜튼위원회(Scranton Commission) 보고서, *Newsweek*, October 5, 1970.
239) William Chafe, *The Unfinished Journey*, Oxford University Press,

컬럼비아대학교가 당시 뉴욕의 할렘가를 가로질러 흑인 빈민들이 살고 있던 곳을 부지로 택하여 체육관을 건설하려는 정책을 밀고 나가자, 이를 반대하던 학생시위대는 반월남전, 반정부를 외치면서 시위에 들어갔다. 대학당국은 뉴욕 시경에 진압을 요청하였고, 수백 명이 투입된 진압과정에서 시위와 무관한 학생과 인근 시민들까지도 경찰의 곤봉 세례를 받아 부상자가 속출하였으며, 대학당국은 학사일정을 중단시키는 강경책을 병행했다. 이후 하버드대학교, 버클리대학교 등 전국의 주요 대학에서 학생시위, 강경진압 등 비슷한 사태가 급작스럽게 확산되어 갔다. 1968년 12월, 당시 동맹 휴업 중이던 샌프란시스코 주립대학에서는 블랙팬더당의 흑인학생연합(BSU, Black Students Union), 멕시코계 미국인(치카노, ChicaNo)으로서 제3세계 해방전선(The Third World Liberation Front, TWLF)이 결성되어 있었고, SDS의 지도부는 모택동주의 분파가 장악하고 있었다. 공화당 내에서도 보수파에 속한 주지사 로널드 레이건은 강경한 입장에서 이들을 진압하여, 주 방위군과 경찰은 시위학생을 전원 체포, 무려 450명이 한꺼번에 유죄 판결을 받는 사태가 벌어졌다.[240]

1968년 이후 뚜렷해진 신좌파의 과격화와 이에 대한 강경진압은 당시 세계적으로 일어났던 각국 신좌파의 반전운동의 영향이 컸다. 이에 따라 당사국이던 미국에서도 전국적으로 신좌파가 대규모 시위를 벌였으며, 그 규모는 주 단위의 경찰로는 막기 역부족이었다. 지역이 좁은 한국과 달리 지역이 워낙 넓었던 데다 한국의 1980년대 좌파와 달리, 신좌파는 그 내부에 너무나 다양한 분파를 포함하고 있었기 때문에 한국처럼 '공안정국'을 조성하여 '합동수사본부'를 통해 전국을 통할하는 일사불란한 수사체계나 몇몇 전담 기관으로 막는 것은 불가능하였다. 그리하여 시위 진압은 연방정부의 구체적인 프로그램보다는 각 주의 방위군에 의한 무력진압이 주종을 이루었

1999, p.405.
240) Tariq Ali and Susan Watkins, 안찬수·강정석 옮김, 『1968』, 삼인, 2001, p.327.

고, 수시로 총격이 허용되었으며, 사상자는 그만큼 불어만 갔던 것이다. 한국과 달리 워싱턴 중앙정부의 통제가 방방곡곡에 미치지 못하는 연방국가로서, 각 주의 제한적인 경찰력으로는 사태를 수습하지 못할 만큼의 대규모 시위와 강도 높은 테러를 무마하기 위해 연방정부가 선택할 수 있었던 대안은 사실상 군 병력 동원뿐이었다.

1970년 4월 30일, 닉슨 대통령은 인도차이나전쟁을 확전하여 캄보디아를 침공하였고 동시에 전국 대학가에서는 역사상 최대 규모의 동시다발적인 시위가 벌어졌으며, 1968년 이후 강경책 일변도였던 신좌파에 대한 탄압은 최고조에 이르렀다.

1970년 5월에만 2천8백27개 미국 전역의 대학 중 1천 개에 달하는 대학에서 시위가 일어나기에 이르렀으며 400만 명 이상이 시위에 참여하게 된다. 1970년의 시위는 미국은 물론 전세계 신좌파운동 역사상 일정 기간 동안 벌어진 시위로서는 최대 규모였으며 그 강도와 수단 역시 전례 없이 과격하였다. 군산복합체에 대한 공격은 이념과 이론 차원의 문제에서 벗어나 당시 신좌파의 현실적 '행동'에 의해 즉각 '일소'되어야 할 공격 대상이었다. 조직화한 국가폭력이 대학과 학문까지 침범한다는 문제의식에 의해 발동된 이들의 목표는 1970년 5월 5일 예일대학에서 1만 5천 명이 모인 전국 대학생 모임에서 3개 강령에서 확인할 수 있다.[241]

① 미국정부는 베트남전을 확전시키지 말라.
② 미국정부는 반정부인사에 대한 탄압을 중지하고 모든 정치범, 특히 블랙 팬더당원들을 석방하라.
③ 모든 대학은 미국정부의 지원 아래 전쟁 기계 역할을 하는 국방 연구를 중지하고 학군단(the Reserve Officer Training Corps, ROTC)을 폐지하며 대 게릴라전 진압 연구 및 이와 유사한 일체의 프로그램을 중지하라.

---

241) George Katsiaficas, 이재원·이종태 옮김, 『신좌파의 상상력』, 이후, 1999, pp.270-271.

무려 30개 대학의 학군단 건물이 방화되거나 폭파되었고, 대학가에서만 169회의 방화와 95회의 사제 폭탄 투척사건이 있었다. 특히 캄보디아침공 이전에 비해 시위는 두 배 이상으로 증가하였고, 통계에 포함되지 않은 산발 시위와 대학 및 정부기관에 대한 테러까지 합하면 헤아릴 수 없을 만큼의 폭력적 시위가 1970년에 일어났다. 테러는 대학건물은 물론, 공공기관과 군산복합체 관련 시설물을 겨냥하고 있었는데 위스콘신주립대학교의 매디슨 캠퍼스에 있던 육군수학연구소(Army Mathematics Research Center) 폭파사건은 당시 크고 작은 테러 사건들 중 가장 대규모였고 대표적인 테러였던 데다 신좌파의 '윤리성', 그리고 '대중성'에 커다란 손상을 입힌 사건이었다. 새벽 3시경 자행된 폭파 테러에 의해 박사 후 연수과정의 논문작업을 하고 있던 로버트 패스나트 박사(Robert Fassnacht, 당시 33세)가 사망하고 다른 연구원 3명이 부상을 입었다.242)

전문적 테러 단체였던 웨더맨(Weatherman)을 비롯한 과격 신좌파세력 분파들의 테러는 당시 미국 전역을 공포로 몰아넣었다. 1970년 상반기 동안만 꼽더라도 신좌파 무장단체들의 테러로 인해 미국에서는 43명이 목숨을 잃었고, 무려 384명이 부상을 입었으며 총액 2천 2백만 달러에 이르는 막대한 재산 피해를 기록했던 것이다. 1970년 당시 미국은 사실상 내전 상태였다.243)

그 결과 5월 4일, 켄트주립대학에서 4명이 사살당하고 10명이 부상당했으며, 5월 14일 잭슨 주립대학에서는 경찰과 고속도로 순찰대가 중화기로

---

242) *Newsweek*, Aug 31, September 7, 1970. 한편, 이 사건을 비롯한 테러에 대하여 신좌파에 우호적인, 즉 '진보적'인 경향의 연구들 중 가장 대표적인 조지 카치아피카스의 저서에서는 이러한 무고한 인명 희생에 대해 별다른 언급이 없다. 특히 육군수학연구소 폭파사건의 무고한 사망자에 대해서는 학생들이 진압군에게 당한 피해 사실에 비해 아무런 언급이 없다. 카치아피카스 외에도 신좌파운동에 대한 타리크 알리의 저서 역시 마찬가지이다. 당시 사건을 보도한 1차 자료들을 대조, 검토해 보면, 육군수학연구소의 경우처럼 무고한 인명 피해가 분명히 있었음에도 거기에 대해서는 별다른 언급들이 없다. 편향적 서술이다.

243) *Newsweek*, August 3, 1970.

여학생기숙사를 공격하여 2명이 죽고 12명이 부상당하였다. 조지아 주의 오거스타에서 벌어진 흑인 시위에서는 6명의 흑인이 사망하고 20명이 부상당했으며 뉴멕시코대학의 시위에서는 11명의 학생들이 진압부대의 총검에 찔려 사망하였다. 5월 한 달 동안 군이 투입된 강경진압과정에서 쌍방 간에 1백 명 이상이 사망하는 미국 역사상 초유의 비극적 사태가 발생하였다.244)

국가의 신좌파에 대한 강제 진압은 닉슨이 이끌던 연방정부의 강경진압 방침과, 이를 이행하는 주정부의 지휘 아래, 신속하고 대규모적으로 벌어졌다. 켄트주립대학의 사건은, 학생들로부터 뚜렷한 위협이 없는데도 불구하고 당시 현장에 있던 장교가 사격 명령을 내려 시위를 주도하거나 참여하지 않은 학생들까지 사살한 전형적인 '과잉진압'이었다. 사살된 학생들은 모두 사격을 가한 군인들로부터 20미터 밖의 거리에 있었으며, 이들은 군인들에 대해 사격을 이끌어낼 만큼의 위협적 행동을 한 것도 아니었고 게다가 손에는 돌멩이 하나 들지 않았던 상태였다.245)

위와 같은 비극적 사태들이 벌어졌지만, 진압을 담당한 군부의 입장은 강경하였다. 당시 신좌파를 진압한 주체는 한국처럼 검찰과 경찰이 아니라 군부대로서, 즉 각 주에 복무하고 있던 주 방위군(National Guard)이었다. 1971년 6월을 기준으로, 미국의 주 방위군은 육군 40만2천1백7십2명, 공군 8만5천6백8십9명, 도합 48만7천8백6십1명에 이르는 거대한 군사조직으로서 웬만한 국가의 정규군을 능가하는 병력과 화력을 갖추고 있었다.246)

주 방위군은 17세기 중반, 영국인들이 북미대륙에 정착하면서부터 존재했던 자치 군대조직에 기원을 두고 있다. 군사적인 면에서 주 방위군은 미국 연방정부의 정규군보다도 훨씬 역사가 길다. 즉 영국 식민지였을 때부터 이미 주 방위군이 있었는데 주 방위군의 창설 이유는 초창기 개척기 시절

244) George Katsiaficas, 이재원·이종태 옮김, 『신좌파의 상상력』, 이후, 1999, p.272.
245) Newsweek, May 18, 1970. 목격자였던 대학원생 윌리엄 피츠제럴드(W. Fitzgerald)의 증언이다. 그는 '학살'(butchery)이란 표현을 쓰며 증언했다.
246) U.S. News & World Report, Nov 8, 1971, p.61.

각 지역의 민병대, 즉 밀리샤(militia) 때문이었다. 식민지시대 이전부터 미국 각지에는 인디언과의 전쟁과 주변 세력과의 경쟁에서 우위를 차지하기 위해 크고 작은 민병대, 곧 군벌들이 활동하고 있었기 때문에 당시 식민지 모국 영국은 이들 밀리샤들의 군사적인 활동을 막기 위해서 지역군대를 두게 됐다. 이것이 건국과정에서 영국군과 맞서 미국의 독립을 끌어내는 주요한 역할을 했고, 건국 후 연방군이 창설된 이후에도 지역 자치 군으로 남아 현대 미국에 이른 것이다.247)

1970년 5월 사태를 맞아, 미국은 전국 주요 공립 대학교에 건국 이래 최초로 주 방위군을 진주시켜 군은 16개 주, 21개 대학을 점령하였다. 1개월 동안 연인원 3만 5천 명의 대규모 군 병력이 신좌파진압에 투입되었는데, 이는 실제로 내전 상황(a internal war)이었으며 위와 같은 대규모 인명 피해가 발생한 것은 어쩌면 당연한 결과였다.

국가의 단호한 입장은 그대로 지속되어 이후 신좌파세력의 시위와 폭력에 대해서는 군대의 투입과 가차 없는 진압이 이루어졌다. 잭슨주립대학에서는 별다른 경고 없이 해산 시도 후 곧바로 30초 동안 무차별 사격이 가해졌는데, 흑인학생들이 주를 이룬 시위 진압이었으므로 백인들로 이루어진 진압경찰과 방위군은 별다른 죄의식조차 느끼지 않았다. 이러한 분위기에, 국가의 강경진압방책이 하달되어 있었기 때문이었다. 이때는 체계적인 지휘나 사격 명령도 없이 군의 사격이 이루어졌으며, 진압이 일단락된 후 진압군들은 "저 애들 구급차 찾겠구나", "맞아, 우리 오늘 깜둥이 몇 놈 해치웠어(We've got some nigger's dying)"과 같은 농담을 주고받았다.248)

---

247) *Korean Journal*, Jan. 20, 2002, http://www.kjol.com, 2002년 3월 8일 검색. 주 방위군은 2001년 현재 45만 8천 명 정도이며 국방부에서 연간 1백 30억 달러의 대규모 방위예산을 지급받는다. 주로 퇴역군인 자원자들로 구성되어 있는데 매달 한 번씩 주말에 그리고 일년에 2주 정도 군사훈련을 받는다. 대부분이 자신의 직업을 갖고 있고 천재지변이나 폭동, 군사적 침략, 해외 전쟁 등을 발생했을 때 동원된다.

248) *Newsweek*, May 25, 1970, p.26, 진압과정과 진압군의 태도는 당시 근처에 있던 라디오와 TV 중계에 드러났다.

그러나 이러한 피해와 신좌파의 저항에 대한 주 방위군의 공식 입장은
단호하였다.

> "켄트주립대학의 죽음으로 충격과 공포, 위협이 일어났지만 방위군 전체가
> 수많은 미국인들 – 이와 같은 (신좌파의) 폭력의 물결이, 또한 혁명에 가까워지
> 는 경향이 자신들의 생명과 재산을 위험에 빠뜨리고 있다고 느낀 사람들 – 에게
> 지지를 받았다는 점이 중요하다"[249]

---

249) George Katsiaficas, 이재원 · 이종태 옮김, 『신좌파의 상상력』, 이후, 1999,
   p.293.

# IV

## 헤게모니의 환경:
## 국제관계와 사회적 계급관계

# Ⅳ. 헤게모니의 환경: 국제관계와 사회적 계급관계

　유럽을 비롯한 다수 자본주의국가에서, 자본주의와 의회민주주의에 대한 적극적 인정과 참여, 점진적 수정과 개량, 그리고 특히 노동계급의 정치세력화를 통한 사회민주주의정치의 유형이 존재하고 있었지만,[250] 한미 양국에는 이 모든 것이 결여되어 있었다. 양국의 좌파운동은 비판적으로든 우호적으로든 그들이 기댈 만한 기성 좌파정치세력이 없었다. 그럼에도 불구하고, 혹은 그랬기 때문에 국가를 중심으로 하는 기존 지배연합에 대해 공세적으로 '혁명적'인 노선과 태도를 취하면서 운동을 전개하였다.

---

250) Mike Davis, *Why the US Working Class is Different*, New Left Review, Vol.123, 1980, pp.7-8.

# 1. 사회계급관계: 체제통합적 노동계급

## 1) 한국: 권위주의국가와 노동계급

1987년 6월 민주화 항쟁 이후 최소한의 절차적 민주주의가 사회 전반에 파급되었다. 이 시기에 비로소 민간의 자율적인 단체들, 즉 이른바 '시민단체'가 본격적으로 형성되기 시작하였다. 과거에도 그러한 단체들이 있기는 하였으나 사실상 거의 대부분이 관변(官邊)에 존재하면서 지배연합의 영향력으로부터 자유롭지 못하였다. 위로부터의 일방적 상의하달이 아니라, 아래로부터의 의견과 활동이 시민사회, 나아가 정치사회 전반에도 자생적, 적극적으로 나타나기 시작하였다. 실제로 『민간단체총람』에 수록된[251] 단체들 중 노동조합, 전문단체, 순수 종교단체 등을 제외한 730개 '비정부단체'를 대상으로 설립연도를 보면 75%가 1987년 이후에 설립되었다.[252]

이처럼 시민사회의 자율성 자체가 봉쇄되었던 1980년대 이전까지, 노동조합은 어떤 부문에서의 독자적인 활동도 전혀 불가능했다. 정치투쟁은 도저히 불가능한 일이었고, 헌법에 보장되어 있던 노동 기본권과 노동운동마저 사실상 막혀 있었다.

한국노동조합은 초기 건국 시절부터 정권에 유착된 존재였다. 한국의 노동조합은 이승만 정권 시절 일민주의[253]의 노선 아래 출발하였다. 이승만 스스로 "공산주의에 대항하기 위해서는 민주주의로는 역부족이며 일민주의(一民主義)가 필요하다"고 공언할 만큼[254] 제1공화국은 가부장제를 공공연

---

251) 시민의 신문사, 『민간단체총람』, 1997, 및 2000년도판.

252) 新東亞, 2001년 5월호.

253) 이승만의 통치를 정당화하는 일민주의(一民主義)는 일관된 이론체계가 없으며 모순적인 수사와 논리로 이루어져 있다. 요체는 "이승만 일인 지배의 가부장제를 옹호한다."는 것을 공식화한 지배이데올로기이다. 서중석, "이승만정권 초기 일민주의와 파시즘"

히 정치운영의 원리로 인정하고 있었다. 일민주의는 파시즘과 유사한 이론 체계로서 모든 계급을 초월한 영도자가 최고의 위치에서 국가를 이끌고 나 간다는 주장을 공식화시킨 것이다. 히틀러는 노동계급 앞에서는 폭압적인 자본가들의 폐해를 근절시키겠다고 공언하고, 자본가계급 앞에서는 완전히 말을 바꾸어 노동자조직의 위험성을 지적하는 식이었다. 이러한 일민주의 아래서 최초의 노동자조직인 대한노총은 노동운동을 위해서라기보다는 대공 투쟁과 이데올로기선전을 위해 조직된 우익의 동원단체로서의 색채가 짙었 다. 이승만은 대통령이었으면서도 대한노총 총재를 겸하고 있던 기이한 위 치에 있었다. 이는 권위주의국가라 할지라도 매우 드문 현상으로서, 한국의 노동계급조직은 출발부터 미국과 유사하게, 하지만 그 방식은 독특하게 국 가의 관할 아래 있게 된 것이다.

대통령 직속의 노동조합이라는 노-정(勞-政) 관계는 가부장제 통치구 조의 특징을 그대로 드러내고 있었는데, 1952년 조선방직 파업 당시 노동 조합은 "우리는 대통령 각하께 직소할 기회만 얻는다면 틀림없이 승리할 것 이다."라고 선언하고[255] 파업에 들어간 사례가 있다. 이토록 1공화정 당시 노동조합의 위상과 성격은 그 어떤 사회이론으로도 분석이 불가능할 정도로 매우 기괴하였다. 대한노총은 자유당의 외곽단체로서 부산정치파동 당시 야 당정치인들을 향한 테러를 자행하기까지 하였고, 1956년 5.15정부통령선거 를 앞두고 정략적으로 벌인 이승만의 불출마 소식에 대해 "백만 노동자의 소원 성취는 이승만 박사의 3선과 이기붕 선생의 당선에 있다."라는 상식 밖의 노동절 메시지를 전하였다.[256]

이승만 대통령 개인의 가부장적 카리스마에 복속한 성격은 3공화정 이후 산업화를 거치면서 변질되기는 하였으나 노동조합의 국가 종속 자체는 지속 적으로 강화하였다.

---

254) 서중석, "이승만정권 초기 일민주의와 파시즘", p.26.
255) 서중석, 앞의 글, p.59. 당시 대한방직 노조는 경찰에게 강제 진압당하였다.
256) 조선일보, 1956년 3월 7일, 서중석, 앞의 글, pp.59-60.

경제적 자유주의를 축으로 하면서도 경제성장의 선도와 관리를 국가가 개입하여 강력하게 추동시키는 동아시아모델257)에 의한 발전국가의 지도자본주의(guided capitalism) 하에서 노동조합은 자율적인 존재가 될 수 없었다. 계급투쟁, 정치투쟁은 먼 나라의 이야기였으며 근로환경과 임금에 관련된 경제투쟁조차도 허용되지 않았다. 노동조합이 존재하고 있었지만 이는 어디까지나 사실상 관변 단체에 머물렀던 것이다. 한국에서 1980년대까지 노동계급은 급속한 산업화 과정을 거치며 즉자적으로는 거대한 계급으로 성장하였지만 대자적 측면에서는 그제야 초보단계에 접어들어서, 어른의 몸에 아이의 머리를 한 존재였다.

동아시아모델258)이란 민족경제 유기체론적 관점하에서 사적 소유와 시장기제 및 정부개입을 실용적으로 조합하여 국민경제의 성장과 복지를 종합적으로 급속히 증진시키려는 공동체주의의 한 모델이라고 말할 수 있다. 자유경쟁적 시장의 이익을 무시하는 것은 아니지만 자칫 시장의 실패로 말미암아 빈익빈 부익부가ᄂ발생하여 공동체의 유기적 균형이 깨어지지 않도록 적절한 조정을 가하는 것을 원칙으로 삼고 있다. 그러므로 산업화 전략의 핵심은 국내외적 체제에 있어서 약자를 보호 육성하여 강자와 경쟁할 수 있게 만드는 유치산업보호정책이라고 할 수 있다.

이러한 사고에 입각한 동아시아 자본주의를 공동체적 자본주의라고 부르고 있다. 한국의 경우를 중심으로 몇 가지 특징을 발견할 수 있다. 우선 성장지향적, 공업지향적 및 대외지향적 전략을 들 수 있다. 또한 안정된 정부 리더십과, 인적 자본과 물적 자본에 대한 적극적인 투자, 형평을 수반한 성장, 공동체를 강조하는 동아시아적 제도, 그리고 계급관계의 갈등을 최소화하는 사회적 질서 유지가 강조되는데 이를 위해 강압적 방법까지 거리낌 없이 사용된다. 이들 중 마지막 특징으로 말미암아 1960년대부터 1980년대

---

257) 이창희, "5.16군사정권의 산업화 노선", 경북대학교 석사논문, 1998, 1장과 2장.
258) 백종국, "동아시아모델위기론"에 대한 비판적 고찰: 한국의 외환위기를 중심으로", 한국정치학회보, 1998, pp.95-116.

까지 한국은 '개발독재국가'라는 명칭을 얻게 된 것이다. 주지하다시피 동아시아모델에 있어서 한국의 모델은 매우 중요하다. 발전단계, 국가로서의 정체성, 모델 내의 특징 등에서 한국은 동아시아모델의 전형이라고 볼 수 있기 때문이다. 최근에 발생한 한국의 외환위기에 대한 논쟁이 곧 동아시아모델 위기론으로 비약한 이유가 여기에 있다.

민족주의적 실용주의는 한국 모델의 가장 중요한 특징인데 이는 독일에서 시작하여 일본을 거쳐 도입된 리스트적인 민족공동체 유기체사상을 참조하였다고 말할 수 있다. 일본 명치유신기의 산업정책이 독일의 산업화 모델을 본받았다는 사실은 이미 잘 알려져 있다. 그리고 박정희 대통령이 명치유신의 산업정책을 자신의 모델로 삼았다는 증거도 그의 여러 연설문과 자서전 및 여러 간접적 문헌들에 잘 나와 있다.

유기체사상은 한국의 경제발전과정에서 더욱 극단화하여 노동조합의 자율적 행동 같은 것은 상상할 수 없었다. 정권이 임의적으로 탄압한 것이 아니라 산업화 전략의 핵심에 깃든 철학이 노동자계급의 투쟁이 표현되는 것을 막았던 것이다.

1987년 노동자들의 대규모 투쟁은 한국노동자계급의 수동적이고 종속적 위치와 자기인식을 급변시킨 커다란 계기였다. 1987년의 민주화 운동과 직선제쟁취과정에서 노동자계급은 학생과 일반시민들에 비해서는 상대적으로 큰 역할을 하지는 못했지만, 이후 파급된 민주화 흐름을 타고 노동자들이 벌인 파업과 투쟁을 통해 자신의 이익과 주장을 실현하려는 경향을 보여 주었다.

1987년 7월 초 울산의 현대엔진노동조합 결성으로 촉발된 노동운동은 영남지역을 출발하여 서울의 구로공단에 이르기까지 그해 9월까지 전국을 휩쓸었다. 그 결과 약 3개월이 못되는 이 시기에 결성된 새로운 노조가 1천 3백 개를 돌파하였고 조합원 수도 그 이전의 90만 명에서 150만 명으로 급증하였다.[259]

---

259) 김진균 외, "87년 이후 민주노조운동의 구조와 특징 – 전국노동조합협의회의 전개 과정과 주요활동을 중심으로", 산업노동연구 1권 2호, 1996, pp.204-205.

그러나 앞서 살펴본 1공화국 이후 형성된 한국노동계급의 조직과 성격은 미국이 유럽과 차이가 있는 것처럼 한국도 유럽정치와의 차이를 보이고 있다. 노동계급의 행동과 정치세력화에 대한 사회과학의 이념형은 유럽정치사의 경험적 근거를 갖고 정립되었다. 유럽자본주의국가들에서 노동계급의 형성은 곧 국가 형성, 노동법이나 노동행정체계의 형성, 보통선거권 확대, 시민사회의 형성과 동시에 전개되었으며 노동계급은 그 중심에 있으면서, 제공된 청사진을 향한 행동을 맡았다.

유럽의 거의 모든 노동자들은 1832년부터 1848년까지의 영국의 차티스트운동, 1860년부터 1885년의 독일 라쌀레파(Lasallean)와 '비합법투쟁' 단계 시기, 1898년부터 1917년에 이르는 시기에 벌어진 참여민주주의 확대를 위한 벨기에의 격렬한 노동운동과 전제권력에 대항한 러시아의 급진적 혁명운동 등, 혁명적이고 민주적인 대중동원과 적극적 정치참여를 통하여 세력화를 일구어(forged identity) 왔다.[260]

그러나 한국은 국가가 경제개발을 주도하였고 이에 따라 법제도 등 사회적 장치들이 공업화 이전 미리 정비되었다. 노동자는 '계급'으로 등장하기 이전에 '국민'으로 존재하였으며, 국가의 노동조합 억압과, 주기적으로 반복되는 선거는 이들을 파편화된 국민이나 시민으로 동원해 왔고 하나의 자율적 계급세력으로 등장하는 것을 막았다.

노동자들은 단순히 탈동원화된 것이 아니라, 이승만과 박정희 정권 시절의 이데올로기선전과 동원에서 보듯이 국가에 의해 경제적으로는 물론, 정치적, 사회적으로도 역동원을 겪었던 것이다. 1987년 '노동자대투쟁'은 이러한 제도적 제약 속에서의 '체제 내 반대'였으며 노사관계의 전면 재편이랄 수 있는 1987년과 1988년 사이 기간에 노동자들이 기존의 법제도를 자신에게 유리하게 변화시킬 수 없었던 한계는 이후 노동자들로 하여금 사업장 단위의 노사대립만을 반복하게 하는 토양을 만든 것이다.[261]

---

260) Mike Davis, *Why the US Working Class is Different*, New Left *Review*, Vol.123, 1980, pp.7-8.

그러나 1987년부터 1989년까지의 노동운동은 확실히 그 이전 시기 권위주의정권 치하의 노동운동보다는 한국현대사상 진일보한 모습을 보여 주었다. 노태우 정권은 초반기만 해도 1980년대 후반의 거센 민주화 운동의 여파로부터 자유롭지 못하였으며, 그리하여 수세적 위치에서 노동운동에 대해 체계적인 원칙과 기조를 갖고 대응했다기보다는, 가능한 한 노사관계에 대한 직접 개입을 자제하고 있었다. 민주화 과정에서 직접적 탄압이 불러올 정치적 비용이 만만찮았고 3저 호황으로 노동자들의 경제적 요구를 수용할 수 있는 가능성이 증대하였기 때문이다. 기존 노사관계의 법적 틀을 개혁하는 야당들의 노동법안을 완강히 거부하면서도, 한편으로는 기업들에게 불리한 근로기준법 개정을 수용한 것에서도 그러한 경향이 확인된다.262)

1990년대 들어 전노협 결성 이후 노동운동은 그 이전까지 노동계를 주도하던 한국노총 중심의 보수적 노동운동과 달리, 어느 정도 급진적인 경향을 보이면서 계급의식을 표명하고 정치투쟁을 노선에 끌어들이려는 시도를 벌여 왔다. 이 과정에서 노동자계급으로서 대자적 의식이 강화되고, 일방적으로 국가와 기업에 끌려 다니지 않게 되는 등 많은 변화가 있기는 하였으나 대부분의 노동자들은 '노동해방'을 '사회주의'보다는 '사회적 불평등의 체제 내 해소'로 이해하고 있으며 결코 체제를 무너뜨리려는 급진 좌파의 시도에 동조하지 않는 자세를 보여 주었던 것이다.263)

## 2) 미국: 뉴딜체제 이후의 노동계급

　"……저는 지난 3년 동안 이 나라의 많은 이들로부터 반대를 받았습니다.

---

261) 김동춘, 『한국사회 노동자 연구』, 역사비평사, 1995, p.437.
262) 조효래, "1987년 이후 노사관계의 변화", 동향과 전망, 1997년 여름, p.57.
263) 김동춘, 한국사회노동자연구, p.389, 보고에 의하면 작업장 노동자들의 단 4%만이 노동해방을 사회주의사회건설로 이해하고 있으며 88%가 사회적 불평등의 해소라고 답변하였다.

여러분도 기억할 것입니다. 특히 캄보디아에 대한 참전 결정으로 인해 수많은 반대 의견이 나왔습니다. 특히 그중의 과격 세력들은 심각한 폭력을 휘둘렀습니다. 좋습니다. 인정합니다. 반대가 있을 수 있지요. 일부 매스컴은 저를 일컬어 '혈혈단신 신세의 대통령'(the President stood alone)이라고 비꼬았습니다. 그러나 저는 혈혈단신 신세가 아니었습니다. 이 나라의 수많은 생명을 지키기 위해 어려운 결정을 내린 이 대통령에 대한 항의 표시로, 백악관 앞에는 참전 결정 직후 1만 명이 넘는 반전시위대가 모였습니다. 그러나 그 시위 바로 직후, 15만 명에 달하는 노동자들이 저의 결정을 지지하면서 월 스트리트를 행진했습니다. 파병된 용사들, 그리고 여러분 노동자들은 저의 편이었기 때문에 저는 외롭지 않았습니다……"264)

신좌파의 주장에 대한 미국 국가의 대응은 결코 강제력을 통한 직접 압박만이 아니었다. 닉슨 대통령은 1971년 11월 19일 열린 AFL-CIO(AFL, 미국 노동연맹: American Federation of Labor, CIO, 산업조직위원회: Congress of Industrial Organization)의 정기 대회에 현직 대통령으로서는 최초로 참가하여 연설을 행하였는데, 바로 위와 같은 내용을 담고 있었다. 반체제세력들의 난동으로부터 동요하기 쉬운 사회집단인 노동자들을 묶어두면서, 1972년 대통령선거를 1년 앞둔 시기에 노동자들에 대한 지지를 부탁하는 정략적 의미도 있었지만, 닉슨은 위와 같은 탁월한 정치적 행보를 통해 미국 특유의 노동자 통합적 헤게모니를 과시했다.

한미 양국의 대중은 각각 심한 반공 콤플렉스에 시달린 경험을 숱하게 가지고 있으며 다른 자본주의국가들과 달리 공산주의국가와의 직접 열전을 경험한 국가였다. 대다수의 서방진영 국가들이 경험하지 못한 공산국가와의 열전 경험은 반공이데올로기를 강화하는 큰 요인이었는데, 대중은 이후 어떤 형태의 좌파운동에 대해서도 뚜렷한 이성적 근거나 이유 없이 경계하게 되었다. 이론적으로는 좌파운동의 기반이어야 할 노동조합은 미국의 경우,

---

264) 닉슨대통령의 연설 전문은 *U.S. News & World Report*, Dec. 6, 1971, pp.87-90.

지역에 따라 신좌파를 지지하는 동조파업이 일어나기도 하였지만, 전반적으로 봤을 때 한국의 1980년대보다 노동계급과 노동운동은 훨씬 보수적이었고 오히려 신좌파운동에 대해 적대적이었다.

미국 노동조합과 노동운동의 보수성은 세계사적으로도 널리 알려진 사실이다. 미국의 노동조합 가입률은 최대 수준이었던 1954년의 34.7%에서 1996년 현재 14.9%까지 떨어졌다. 공공부문을 제외하면 그나마 10%도 채 되지 않는 것이 현실이다. 특히 갈수록 이런 경향이 짙어져서 최근 미국의 젊은 노동자들 사이에서는 아예 노동운동 자체에 관심이 없는 사람들이 많다. 전체 노동인구의 16.5%를 차지하고 있는 16-24세 노동 인구의 노조가입률은 불과 5%에 머무르고 있다.[265] 일반대중의 다수를 차지하는 블루, 화이트 컬러 노동자들이 신좌파운동에 대해 냉담했던 것은 신좌파에게는 치명적인 환경 요인이었다.

미국의 경우, 만약 펜타곤을 제외하고 신좌파의 운동이 벌어지는 동안 닉슨 대통령을 지지한 미국사회 내의 또 다른 부문이 있다면 다름 아닌 AFL-CIO의 상층 지도부였다. 미국 전역의 대학과 도시에 걸쳐 신좌파운동의 시위가 가장 대규모로 일어났던 1970년 5월 동안 상층 노동조합 지도자들 대다수가 닉슨 대통령과 월남전의 타당성을 지지하고 있었다. 그들은 파업 중인 학생들을 반대하여 닉슨과 야합했을 뿐만 아니라, 전쟁 수행에 필요한 물자를 축적하려는 닉슨 행정부의 반노동자정책도 수용했다. 대중매체들이 노동자계급을 견실한 닉슨의 지지자나 전쟁옹호세력으로 정형화했지만, 미국의 노동자들이 보인 행동은 노동자들이 전쟁이라는 쟁점을 놓고 깊이 분열되어 있었다는 점을 드러내 준다. 학생들을 공격하라는 반동적인 지도부에게 조종당한 미국의 건설노동자들은, 노동조합이 더이상 사회적 진보의 최전선에 서 있지 않다는 점을 분명히 암시해 주었다. 5월 동안에 상당수의 노조 지도자들이 시위 중이던 학생들을 지지했고, 노동자와 학생의 총파업이라는

---

265) 한겨레21, 1997년 3월 6일.

생각이 반복적으로 그 모습을 드러내긴 했지만, 노동자계급 내의 분열과 미국사회의 인종적 양극화는 총파업에 이은 사회적 혁명의 실현을 머나먼 미래의 계획이 될 수밖에 없게 만들었다.[266]

거대노동조합인 CIO(Committee for Industrial Organization; 산업조직위원회)의 경우, 그 지도자들은 근대적 자본주의의 기본 전제에 대해 의문을 제기하지 않았고 오히려 민주당의 뉴딜정책과 세계대전 당시의 전시경제체제로 노동조합의 조직력을 강화하는 데 주력하였다. 이후 마샬 플랜이 시행될 때 플랜 실행을 적극적으로 찬성하고 계획 시행에 노조 차원에서 참여까지 하는 등 이미 미국의 노동조합은 체제 내로 흡수된 상태였다.[267]

혁명운동에 대한 노조의 비협조적 태도는 미국보다는 덜했지만 한국에서도 나타났는데, 이는 좌파운동의 주체들이 학생들과 지식인들이었다는 '계급적' 요인 때문으로 볼 수 있다. 1980년대 후반 한국의 노조 지도자들 중에서는 당시 격렬하게 벌어졌던 사회구성체 논쟁과 국가론 논쟁을 두고 '정작 노동현장에는 하등의 도움이 되지 않는다.'며 불만 섞인 입장을 보인 이들도 있었으며, 그것은 사실이었다.

미국처럼 '백색' 노동조합 소속원들이 신좌파를 공격한 테러 사건까지는 일어나지 않았지만, 운동가들과 노동자들 간의 연대는 오히려 미국에 비해서도 결코 성공적이지 못했다. 사회계급에서 노동자들은 어차피 '프롤레타리아'였지만, 좌파운동에 참여한 학생들과 지식인들은 '쁘띠 부르주아'에 속한 이들이 대부분이었기 때문이다.

미국의 노동조합은 1850년대 전국 규모의 노동조합이 최초로 탄생한 이후 1930년대 초반에 이를 때까지 부침을 거듭하였으나, 1950년대 중반까

---

266) George Katsiaficas, 이재원·이종태 옮김, 『신좌파의 상상력』, 이후, 1999, pp.300-309.

267) 정범진, "생산성의 정치와 자본주의세계체제 - 제2차 세계대전 직후 CIO의 활동을 중심으로", 서양사연구 18집, 1995, p.112.

지는 비록 경제주의적 투쟁에 머물렀지만 활발한 노동조합의 조직과 성장을 경험하였다. 그러나 1970년대 들어 노동운동이 쇠퇴기에 들어갔는데 1975년 이후에는 노조원의 절대적 수가 감소하기에 이르러 1992년 현재 노조가입율은 15%에 불과하다. 이는 1950년대 당시의 50%에 비해 큰 폭으로 줄어든 것으로서 신좌파운동을 겪으면서 이후 미국의 노동조합은 심각한 위기를 계속 맞이하고 있음을 보여 준다.[268]

신좌파운동 당시 운동세력에게 노동계급이 그리 호의적이지 못했던 구조적 요인 중 하나는 노동계급이 뉴딜체제 이후 국가에 통합되어 온 역사적 사실이다. 미국에서 노조원의 수는 대공황시대 감소하다가 1933년 이후 들어 급작스레 증가하게 된다. 1933년 350만에 달하던 노조원 수는 1939년 들어 무려 700만 명에 육박하여 5년 만에 100%에 달하는 증가율을 보였다. 대공황으로 빈곤층이 확대되고 자본주의체제의 유지에 대해 국가는 위기의식을 갖지 않을 수 없었는데 연방정부는 사회 전 분야에 걸친 개혁을 단행한다. 이 과정에서 노동조합의 존재를 인정하는 유화적 정책노선이 실현되었고 따라서 국가의 유도에 의해 노동조합이 지역별, 산업별로 곳곳에서 결성된 것이다.[269]

뉴딜 개혁 당시 실행된 전국노동관계법(NLRA)은 노동조합운동, 조직화한 경영 및 연방정부 부분에 대한 일단의 주요한 역할 변화를 반영하고 있다. 노동조합은 그들의 조합조직과 단체교섭에 대한 사용자 측의 간섭에 대한 합법적 보호를 획득했다. 러시아혁명의 충격이 전세계를 휩쓸던 20세기 초반의 국제 환경과 자유주의국가를 표방하던 미국에서, 이러한 조치가 제도권정치사회에서 입안되었다는 점은[270] 가히 혁명적인 일이었다. 기업 측은

---

268) 류두하, "미국 노동운동의 변천: 노조 성장요인을 중심으로", 미국사연구 7집, 1998, pp.113-114.

269) 김상은, "뉴딜 노동정책이 미국의 노사관계에 미친 영향", 산업관계연구 6집, 1996, p.24.

270) 당시 이러한 개혁적 입법을 주도한 이는 의회 내의 로버트 와그너(Robert Wagner)를 비롯한 국회의원들과 루즈벨트 대통령 외 정치지도자들이었다. 당시

일방적 기준에 의해 협상하던 과거 관행이 법으로 금지됨에 따라 '노사관계 민주화'가 진일보되었던 것이다. 그런데 이에 대한 결과로 노동조합은 적절한 교섭단위와 노동운동의 구성에 대해 국가 결정에 승복해야 한다는 단서가 있었다. 이로써 미국의 국가는 자유방임주의(폭력 예방, 주요한 거시 경제 혼란에만 간섭하는 원칙)에서 규칙의 제정자, 단체교섭의 중재자 역할까지 떠맡아 사회계급관계에서 적극적인 조정 실체로 부상하였다. 즉각적 효과는 기업 측의 횡포로부터 노동자들의 권익을 보호하고 주장을 반영한 것이지만, 근본적으로는 노동조합과 기업 모두에게 적용되는 게임의 규칙을 정하고 또한 이를 지속적으로 감시하는 역할을 담당하게 된 것이다.[271]

무엇보다도 CIO의 결성부터가 뉴딜체제의 출범이 없었다면 가능하지 않은 일이었던 것이다. CIO는 뉴딜체제 성립 초기인 1935년 건설되어, 1945년, 10년 만에 450만 명의 노조원을 둔 거대노동조직으로 성장하였다. 이러한 괄목할 성장은 노동자계급의 노력과 함께 무엇보다도 뉴딜시기의 유화적 노동정책에 큰 힘을 입은 바 있다. 1935년 7월 5일의 와그너법(전국노동관계법)은 노동자들에게 노동조합 결성권과 단체교섭권을 부여한 전국산업부흥법의 기본 개념을 강화시켰고, 따라서 노동자들은 국가의 제도적 비호 아래 노조활동을 자율적으로 전개할 수 있었던 것이다.[272]

이러한 사례는 유럽정치사와 근본적으로 다른 경우로서, 미국에서는 노동조합을 비롯한 노동자계급이 일찌감치 국가기구와 긴밀한 유대관계에 있었음을 증명하는 것이다. 유럽노동운동의 격렬하고 심각한 전개과정을 이미 알고 있던 미국으로서는 러시아혁명을 전후한 20세기 초반까지의 노동운동에 대한 반감과 부정적 태도에서 벗어나 아예 유화정책을 펼침으로써 반체제세력이 프롤레타리아로부터 출현한다거나 이들을 기반으로 할 가능성을 처음부터 차단한 것이다.

---

미국의 노사관계 개혁 법안을 와그너법이라 부르는 것도 이에 기인한다.
271) 정종수, "뉴딜과 노동", 산업경제연구 13권 6호, 2000년 11월, p.235.
272) 정범진, p.102.

뉴딜, 2차 대전, 냉전을 거치면서 국가는 군산복합체의 대기업은 물론, 노동조합도 '육성'하였다. 2차 대전에 돌입하면서 국가는 '조합원 확보계획'을 합리화하는 정책결정으로 노동자 측에 원조를 보냈다. 이는 전쟁물자 수행을 맡은 군수산업의 안정적 노동력 확보를 위한 조치였다. 대전 중 전체 노동력은 22% 성장하였고, 조합원은 1939년 1050만 명에서 1945년 1475만 명으로 무려 45% 증가율을 보였다. 1936년, 대통령선거기간 동안 CIO와 AFL의 간부들이 협력하여 무당파 노동자연합(Labor's Non-Partisan League)을 조직하여 민주당 루즈벨트 후보의 선거운동을 도왔으며 이 과정에서 75만 달러에 달하는 거금을 기부하기도 하였다.273) 그리고 1944년, 미국의 노동조합들이 공식적 차원에서 민주당에 재정 지원을 하게 되는데, 이는 뉴딜 이후 노동조합에 우호적이었던 민주당정권에 대한 정치적 배려였다. 지원액은 200만 달러에 이르렀는데 민주당 선거운동비용의 30%를 차지하는 막대한 액수였다.274)

신좌파운동이 벌어진 당시의 환경 역시 뉴딜 초기의 정책과 유사하였다. 1960년대에 들어와 민주당정권은275) '위대한 미국' 건설이라는 기치를 앞세우고 각종 사회보장제도를 정비하는 한편, 노동자들의 근로환경을 개선시키는 여러 가지 법안들이 추진되었다.276) 한국의 삼성그룹이 전략적으로 시행해 오고 있는 것처럼 미리 선수를 쳐서 노조의 입지와 가능성을 원천적으로 봉쇄해 버리는 식의 개혁 법안 입안과 추진으로 인하여 정부가 아예 노동조합의 주요한 일부 기능을 대체해 버린 것이다. 이로 인하여 1970년을 전후한 시기, 노조원의 임금은 비노조원들보다 큰 폭으로 높아졌는데,

---

273) 정종수, "뉴딜과 노동", 산업경제연구 13권 6호, 2000년 11월, p.248.
274) *TIME-LIFE Books*, 『제2차 세계대전 - 미국』, 1992, p.181.
275) 뉴딜도 민주당정권이 추진하였는데 1960년대 당시의 노동정책 개혁 역시 민주당정권에 의해 추진되었다.
276) James Green, 1980, p.133. 1962년 노동시간과 산업안전법, 1963년의 공정임금법에 이어 신좌파운동이 가장 크게 위세를 떨치던 1970년에도 직업보호와 안정법이 제정되었다.

신좌파운동에 대한 부정적 태도는 이러한 개량주의적 노동정책과 노조원들의 보수화가 특히 1970년을 전후해서 미국 역사상 가장 강했다는 사실과 합치된다. 물론 이러한 개혁입법과 정책은 미국정부가 당시의 좌파운동세력이 노동계급으로 침투하는 것을 우려한 정책적 고려에서 추진했던 것임은 쉽게 추론할 수 있다.

유럽정치사와의 차별성은 미국의 노동조합의 전반적 특징에서 추려낼 수 있는데 먼저, 미국 노동조합은 미국 특유의 자유주의와 실용주의노선을 지향하는 기업노조주의에 입각하고 있다. 서구의 대다수 노조들은 자본주의에 대한 불신에서 출발하여 사회적, 정치적 개혁을 통한 노동자의 지위를 향상시키는 데 목표를 두고 있는 경우가 많다. 그리하여 노동조합이 정치투쟁과 사회적 갈등의 중심에 있는 경우가 많으며, 영국의 경우에는 노동자들의 투쟁이 정치변동과정에서 언제나 중심적인 역할을 담당했던 것이다.277) 그러나 미국의 노동조합은 자본주의체제를 부정하지 않으면서 그 체제 안에서 자본가와의 협상을 통해 작업장환경과 처우 개선에 주력하는 경제투쟁 중심으로써 노동자 지위 향상을 추구하는 데 목적을 둔다. 이 과정에서 국가는 거의 개입할 여지가 없으며, 협상과정은 굳이 국가가 개입하는 일이 거의 없이 비교적 자율적으로 진행된다.278)

그래서 미국의 노동조합들은 특정 정당과 공식적으로 정치적 연계를 맺고 있지 않으며, 이는 협소한 정치이념 스펙트럼과 밀접한 관련을 맺고 있다. 주로 민주당과의 친분성이 강하기는 하나 반드시 그러한 것은 아니며, 민주당을 일컬어 공화당에 비해 확연히 드러나는 이념정당이라 할 수도 없다. 즉 공화당에도 노조를 지지하고 원조하는 의견이 만만치 않게 대표되고 있는 것이 현실이다.

노동자계급의 출발과 입지 측면에서 유럽정치사의 일반적 사실과 역사적으로 큰 차이라면, 그 출발단계에서부터 미국이 봉건제도 없이 바로 건국되

---

277) 차티스트운동을 비롯한 참정권투쟁에는 노동자들이 주축이 되었다.
278) Robert Allen and Timothy Keaveny, p.39.

었다는 사실이다. 계급세력의 투쟁과 유혈, 혹은 무혈의 혁명으로 근대민족
국가를 건설한 유럽과 달리 미국은 대륙 자체가 신대륙이었고 집단과 계급
세력 단위가 아닌 개인의 노력에 따라 신분 상승과 재산 축적이 좌우되었기
때문에 정치적 노동운동이 설 입지가 형성되기에 불리한 여건이었다.

또한 미국 노동운동은 초기단계부터 특정 정당에 대한 지지가 노조의 독
립성을 훼손시켜 경제적 실리를 잃어버릴 수 있다는 판단 아래, 정부 간섭
과 정치권과의 연계가 배제된 노동환경 조성에 주력하여 노조 지도자들은
노동자 - 사용자 간의 자율 협상을 중시하였다. 미국은 산업체제의 환경에서
도 유럽은 물론 다른 국가와 달리 분권화의 특징을 보인다. 서구 노조들이
산업단위, 국가단위의 협상과 총파업에 익숙한 반면, 미국은 연방국가이므
로 주마다 법령이 다양하고 조금씩 다르며, 지역이 넓고 산업부문이 주에
따라 여러 가지 형태로 분포하므로 전국 규모의 협상과 총파업은 실질적으
로 불가능할 뿐더러 획일적인 전체 교섭은 노동자에게도, 자본가에게도 유
용한 방법이 될 수 없었다.[279]

캄보디아 공격과 켄트주립대학의 과잉진압은 닉슨 정권에게 위기를 가져
다준 악재였지만, 켄트주립대학 사태 직후 실시된 여론조사 결과는 당시 미
국사회 대중들이 신좌파에게 별로 호의적이지 않았음을 보여 준다. 1970년
5월 둘째 주 뉴스위크와 갤럽의 여론조사 결과는 켄트주립대학 사태에도 불
구하고 닉슨에 대한 지지가 여전함을 보여 주었다. 그리고 켄트주립대학에
서 군의 사격으로 학생들이 사망한 사건의 책임을 누가 져야 하는가에 대해
서도 진압군이 아니라 시위대라는 대답이 5배 많이 나와, 신좌파가 대중정
치에 실패하고 있었음을 여실히 드러내었다.

---

279) 류두하, p.132.

〈표 3〉 캄보디아 공격과 켄트주립대학사건에 대한 여론조사 (단위: %)

| 대통령 임무수행 만족도 | | 캄보디아 공격 | | 켄트주립대 사건의 책임소재 | |
|---|---|---|---|---|---|
| 매우 만족 | 30 | 지지 | 50 | 진압군 | 11 |
| 대체로 만족 | 35 | 반대 | 39 | 시위학생 | 58 |
| 대체로 불만 | 18 | 무응답 | 11 | 무응답 | 31 |
| 매우 불만 | 13 | | | | |

자료: *Newsweek*, May 25, 1970.


## 2. 국제관계와 헤게모니


국가폭력의 강화는 국민의 구체적인 동의가 사실상 배제된 채 진행되기 마련이다. 국가에 집중된 국가폭력 장치는 20세기 당시 안보논리와 전문영역이라는 장벽에 의해 '국가 기밀'로 취급되어 국민에게 공개되지 않은 채 강화해 왔다. 냉전은 그러한 과정의 가장 큰 배경이자 구실이었다. 20세기만큼 국제관계 환경이 국가폭력에 유리했던 시대는 없을 것이다. 물론 의회의 심의와 표결이라는 제도적 장치가 있었지만 일반대중에게 충분히 알려진 채 국가의 구조적 폭력이 강화되지는 않았다.

전쟁과 안보에 관련된 국제관계 요인들은 국가의 행동반경을 크게 확장시킨다. 마르크스주의적 시각에 의하면, 상류계급, 즉 상층 부르주아와 종속계급, 즉 노동계급 사이에 본질적인 적대관계가 없다면 국정을 담당한 권력엘리트와 자본가들 사이에 갈등은 없을 것이라고 하고 있다.[280] 매우 일반론적인 언급인데, 이 말 자체는 맞을지 모르지만, 이 말만 가지고 현실정치를 바로 분석할 수는 없다. 그런데 마르크스주의적 시각에서는 이에 덧붙

---

280) Martin CarNoy, 한기범 외 옮김, 『국가와 정치이론』, 한울, 1985, p.265.

여, 군부권위주의정권의 경우, 군부가 국가권력을 장악하고 노동계급의 불만을 억압하면서, '국가정책이 축적 증진에 성공적인 한', 자본가들과 국가 사이에는 갈등이 존재하지 않는다고 하였다. 왜냐하면 국가 엘리트들과 자본가들 사이의 갈등은 계급투쟁에 그 뿌리를 두고 있기 때문이라는 것이다. 이 역시 너무 고추상적인 일반론이다.

국가 일반에 대한 성격 규정은 이론적으로는 의미가 있을지 몰라도, 현실 정치의 분석에서는 그러한 성격 규정이 단정적으로 고집되어서는 안 될 것이다. 현실을 분석하기 위해 이론적 일반화가 이루어지는 것이지 거꾸로, 현실을 종합해서 이론적 일반화를 '완성'하고자 하는 시도는 소모적이고 영구적인 논쟁으로 말려들기 마련이거나 도그마로 변한다. 국가의 활동, 그리고 국가와 상층 부르주아와의 갈등은 계급투쟁으로 환원될 수 없다. 인식론적 차원에서, 어떤 경로를 통해서든 국가와 자본가계급이 한통속이라는 논리를 증명하는 것은 얼마든지 가능하겠지만, 그러한 증명은 일쑤 경험적 현실과의 괴리를 불러일으키기 마련이다. 그런 의미에서, 국제관계는 자본주의사회 내부의 계급관계에 못지않게, 혹은 때에 따라서 더 압도적으로 국가의 선택과 행위에 영향을 더 미친다.

국가가 국제관계에서 차지하는 위상과 역할, 그리고 세계경제적 전환기라든가 전쟁 시기에 국가가 취하는 행동반경 및 그에 따른 자율성은 대내 사회계급관계만으로는 온전하게 설명되지 못한다. 이는 마르크스주의이론이라든가, 대내적 정치현상 중심의 기존 정치학들이 이론적으로 오류가 있어서 그런 것이라고 볼 수는 없다.

확실히, 국가에 대한 마르크스주의의 구조적 관점은 타당한 점이 있다. 명제 자체로는 그러하다. 그러나 그것은 국가의 '내적 구조', '존재론적 성격', '대내계급관계에서의 위상'에 대한, 다시 말해 마르크스주의의 용어에 의하면 '계급적 본질'에만 집중된 관점이자 이론화이다. 그러나 국가의 '외적 행위와 정책', '특수한 역사적 국면에서의 선택', '부르주아 및 노동계급과의 정치적 역학관계'는 다른 설명을 필요로 한다. 전쟁이 일어나게 되면, 국가

는 자본가계급과의 숙명적인 구조적 관계 때문에 어쩔 수 없이 노동계급을
억누르는 것이 아니라281) 자율적으로, 그리고 능동적으로 억누른다. 심지
어, 억누르지 않고 미국의 경우처럼 뉴딜체제 이후 전쟁을 거치면서 노동계
급을 적극적으로 끌어들이거나 조직화를 장려하기도 한다.

　억누른다 해도, 노동계급만 억누르는 것이 아니다. 때에 따라서는 부르주
아 일반, 혹은 특정 부르주아집단까지도 강력하게 통제하고자 한다. 이에
대해 마르크스주의에서는 그러한 전반적 사회통제가 자본주의의 총체적 논
리와 생산양식을 지키기 위한 것이기 때문에 결국 국가는 자신의 '자본주의
국가'로서의 구조적 한계를 벗어나지 못한 것이라고 해석한다. 국가의 그러
한 행위는 국가가 자신의 의도와 아무런 상관없이 숙명적이고 구조적으로
그렇게 할 수밖에 없기 때문이라고 한다면, 정말로 고추상적인 차원의 일반
화이지, 경험적 분석과 논쟁의 차원을 벗어나고 만다. 국가는 자본주의생산
양식의 논리와 체제를 지키기 위해서만 사회통제를 실행하는 것이 아니다.
자본주의국가는 물론 사회주의국가 역시 마찬가지로, 혹은 자본주의국가보
다 훨씬 강도 높게 사회통제를 행했다. 이것은 곧, 국가의 고유한 역할이
국제관계에서의 생존이라는 다소 진부하지만 당연한 사실을 시사하고 있는
것이다.

　그리고 마르크스주의에서는 노동계급에 대한 적극적 포용과 통합 역시 본
질적으로는 억압과 통제의 일환이라고 본다. 그러나 그것은 그렇게 보는 기
준에 따라 가변적이다. 마르크스주의의 기준에 의하면 노동계급이 대자적
계급으로 '성장'282)해 가는 것을 방해하는 작업이므로 그것은 억압이라는

---

281) 마르크스주의 계열 중 환원론적이고 편향적인 시각에서 그러한 인식이 가능하다.
282) 엄밀히 말해 '성장'이란 용어는 마르크스주의적 가치에서 우러나온 용어이다. 의식
　　화를 통하여 자신의 즉자적 처지를 '껍데기를 벗듯이' 깨닫는 과정, 그리하여 '혁명
　　적 계급'으로서의 자신의 '역사적 임무'를 알게 되는 과정을 성장이라 보기 때문이
　　다. 역사는 그러한 과정을 실증해 주지 않는다. 1920년대 '혁명적' 경향을 강하게
　　드러내었던 미국의 노동자들이 1930년대 이후 지속적으로 보수성을 강화시킨 역
　　사적 사실이 대표적인 사례이다. 즉 성장이라기보다는 '변화'라고 해야 할 것이다.

것이다. 그러나 그런 식으로 계속 보게 되면 끝도 없는 환원론으로 빠져 들게 된다. 국제관계까지 그렇게 해석하게 되면 국가의 전략적이고 능동적인 선택과 행위를 설명하지 못한다.

20세기 이후 미국과 한국에서 언제나 국제관계는 노동계급의 급진화를 가로막아 왔다. 1, 2차 세계대전, 얄타체제, 한국전쟁, 월남전, 데탕트, 핵무기 경쟁, 신냉전, 소련의 아프간 침공, 몰타체제 등으로 이어진 역사에서 보듯이, 국제관계에서의 전쟁, 국제체제의 재편 등 전환기의 대사건들은 국가로 하여금 항상 자신의 존재를 강화시키도록 부추겼기 때문이며, 이러한 환경 변화에 '대응'한다는 체제통합 이데올로기를 실현시키고자 하는 과정에서 노동계급은 급진화는커녕 기껏 자기조직화도 어려워지게 되는 경우가 다반사이기 때문이다.

국가가 자본가계급의 순조로운 행보를 위해 봉사하는 도구적 존재라는 명제는 이미 마르크스주의 내부에서도 '편향'으로 자기비판을 받은 지 오래다. 그렇게 된 것은 20세기 이후 폭발적으로 강화한 국가의 성장이라는 역사적 사실을 새롭게 인식하기 위한 이론적 자기 수정의 결과이다. 마르크스주의 이론의 수정을 초래한 현대국가의 성장과 강화는 바로 전쟁을 비롯한 격변, 국제관계의 전환 등, 자유주의자는 물론 사회주의자들이 전혀 예견하지 못한 세계사적 변화로부터 비롯된 것이다.

## 1) 1980년대 후반 이후 한국의 국제정세

동구권의 변화에 대한 지배연합과 저항세력의 반응은 천양지차라 할 만했다. 오랫동안 야당 지도자였던 김영삼은 1990년 3당 통합을 결행하면서 그 배경으로 '페레스트로이카'를 들고 있었다.

"공산당 일당지배를 포기한 고르바초프의 대개혁 선언은……혁명적인 변화를 보이고 있습니다.……우리는 새로운 시대에 맞는 새로운 사고를 가져야 하며,……그러기 위해서는 무엇보다 정국 안정이 급선무입니다. 국내정치가 안정되어야 경제와 사회도 제자리를 찾고……(3당 통합으로) 민주화의 완결, 국민화합, 민족통일을 이룰 수 있는 기틀을 마련했다고 확신합니다."[283]

다음의 인터뷰에서 나타난 당시 대학가의 반응은 당연히 대조적이었다.

"급속한 시장경제 도입이나 대 한반도정책, 미국과의 관계에서 나타나듯 고르바초프의 개혁노선이 너무 무원칙하게 진행돼 왔기 때문에 고르바초프에 대한 소련 '보수파'의 반격은 의미가 있지 않느냐는 의견이 내부토론 과정에서 많이 제시됐다",

"'보수파'의 합법적이지 못한 권력쟁취방식과 '쿠데타'에 대한 소련 국민들의 냉담한 태도 등으로 인해 사태를 판단하기에 혼란스럽다"[284]

한국의 좌파운동세력이 1980년대 들어서야 소련을 비롯한 정통 사회주의 사상들을 받아들여 실천을 위한 지침으로 수용한 것은 "지체된 학습"으로 표현된다.[285] 그러나 1980년대 당시 사회주의 모국이라는 소련에서도 '총체적' 위기는 이미 수십 년을 거쳐 구조화되어 있던 상태였다.

"1960년대 초에 소련경제는 이미 '제 살을 뜯어먹는'(self-defeating) 성격으로 전락해갔다.……중공업투자에 대한 국가의 일방적 지원과 막대한 자원

283) 김영삼, 국제학술원 초청연설, "민주자유당 창당과 북방외교", 1990년 3월 2일, 경향신문, 서울신문, 1990년 3월 2일.
284) 한겨레신문, 1991년 8월 31일. 이 인터뷰는 당시 대학가의 운동세력을 취재한 기사이다. 1991년 8월, 소련 군부가 고르바초프의 개혁정책에 반발하여 쿠데타를 일으켰으나 대중의 반발로 3일 만에 실패한 사건에 대해, 한국의 사회주의좌파들은 판단과 사고의 혼란을 겪었다.
285) 서관모 교수와 김동춘 교수 등 진보적 지식인들의 공통된 평가이다. 서관모, "80년대 말·90년대 초 변혁운동의 이론 정세", 『진보정론지 발간을 위한 토론회논문집』, 1999년 3월 6일, 김동춘, "마르크스주의와 주체사상의 '때늦은 등장과 때이른 쇠퇴' 사이-'우리는 우리의 사상을 만들고 있는가?'", 사회평론 길, 1996년 7월.

투자, 비효율적인 노동력의 투입, 그리고 강압적인 정치적 수단의 동원은 경제
침체를 악화시킨 요인들이었다. '생산을 위한 생산'은 소련경제를 계속 갉아먹
고 있었지만 소비자들의 구매력은 늘어날 줄 몰랐다. 중공업은 소비산업과 병
행 발전하거나 소비산업의 기초 구실을 하지 못한 채 오히려 소비산업을 위축
시키면서 대중의 생활을 피폐로 몰고갔다."[286]

당시 소련 국민의 민생 파탄과 경제적 빈곤이 일시적인 문제가 아니라,
이미 구조적인 문제로 드러난 이상, 1980년대 들어 개혁은 미룰 수 없는
과제가 되었다. 정치부문과 경제부문의 뚜렷한 분리가 실질적으로도, 이론
적으로도 가능하지 않은 사회주의체제의 특성으로 말미암아, 개혁 필요성은
정치적 차원에서도 심도 깊게 제기되었다. 고르바초프의 '신사고'에 대한 지
지를 표명하는 소장 학자들은 정치개혁의 필요성을 정당화하고 있다.

"……상호균형의 원칙, 대중과 권력에 대한 정치투쟁의 체계, 제도로서의 정
치적 반대 정당 - 이 모든 것들이 공공생활의 자연스러운 규범이다.……서구사
회는 왜 반대당을 돌보고 육성하는 사치를 스스로 허용하는가?……확실히 다
원론과 야당은 사회 발전에서 침체를 막는 것을 가능하도록 만들어준다.……추
호의 의심의 여지도 없다. 우리는 전체 문명화된 세계에 오랫동안 알려져 온
진실을 이해해야만 한다. 결코 안 하는 것보다는 늦는 것이 낫다."[287]

1980년대 후반에 들어와 한반도를 둘러싼 국제관계는 1945년 이후 가
장 급속도로, 그리고 본질적으로 변화하여 얄타체제가 종식되기에 이른다.
이러한 역사적 변화는 1985년 고르바초프가 집권한 이후 소련정치의 개혁
과 개방정책으로 본격적으로 시작되었던 것이다.

---

286) M. Lewin, *Political Undercurrents in Soviet EcoNomic Debates*,
    Princeton University press, 1974. 이미 역사학계와 경제학계에서 1970년
    대 중반 무렵에 제기된 진단이다.
287) L. 세스트소바, "반대당을 합법화하는 경우", 한겨레사회연구소, 『사회주의 대논
    쟁』, 백산서당, 1990, p.384.

1986년 2월 제27차 공산당대회에서 고르바초프는 중국의 등소평이 1978년부터 실시하고 있는 체제 개혁과 유사한 개혁을 선언했다. 사회주의권의 초강대국이었던 소련의 개혁으로 말미암아 1988년 이후 동구사회주의국가들로 변화 조짐이 확산되어 1989년 11월 9일에는 동서 베를린 장벽이 철거되기에 이르렀고, 불가능하게만 여겨졌던 동서독의 통일이 1990년 10월 3일에 마침내 이루어졌다. 독일이 통일되기 1년 전인 1989년 12월, 미국의 부시 대통령과 소련의 고르바초프 서기장이 지중해 몰타(Molta)섬에서 만난 정상회담에서 양국 수뇌는 냉전종식을 공식적으로 선언하기에 이른 것이다.[288]

이처럼 냉전종식은 자본주의권의 이니셔티브로부터가 아니라, 소련의 개혁 및 연이은 동구권의 변화로부터 시작되었다. 동구권 사회주의국가의 개혁과 개방은 동구사회의 역사적이고 사회경제적인 배경과 함께, 소련과의 관련성이라는 국제관계적 배경에서 검토될 때 그 의미를 제대로 읽을 수 있다. 사회주의 모국이라는 이데올로기적 위상뿐만 아니라 군사적, 국제정치적으로 소련은 동구권 국가들을 자기 관리 아래 두고 있었다. 1953년 동베를린, 1956년 폴란드, 1968년 체코슬로바키아에서 일어났던 자유화 운동에도 불구하고 동구사회주의체제가 그 근간을 유지할 수 있었던 것은 바로 소련의 개입과 간섭 덕분이었다. 동구에서의 개혁과 변화는 소련의 허가 아래서만 일어날 수 있었던 것이다. 국제정치 측면에서 2차 세계대전 이후 냉전체제의 현상유지(Status Quo)에 위기가 초래되지 않는 한에서 일정한 정도로 자유화 운동이 용인된 반면, 슈퍼파워체제의 현상유지에 위기가 오게 되면 자유화 운동을 제한하는 구조적인 측면이 있었다.[289] 미국이 주도하던 자본주의권도 마찬가지로서, 미국과 소련 이외의 제3의 세력이 비등할 기세와 가능성은 양 초강대국의 대립 구도 내에서 맷돌 사이 끼인 것처럼 소멸되기 마련이었다.[290] 1980년대 후반의 소련과 동구권 사회주의국가

288) Joseph S. Nye, Jr., "What Is the New World Order?", *Foreign Affairs*, Vol.71, No.2, Spring, 1992, pp.83-88.
289) 김홍명, "사회주의국가의 정치개혁", 동향과 전망 7, 1990년 2월, p.274.

개혁은 이러한 구조가 그대로 반영, 내지 역전되어 오히려 소련 고르바초프 정권의 권유에 의해 동구권 국가들이 개혁에 착수하는 양상을 띠는 데 이르렀다. 이전 같으면 '진영내부질서의 유지'를 위해 억압되었을 자유화 운동이었지만, 종주국 소련부터 개혁에 착수하고 있었기 때문에 동구 국가들의 개혁과 변화는 실질적으로 장애가 없어져 버린 것이다.

사회주의모국 소련의 개혁은 그 이전에도 계속되어 왔었지만 고르바초프의 개혁은 질적으로 달랐다. 곧 사회주의노선의 전면 폐기가 아니면서도, 기존 사회주의체제의 정치제도와 경제제도를 획기적으로 개선하여 자본주의 시장경제의 요소를 경제체제에 도입하고, 다원주의와 다당제를 정치사회적으로 인정하였다.

이 중 가장 괄목할 변화는 바로 소유권 개념의 변화였다. 1990년 3월 6일 소련최고회의는 개정된 소유권법안을 승인했다. 이 법안은 사회적 소유의 개념을 국가 소유, 집단 소유에 이어 '시민적 소유'까지 확대시켜 사실상 자본주의적 요소를 도입한 것이다. 그 이전 1987년 5월에는 서비스 분야에서 개인기업활동을 법적 소유권으로 인정하는 획기적 조치를 내린 바 있는데 이러한 일련의 조치들은 기존 사회주의경제체제의 원리를 수정하는 중대한 혁명적 개혁이었다.[291]

소련의 개혁과 변화는 한국 내 운동세력들에게 커다란 충격이었으며 예상치 못한 '수정' 내지 심지어 '우편향'으로 해석하는 입장도 있었다. 고르바초프가 거듭해서 '레닌주의로의 복귀'와 '스탈린주의의 청산'을 내세웠지만 실제로 그의 개혁 조치들은 구체적 정책 항목에서 사실상 자본주의적 요소들을 받아들이는 선까지 진행되고 있었으므로 소련의 개혁을 둘러싼 논쟁은 한국의 운동세력들에게 혼란을 가져다주기 충분하였다.

---

290) 김우현, "새로운 세계질서에서의 세계문화와 지역문화들: 국제조직의 관점에서 본 수평질서와 수직질서", 경북대학교 환태평양연구 6집, 1993, pp.211-238.

291) 국제분과, "동구권의 개혁과 동북아정세의 전망, 민족민주운동의 대응전략", 정세 연구 1990년 9월, p.109.

이러한 상황에서 일어난 1989년 이후 동구권 사회주의국가들의 아래로부터의 인민항쟁, 1990년 대한민국과 소비에트연방공화국의 국교 수립, 1991년 소련 연방 붕괴, 그리고 결정적으로 1991년 9월 17일의 남북한 유엔 동시가입은 북한과의 평화적 공존을 모색하면서 유엔 동시가입을 인정하던 일부 민족해방계열의 집단을 위시하여 한국의 사회주의지향 운동세력에게 변화의 필요성을 알려 준 커다란 변화였다.

변혁의 실제 모델로 소련과 북한 등 기존 사회주의국가들의 경험과 노선을 별 비판 없이 받아들이던 이들 세력으로서 현존 사회주의국가들의 이러한 변화는 곧 자기정체성의 근원 상실을 의미하는 것이었으며, 1991년 이후 급격하게 한국의 운동세력이 약화한 배경이 되었다.

곧이어, 이러한 배경은 당시 노태우 정권의 '정면대응식 외교'를 끌어내었다. 남북한 동시가입은 국제관계의 전환기에서 증대되기 마련인 국가의 자율성을 경험적으로 보여 준 실례가 된다. 이 당시 한국의 국가는 대외적으로 '현실주의적 외교'를 통하여 북한을 압박하면서 개방적 국제관계로 북한이 나올 것을 촉구하였고, 한국의 외교 관련 기관들에서는 유엔 동시가입을 '현실주의사고에 바탕을 둔 힘의 외교의 승리'로 받아들이고 있었다.[292] 대내적으로 이러한 국제관계에서의 위상을 바탕으로, 정체성에 대한 위기로 고민하고 있던 사회주의지향 운동세력을 직접적, 간접적으로 압박할 수 있는 유리한 환경으로 작용하였음은 지극히 당연한 사실이다.

사회주의권의 변화에 대한 한국의 적극적 대응은 1990년 6월 5일, 노태우 대통령과 고르바초프서기장의 한소정상회담을 이끌어내었다. 이에 대한 위기감을 북한은 한국의 회담 공식 발표 직후인 1990년 5월 31일과 정상회담 다음 날인 6월 6일 각각 '한반도의 분열', '심각한 정치적 결과'라는 주장을 되풀이하면서 표시하고 있었다.[293]

이처럼 국제관계의 평화 분위기와 냉전 해체는 사회주의지향 운동세력의

---

292) 新東亞, 1990년 9월호.
293) 한국일보, 1990년 6월 8일.

입장에서 봤을 때 이중적인 의미로 다가왔다.

첫째, 냉전적 분위기가 해체됨으로써 북한과의 적대관계를 점진적으로 청산한다면, 남한사회의 개혁적 기운을 상승시키고 좌파세력의 정치세력화를 도모할 수 있는 계기로 삼을 수 있었다는 긍정적 측면이다. 이러한 측면의 작업에서 사회주의지향 운동세력은 실패한다. 혁명적 사회주의지향 운동을 좀더 다듬고, '혁명'을 '급진'과 '폭력'의 차원이 아니라 '근본적 개혁'으로 이해하는 현실적이고 연속적인 사고 위에 새로운 자기정립을 모색했어야 함에도 불구하고 운동세력은 타이밍을 놓쳤을 뿐만 아니라, 지적 자산의 부족이라는 근원적 요인으로 말미암아, 이에 대해 적절한 대응을 하지 못했다.

둘째, 부정적 측면이었다. 사실상 긍정적인 측면은 '모든 상황이 잘 되었을 경우'에 한정된 사태 진전을 의미하였다. 정치민주화, 좌파정치이념 스펙트럼 확대가 순조로웠다면, 혁명적 사회주의운동의 자기 개혁을 이끌 수 있었겠지만, 당시 한국의 정치적 지형은 '노회한 권위주의 군부정권'과 '자기 발언권을 서서히 확대시켜 가던 방금 깨어난 맹수'가 결합한 채 지배연합이 변화, 형성되어 가고 있었다. 사회주의지향 운동세력으로서는 최악의 시나리오였다.

재벌은 이미 북한과의 관계에서 대북 사업에 이니셔티브를 재빨리 취하기 위해 6공화정의 북방정책에 편승을 도모하고 있었고,[294] 대내적으로 이를 '사회주의의 개방'='사회주의의 약화'='노동운동의 억압'으로 받아들여 지배연합의 틀을 공고히 하는 계기로 삼으려 했다. 사실상 불투명한 대북 투자 자체보다는 그를 통해 한국사회 내에서 얻는 지배연합의 강화와 재벌의 발언권 획득이 더 본질적인 이익이었다.

군부독재정권으로 상징되던 당시의 강력한 국가만 해도 상대하기 벅차던 혁명운동세력에게 정치적 영향력을 키우고 있던 재벌의 존재는 상당한 장애였다. 현실정치에서 '주적'은 국가였지만, 혁명운동세력의 이론에서 '궁극적

---

294) 이재영, "전경련의 북한진출전략" 월간 말, 1991년, 9월호, pp.141-145.

인 적'은 부르주아, 곧 재벌이었다. 특히 재벌은 상층 부르주아면서, 세계자본주의역사상 유례없이 집중화해 있었고, 서구 부르주아 특유의 자유주의나 다원주의 등 정신적 자산도 없었다. 비단 혁명운동세력에게 뿐만 아니라 온건한 경제민주주의의 관점에서 봐도, 천민자본주의를 이끌며 물질적 가치 축적에만 온힘을 쏟아 왔던 재벌의 정치력 향상은 위험한 시도였다. 폐해와 부조리로 가득찬 '정경유착'을 넘어 이를 극복하기는커녕 오히려 '정경일치'의 천민자본주의적 위기로 빠져들 수 있는 일종의 희극적 현상이었다. 현대그룹의 직접적 정치참여 시도에 대하여 당시 현대를 제외한 모든 재벌그룹은 전경련의 성명을 통해 '반대' 입장에 있었던 것에서도[295] 이러한 시도가 무리수였음이 드러났다. 대우그룹 김우중의 정치참여 시도와 현대그룹 정주영의 무모한 대통령 출마에서 상징적으로 나타나듯이 '판단력 없는 미숙아에게 칼을 쥐어준 격'으로서 더할 수 없는 악재였다.

1990년 6월 19일, 국제노동기구(ILO)에서 중국은 이사국 지위를 상실했다.[296] 1989년 6월 4일의 천안문사태에서 인민들을 학살했다는 것이 그 이유였다.

정치권력의 정당성은 사회적 타당성과 윤리적 정당성을 근거로 한다.[297] 동구권의 변화는 사회주의체제의 효율성과 정당성 모두에 의문을 던진 사건으로서 한국의 운동세력들에게 큰 충격을 주었다. 여기에, 1989년 6월 4일 발생한 중국의 천안문사태는 한반도 인접 사회주의국가에서 벌어진 정권에 의한 비무장 시위군중에 대한 학살로서, 사회주의를 지향하던 모든 세력들에게 더욱 큰 충격과 회의를 안겨다 주었다. 곧 자본주의와 사회주의의 이념에 관계없이 현대국가는 절차적 민주주의의 제도화가 이루어지지 않으면, 언제든지 억압적 체제로 돌변하여 국민을 부당하게 억압할 수 있는 가능성

295) 이병화, "한국 재벌의 존재 양태와 정책과제", 한국과 국제정치, 경남대 극동문제 연구소 3권 1호, 1993년, p.111.
296) 조선일보, 1990년 6월 20일.
297) 김우태, 『정치학원론』, 1992, 형설출판사, pp.223-226.

이 천안문사태에서 현실화되고 만 것이다. 천안문사태의 희생자는 정확하게 집계되지 않았지만, 전국적으로 무려 수천 명이 넘는 사상자가 나왔고 발생한 달 후 구속된 학생 및 시민들이 1천 명을 넘는 대규모 시위였다.

그 당시 한국에서 미국의 신좌파와 유사한 성격의 좌파가 존재했다면, 이러한 중국정부의 행위는 변명의 여지가 없는 독재국가의 억압 행위로 비난받을 일이었지만 중국정부의 행위에 대해 당시 국내 운동세력은 큰 이슈로 삼지조차 않았다. 심지어 운동세력 일부에서는 미국을 비롯한 서방이 사태를 뒤에서 조장한 역할을 하였다는 의혹을 제기하여, 한국의 운동세력들이 어느 정도로 이념적 경직상태에 있었는지를 보여 주었다.

1976년 하반기부터 본격적으로 시작된 중국의 『4개 현대화』계획(공업, 농업, 과학, 국방)은 등소평(鄧小平)이 국정을 지도하던 1980년대를 거쳐 상당한 성과를 거두었다. 이 당시 연평균 10% 이상의 고도성장을 기록했고 무역규모가 1천억 달러를 돌파하였으며 양적인 성장 외에도 기업의 자주권, 생산의 자율권 등이 확대되는 혁명적 제도 변화로 인한 경제체제의 개혁이 병행되었다. 그러나 개혁개방의 결과, 각계각층의 민주화 요구가 제기되기 시작하였는데 1986년 12월 북경대 학생들과 지식인들이 자유와 민주를 위한 정치개혁을 요구하면서 개최한 대규모 군중시위가 일어났다.

당 총서기 호요방(胡耀邦)은 이들의 요구를 수용하고 권력층의 세대교체를 주장하였다. 그러나 그의 태도는 결국 그를 실각케 하였고 당 총서기에서 물러났다. 1989년 4월 15일, 호요방은 당 정치국 회의에서 심장마비로 사망하였는데, 그를 추모하기 위한 군중집회에서 언론·출판·집회의 자유, 당정 지도자들의 재산 공개를 요구하였다. 시위가 확대되면서 대규모 집회로 발전하였고 요구 조건도 민주화·법치·부정부패 척결·개혁촉진이었다. 1989년 5월 20일 중국정부는 계엄령을 선포하였고 탱크와 중화기로 무장한 군이 시위대가 운집한 천안문광장에 진입하여 농성 중이던 시위 군중에 대해 사격을 가하여 수백 명의 사망자를 낳은 '6·4 천안문사태'가 발생하였다.[298] 시위는 북경뿐 아니라 전국 주요 도시와 각 지역으로 비화하여

중국은 건국 이래 최대의 위기를 맞이하였다.[299]

중국은 사회주의체제를 공식적으로 표방하고 있었지만, 당시 개혁개방정책의 후유증으로 1988년 한 해 동안 적발된 통계치만 3만 7천 건에 달하는 극심한 부정부패가 발생하였는데 이는 1987년에 비해 무려 50%나 증가한 수치였다.[300]

관료의 부패가 극에 달하고, 정부조직에 대한 민간의 불신이 증폭되었으며, 경제성장에 걸맞은 언론의 자유가 보장되지 않는데 대한 중국 인민들의 시위가 천안문사태의 발생 원인이었던 것이다. 개혁적 사회주의체제가 부작용을 보인 데다, 현실 사회주의국가가 인민을 상대로 수천 명의 사망자를 낸 무력진압을 편 데 대해 당시 한국의 운동세력은 충격을 받지 않을 수 없었다. 그러나 이들은 모두 공통적으로 이 문제를 '이론투쟁'의 주요한 이슈로 만들지 않았다.

실제로, 당시 중국은 온전한 사회주의시스템이 아니라 중국 특유의 '인치'(人治)에 의해 국정이 움직이는 상황이었다. 천안문사태 당시 86세였던 등소평 등 82세에서 87세에 이르는 여덟 명의 원로가 정치의 주요한 사안에 대해 사실상의 결정권을 행사하는 이른바 당원로정치가 이루어지고 있었다. 등소평, 왕진, 양상곤, 이선념, 등영초, 박일파, 진운, 팽진 등 양상곤을 제외하고는 현직에 있지 않은 중국 8대 원로가 강택민과 이붕 등 공식지도자들을 뒤에서 조종하는 체제였다.[301]

사회주의원론과는 동떨어진 체제, 그것도 노인 정객들의 임의에 따라 움직이는 인치는 결과적으로 천안문사태를 야기했으며, 인민을 해방시킨다는 미명 아래 인민을 억압하는 사회주의국가의 현실이 내외에 적나라하게 드러나게 되었다.

---

298) 1990년 이붕(李鵬) 총리가 공식 발표한 사망자는 319명이나, 실제로는 그보다 많았을 것으로 추정된다.
299) 동아일보, 경향신문, 1989년 6월 6일, 6월 7일.
300) 강석승, "중국의 천안문사태와 한반도", 북한 1989년 10월호, pp.83-85.
301) 조선일보, 1990년 7월 10일, 馬仲可교수 칼럼

국내 사회주의지향세력의 대응은 대체로 천안문사태를 되도록 부각시키지 않는 방향이었다. 주요 간행물과 1차 자료들을 보면, 천안문사태에 대한 언급은 아예 찾기 힘들 정도이다. 당시 삼민그룹(민족통일민주주의노동자동맹)은 중국 공산당이 과잉진압으로 '북경학살'을 저질렀다고 비판하면서, 중국사회주의의 자기 개혁이 필요하다는 입장에 있었다.

그러나 '노동계급'은 '개방정책으로 생긴 소부르주아들의 입장을 반영한 반동 운동'으로 천안문 민주화 운동을 폄하하고 중국 공산당의 대응은 불가피하고 정당하다는 주장을 펼쳐, 국내문제뿐만 아니라 국제정세를 바라보는 시각에서도 천편일률적이고 좌편향적인 이론적 기반을 그대로 드러냈다. 삼민그룹과 노동계급에 비해 '인민노련'은 보다 신중한 입장이었지만, '사회주의의 실패'가 아니라, '중국정부의 정책적 실책'으로 평가하여, 역시 천안문 운동의 의미를 축소하여 평가하고 있었다.[302]

이처럼 동구권의 급속한 변화, 중국 공산당의 유례없는 인민 탄압으로 인하여, 한국의 국가는 국제관계에서 그 이전 어떤 시기보다도 더 역동적이고 적극적인 외교 활동을 펼칠 수 있는 여건이 조성되었다. 당시 한소정상회담으로 상징되는 대공산권 관계개선의 성과는 급속한 교역증대로 나타나고 있다. 서울올림픽 이후 공식화하기 시작한 북방정책과 공산권 교역은 소련의 적극적인 개방정책에 힘입어 매년 급신장세를 계속하고 있었다.

소련 및 동유럽과의 교역량은 지난 1987년 4억 달러 수준에서 1988년에는 5억8천만 달러로 늘어났고, 1989년에는 10억8천만 달러로 한 해 동안 100% 가까이 급증하고 있었다. 특히 한소정상회담이 성사된 1990년 5월을 기준으로, 대소 교역량이 2억5천만 달러로 1989년 전반기에 비해 88%, 동유럽의 경우는 2억9백만 달러로 1백29.7%나 늘어나 북방경제교류는 더욱 활성화하는 추세를 보이고 있었던 것이다.[303]

국가의 자율성은 첫째, 전쟁 시기, 그리고 둘째, 평화 시의 경우에는 국

---

302) 新東亞, 1990년 6월호, p.492.
303) 조선일보, 1990년 6월 14일.

제관계의 변화가 무쌍할수록, 즉 국제관계가 전환기에 있을 때 극대화하기 마련이다. 이러한 시기에는 대내적으로 사회계급관계에 국가가 정당한 명분을 갖고 대응할 수 있으며, 사회적 자원을 최대한 이끌어낼 수 있게 된다.

국가의 동원능력이 극대화되는 이러한 시기에, 반체제적 성격의 아래로부터의 저항에 대해 국가가 어떻게 대응할지는 어렵지 않게 짐작할 수 있는 것이다. 1990년 1월의 3당 합당 이후 보수화의 길을 걷고 있던 6공화정은 1990년도 상반기 급변하던 동북아정세의 흐름을 타고 아래로부터의 사회주의지향 운동에 대해 더더욱 압박을 가할 수 있었다.

1991년 8월, 고르바초프의 개혁에 대항하여 쿠데타를 일으켰던 소련 사태에 대하여, 학생운동권 안에서 민족민주(ND) 계열로 분류되는 입장의 한 대자보에서 "고르바초프의 실각은 제국주의와 소련 내 부르주아세력에 대한 사회주의의 승리이며, 위기로 치닫던 사회주의 진영이 아직도 대중적 기반을 갖고 있다는 사실을 보여 준 혁명적인 사건"이라고 평가했다. 이 대자보는 불과 몇 시간 뒤 소련 쿠데타의 실패소식이 전해지면서 곧바로 떼졌는데, 내부적으로는 너무 성급한 입장표명이었다는 비판을 받았다. 그러나 그 당시 '혁명적 사회주의'를 지지하는 운동세력들이 현실 사회주의국가의 정세를 비롯한 국제관계에 얼마나 경직된 사고로 대응하고 있었는지를 단적으로 보여 준다. 마치 명나라가 멸망한 이후 스스로를 소중화(小中華)로 일컬었으며 공자와 주자 이외의 그 어떤 학풍도 거세시켜 버렸던 조선시대 노론 계열 지식인들의 경직된 태도를 연상케 하는 인식과 사고는, 이에 비해 북방정책으로 발 빠르게 스스로를 유연화시켰던 당시 6공화정 국가의 전략적 위상과 선택에 비해 불리할 수밖에 없었던 자충수의 원인이었다.

지하조직이 아니라 공개적 투쟁조직이면서 NL계열 경향성을 강하게 띠고 있었던 전대협은 1990년 9월 한소 수교 때 수교에 반대한다는 입장을 분명히 밝혔으며, 1990년 4월 고르바초프 방한 때도 "고르바초프 방한은 경제협력 확대를 통해 자국의 경제난을 덜어볼 목적을 앞세우면서 분단 고착화를 가져올 미국과 노 정권의 북방정책을 거들어주는 것"이라며 방한 반대투쟁을 벌였다. 1991년 8월 말, 한겨레신문과의 인터뷰에서 익명의 서울대 총학생회 간부는 "일반국민들의 정서와는 다소 어긋날 수 있지만 이제까지 일방적으로 현 정권의 손을 들어주는 식으로 전개된 소련의 외교정책 때문에 고르바초프와 특히 옐친에 대한 학생들의 반감은 상당하다"면서 "보수파의 이번 '쿠데타' 시도를 관심을 갖고 지켜보았지만 방식이 비합법적이었고 대중적인 지지를 받지 못했기 때문에 당연히 실패할 수밖에 없었던 것 같다"고 조심스럽게 평가하기도 했다.304)

동구권 변혁, 중국의 억압적 체제, 그리고 강도 높게 추진되던 6공화정의 북방정책과 주변 국제관계의 변화는 당시 지배연합과 국가에게는 사회주의 운동세력 타파를 위한 더할 나위 없는 호기였던 것이다.


## 2) 월남전의 이중적 의미와 신좌파운동

19세기 유럽형 세력균형체제에서의 전쟁과 혁명 사이의 상관관계는 20세기 냉전체제의 전쟁과 혁명 사이의 상관관계에 비해 의미와 내용이 전혀 다르다. 이를 구별하지 않고 일반적인 상관관계를 정립하려는 시도가 있었지만 역사적 요인을 무시함으로써 적절하지 못한 끼워 맞추기에 머무를 뿐이다. 전자의 전쟁이 혁명의 촉진 요인으로 작용했다면 후자의 전쟁들은 혁명적 사회주의운동의 장애요인으로 작용했다. 고전사회혁명들은 하나같이 전쟁과 밀접한 상관관계에 있었다. 유럽적 개념의 세력균형체제 내에서 한 국가의 전쟁 패배는 바로 국정 전반의 위기, 내전, 그리고 혁명까지 야기하는 주요한 요인으로 작용했던 것이다. 단위국가 스스로 자신의 운명을 결정하는 홉스적인 세력균형체제에서 민족국가가 전쟁에 패했을 경우, 내전과 혁명 상황으로 발전할 수 있는 계기가 닥친다. 그러나 얄타회담 이후 슈퍼파

---

304) 한겨레신문, 1991년 8월 31일.

워가 각각의 진영을 관할하는 냉전 아래에서 벌어지는 전쟁은 일쑤 내전에서 국제전 내지 대리전으로 번지는 양상으로 나타난다.

19세기에는 전쟁 자체가 당사국의 운명을 결정하였다면, 20세기에는 당사국에 미치는 영향은 여전히 강력하되, 그것이 슈퍼파워의 입장에서는 일종의 정책수단과 진영통제수단으로서 기능하게 되었다. 자국의 운명을 자국 스스로 결정했던 유럽식 세력균형식 국제체제가 20세기 이후 변모하여 국가에 따라서는 자국의 운명을 자국 스스로가 아닌 다른 나라에 압도적으로 의존하는 경우가 빈번하게 생겼다. 20세기 냉전체제에서 벌어진 주요한 전쟁은 바로 한국전쟁과 베트남전쟁이었다. 여기서 각각 한국과 미국은 급진적 혁명을 가로막는 계기를 전쟁을 통해 마련하여 오히려 기존 정치체제를 더욱 보수적으로 강화하는 효과를 거두게 된다. 한국전쟁과 베트남전쟁이 만약 세력균형체제 아래서 일어났었다면 양상은 전혀 달랐을 것이다.

국제관계는 단위국가의 주권을 행사하는 영역이므로, 국가의 성격과 역할을 설명하는 주요한 변수이다. 군사적 요인에 비해서는 주목을 많이 받아오기는 하였으나 일반적으로 사회과학이론은 국가와 정치의 문제를 다룰 때, 국제적 맥락을 2차적으로 다루거나, 도외시하고 있다는 비판을 자주 받아왔다. 대내적 요인에 대한 편중은 국제관계에서 어느 국가가 차지하는 지정학적 위치의 중요성을 군사전략과 국방안보 연구에 머무르도록 하기도 하였다. 국가의 지정학적 측면에 대해 사회과학에서는 프랑스의 정치사상가 레이몽 아롱과, 지정학적 차원에서 메테르니히의 전략을 연구하고 외교정책에 반영한 헨리 키신저가 이를 환기시킨 바 있지만 큰 주목을 받지는 못했다.305) 현대자본주의국가의 대외적 환경, 특히 20세기 특유의 냉전적 역사성을 고려한다면, 국제관계는 내부 정치이데올로기를 단속하고 협소한 정치이념 스펙트럼을 유지하는 효과가 있었다.

미국은 냉전 당시 서방진영의 리더 국가였으므로 반대 진영의 이념과 유

---

305) Michael Mann, 1988, Chapter Ⅳ.

사한 어떠한 움직임에도 민감할 수밖에 없었고, 적어도 제1세계에서는 진영의 질서를 수립하고 운영하는 유일한 슈퍼파워를 과시하고 있었다. 2차 대전 당시 추축국에게 진주만을 공격당한 경험이 있는 미국으로서는 해양방어를 중심으로 하여 지정학에 기초한 국가방위전략을 오래전부터 수립해 왔다. 미국은 마한(Alfred Mahan)의 해양전략론 이래 정치지리학적 사고가 발달한 나라였다. 이 나라는 대외전쟁을 수행하는 철칙으로서 자국 영토에서의 전쟁을 어떻게든지 피하려 하며, 이를 위해 대서양과 태평양을 둘러싸는 방어선을 굳게 지켜 왔다. 세계전략의 안정적 수행이라는 목적도 있었지만 우선적으로 미주대륙에서의 전쟁은 기필코 막아야 한다는 것이 미국의 정치지리학적 전략의 요체가 된다.

국가의 정치지리학적 위상은 대내정치에도 많은 영향을 미친다. 국가의 성격을 사회계급과의 관계 맥락에서만 본다면 정치지리학적, 전략적 위상을 간과하게 되는데, 한국과 미국은 그 위상이 다른 어떤 나라보다 중요하였다. 지정학을 중시하는 미국으로서는 냉전시대, 적국의 이념인 사회주의혁명사상이 자국에 침투해 오는 것을 당연히 용납하지 않았다. 적군이 실제로 미대륙에 들어오는 것은 무력으로 막을 수 있는 것이었지만, 자국 대중의 일부가 좌파혁명사상에 경도되는 것은 더 위험한 현상이었다. 소련의 미사일공격체제나, 사회주의진영의 이념과 운동이 침투하는 것이나 똑같이 경계해야 했다.

같은 대륙에 속해 있으면서 쿠바와 같이 좌파혁명을 성공시킨 국가가 존재했지만 미국에 영향을 미치기에는 그 위세가 미약하였다. 그러므로 정치지리학적, 국제적 환경을 본다면 혁명을 시도한다는 자체가 무모한 행동이 될 수밖에 없던 조건 아래 있었던 것이다. 한국은 적어도 1950년 이후에만 국한시켜 본다면 미국보다 국제적 조건에서 오히려 반체제혁명과 더욱 거리가 먼 국가라고 볼 수 있다. 근접한 공산주의국가가 소련, 중국, 북한 3개국이나 되었으나 지리적으로 근접하였다는 사실 자체는 한국의 정권으로 하여금 그럴수록 우편향으로 기울게 하는 자극 요인이 되었다. 미국의 세계전략과 자본주의진영의 질서 등 국제적 맥락 요인에 비추어봤을 때도 한국은 반공의 보루이자 동방 공산권 강대국들을 대치하고 있는 기지로서의 의미가 다른 국가들에 비견할 바가 아니었다.

미국 신좌파운동의 가장 첨예한 현실 이슈였던 월남전도 반정부운동의 빌미를 제공하였고 이 운동을 통해 실제로 신좌파가 전국적으로 위세를 과시할 수 있었지만 마냥 일방적으로 미국 국가에게 불리한 악재는 아니었다. 오히려 월남전은 신좌파에 대한 미국 국가의 위협과 경고 메시지를 전하는 대외적 정치수단이었다. 건국 이후 안팎의 크고 작은 모든 전쟁을 승리하며 무패 가도를 달리던 미국의 자존심을 구긴 전쟁이기도 하지만 의미와 성과는 패전한 미국 입장에서도 결코 작지 않았다. 월남전을 수행함으로써 미국은 세계전략상 그들의 적으로 설정된 세계적 차원의 좌파들, 그리고 국내 신좌파 두 세력에게 강력한 반공주의 의지를 생생하게 증명해 줄 수 있었다.

사실, 월남전에 대한 반대운동은 신좌파의 전유물이 아니었다. 특히 1960년대 후반으로 오면서 이러한 경향은 두드러지는데, 한국에도 잘 알려진 리지웨이장군(M. Ridgeway), 게이빈 장군(J. Gavin), 슈프 중령(D. Shoup)이 대표적이다. 이들은 한결같이 의회의 위원회에 출석하여 증언하거나, 저서와 기고문을 집필하거나, 방송에 출연하여 월남전은 정치적, 전략적, 도덕적 모든 측면에서 대실패로서 하루 속히 철군하여야 한다고 비판을 서슴지 않았다. 이들은 신좌파운동이 가장 극적으로 전개되던 1970년 들어 공통적으로, 미국 국가이익과 상응하는 조건하의 성공적 전쟁 수행과 군사적 해법 추구는 결코 불가능하다고 결론을 내렸다.[306]

군산복합체에서 군부 내의 유력한 장성들을 포함하여, 지배연합의 경제적 축인 산업과 금융계의 인사들 역시 1970년의 미국의 캄보디아침공으로 인한 인도차이나반도에서 확전을 반대하고 나섰다. 정확히 말한다면, 이 당시 지배연합 내부의 반전 움직임은 전쟁의 확전과 닉슨의 정치적 결정에 대한

306) 이선호, "베트남전쟁에 대한 미국의 비판 및 재평가", 군사논단 23호, 2000년 여름, pp.127-130.

반대라기보다는 그로 인한 신좌파운동의 거센 기세에 대한 우려의 결과였
다. 1970년 5월, 미국 전역에 걸친 신좌파의 반전시위와 이에 대한 강경진
압 및 인명 피해의 속출과 혼란으로 인하여 주가는 7년 만에 가장 낮은 수
치로 폭락하였고,[307] 1929년 공황 이래 최대의 주가 손실을 불러일으켰다.
기업의 이윤은 1969년보다 10%가 줄었고 전쟁 관련 지출비용은 국가 전
체적으로 연간 2백40억 달러에 달하고 있어서, 전쟁의 장기화는 군산복합
체의 이익분기점을 이미 넘어 결코 미국경제에 도움이 되지 못하는 징후를
드러냈던 것이다.[308]

　이미 미국경제는 1968년 초반 이후 월남전으로 인하여 안정에 위협을
받고 있었지만, 이에 대한 지배연합 내부 엘리트들의 반전 움직임은 1970
년 신좌파운동에 의한 정치적 위기로부터 시작된 것이다. 1970년 5월, 켄
트주립대학을 비롯한 전국 주요 대학에서 시위대를 군대가 사살하는 사건이
발생하자 이에 대한 항의로 백악관의 고문과 고위 공직자 10여명이 사퇴하
는 사건을 필두로 하여, 주요 은행을 비롯하여 IBM의 경영진, 급기야 군
산복합체 내의 대표적 매파 지도자였던 록펠러 뉴욕주지사가 '미래의 재앙을
막기 위해 전쟁을 중지해야 한다.'며 주장했다.[309] 1970년 6월 24일, 상
원은 통킹만 결의안[310]을 철회시켰고, 상원 외교위원회 역시 닉슨이 위헌
행위를 했음을 선언했다. 12월 8일, 미국이 캄보디아침공으로 확전을 시도
하는 데 대해 파병 금지를 상원이 재확인하였다.[311] 1972년 재선에 성공

---

307) *Newsweek*, June 1, 1970, p.24.
308) George Katsiaficas, 이재원·이종태 역, 『신좌파의 상상력』, 이후, 1999, p.332.
309) *Newsweek*, May 25, 1970, p.30.
310) 1964년 베트남 북부 통킹만에서 미 정찰함이 피격당하자 미 의회는 당시 린든
　　　존슨(L. Johnson) 대통령에게 전쟁권한을 위임하는 이른바 '통킹만 결의안'을
　　　채택했다. 의회민주주의의 원리에서는 매우 이례적으로 행정부의 정책결정의 독
　　　단을 인정한 일이었다. 견제와 균형의 원리를 사실상 거스르는 이러한 결의안에
　　　대해 당시 불과 2명의 의원이 반대하여, 미국 군부, 그리고 군산복합체의 힘을
　　　보여 주었다.
311) George Katsiaficas, 이재원·이종태 역, 『신좌파의 상상력』, 이후, 1999, p.336.

하기는 했으나, 절차적 민주주의를 거스르고, 무리한 전쟁을 수행한 닉슨의 후일 퇴임은 사실상 1970년부터 암시되고 싹트고 있었던 것이다.

닉슨은 1970년과 1971년의 경제가 크게 악화된 데 대하여, 당시 시행되던 주 월남 미군의 부분적 감축과 국방예산의 조정에 원인을 돌리면서 애써 월남전의 경제 부양효과를 정당화하였으나, 유력한 경제학자들은 이를 정치적 논리로 일축하고 오히려 국방예산 감축을 상쇄해야 할 공공정책이 제 기능을 하지 못하고 실패한 데서 원인을 찾아야 함을 지적하였다.[312]

군산복합체의 주요 분파들이 확전을 반대하였음에도 불구하고 전쟁은 그 후 3년이나 계속되었다. 물론, 여기에는 닉슨이라는 정치지도자의 개인적 통치 스타일과 키신저를 비롯한 당시 외교정책 담당자들의 월남에 대한 집착이 일회성 기제의 변수로 작용하기는 했다. 그러나 이토록 전쟁을 끌고 간 의미에 대해서는 '신좌파'의 준동에 대응한 국가의 역할이라는 의미에서 해석해 볼 필요가 있다. 국가는 국제관계에서의 위상과 역할을 들어, 대내적 사회계급관계에 대하여 자율성을 확인한다. 월남전 말기, 신좌파는 물론 정계, 학계는 물론 산업계와 심지어 군부의 유력한 인물들까지도 반전운동을 지지하게 되었음에도 국가가 월남전을 수행한 것은 그만큼 국내적으로는 '신좌파'에 대해, 그리고 대외적으로는 '민족해방'을 외치는 세계 곳곳의 '혁명적 좌파세력'에 대한 메시지 전달이었다.

미국으로서는 월남전의 승패도 중요하지만 공산권의 확장을 최소한 인도차이나 반도에서 주저앉혀 동남아, 나아가서 아시아태평양연안으로 기세를 몰고 나올 여력을 없애는 효과가 더 중요했다. 미국은 20세기의 큰 전쟁들에서 초반의 두 차례 세계대전은 승리하였지만, 이후 벌어진 약소국가에서의 두 차례 전쟁은 휴전과 철수로 결말을 보았다. 군사적이고 정서적으로만 본다면 수치스런 일이겠지만 이를 패배, 혹은 실패라고만 할 수는 없을 것이다.

---

312) Emile ReNoit, "Cutting Back Military Spending: The Vietnam Withdrawal and the Recession", *Annals*, March, 1973, p.73.

한국과 베트남에서 일어났던 전쟁은 공통적으로 '제한전쟁'(Limited War)
이었다. 현대전에서 제한전쟁이란 핵무기를 사용하지 않는 전쟁, 즉 상호공멸
(Mutual Assurance of Destruction; MAD)을 피하고 재래식 무기로
만 승부를 보자는 암묵의 룰을 가지고 진행하는 전쟁이다.

2차 대전을 기준으로 나온 현대전 용어인 제한전쟁은 초강대국(Super Power)
이 현상유지(status quo)를 전략적 목적으로 하는 전쟁으로서, 한국전쟁이
대표적인 예이며, 미국은 월남에 대해 그러한 의도를 갖고 있었다.313)

그러나 그렇다고 해서 전력(全力)을 기울이지 않는 낭만적 전쟁이 아니
다. 오히려 핵무기만 쓰지 않으면 되기 때문에 핵무기가 개발되지 않았던
시절의 재래식 전쟁보다 훨씬 많은 화력을 동원하여 적을 공격하는 초토화
작전을 수행했다. 제한전쟁은 핵무기사용만 자제하였고 미국과 소련 사이의
전면전이 아니었을 뿐, 적어도 전쟁이 벌어진 그 국가 내에서는 확전될 대
로 확전된 대규모의 전면전이었다.

제한전쟁이란 용어는 순전히 미국 군부의 입장에서 정립한 작전 용어에
지나지 않는 것이다. 더욱 중요한 것은 이 제한전쟁은 군산복합체의 경제구
조를 가진 미국으로서는 최선의 선택이었다는 사실이다. 핵무기를 사용하게
되면 세계시장이 위기를 맞이하게 됨은 물론 미국으로서도 본토 공격을 받
을 우려가 있다는 두 가지 사실로 인해 미국 스스로 이를 막는 데 안간힘이
었다. 제한전쟁은 그러한 우려 없이 마음 놓고 적군을 공격할 수 있고, 또
한 설혹 이기더라도 핵전쟁보다 엄청난 군비가 지속적으로 들어갈 수 있는
효과로 인하여 미국 특유의 군산복합체형 정치경제를 부양할 수 있었다.

월남전에서 승리를 거두지 못하더라도 정치, 군사, 경제 모든 면에서 '뒷
심'이 강한 미국이 청야전술(淸野戰術)314)을 오랜 세월 구사하게 되면 좌

---

313) David Robertson, *Dictionary of Politics*, Penguin Books, 1993, p.288.
314) 중국의 병법. 적과 싸우면서 적과 아군 모두에게 긴요한 전장의 환경, 물자 등을
    의도적으로 소진시켜 최악의 경우 적이 이기더라도 버틸 여력을 주지 않는 일종
    의 '물귀신작전'.

파혁명의 전파를 제지할 수 있었기 때문이다. 미국이 월남전에서 사용한 네이팜탄의 효과는 미시적으로는 적군의 은닉을 막고 살상하기 위함이었지만 그보다 좀더 넓게 상징적으로 본다면 투하목표지점 일대를 완전히 쓸어버리는 것이었다. 전쟁의 경과를 지켜보던 이웃의 좌파혁명세력들이 이 전쟁을 보고 무엇을 느꼈을 것인가. 월맹이 이겼음에도 불구하고 캄보디아를 제외하면 좌파혁명은 일부 지역을 제외하고는 친서방 기지였던 싱가포르와 홍콩을 비롯하여 남아시아 일대, 일본, 한반도, 필리핀, 태국, 대만, 말레이시아 등 주요 동남아지역으로 뻗어가지 못했다. 패하긴 했지만 월남전을 수행함으로써 좌파혁명의 예봉과 기세를 무디게 꺾어버렸으며 회복 불능의 상태로 몰아버린 것이다. 이겼더라면 이후의 사태는 보다 미국에 유리하게 전개되었을 것이지만 이기고 지는 것을 떠나 대규모 참전만으로 미국은 좌파혁명의 기세를 충분히 꺾어놓았다. 월남을 내어주더라도, 다른 지역에서의 좌파혁명의 기운을 오로지 승리함으로써만 꺾을 수 있었다면 아마도 미국은 인도차이나에서 10년 이상이 소요되더라도 기필코 전쟁을 이길 각오를 하고 철수하지 않았을 것이다.

미국으로서는 국내외에서 개인이 좌파 사상을 가지는 것은 '자유주의'의 원칙 아래 허용하였지만 자국 본토에 영향을 미칠 만한 소요나 사건은 그 규모에 관계없이 빌미를 제공한다 싶으면 가차 없이 제압하였다. 반전운동과 민권운동, 환경운동, 여성운동 등 1960년대 이후 미국에서 일어난 문제들에 대해서는 신좌파에 대한 대중의 지지가 비교적 수월하게 확산될 수 있었다. 그러나 이중 대표적인 이슈인 반전을 예로 든다면, 반전운동 지지의 근거는 대중의 정서와 미국 중심적인 정치지리적 사고였으므로, 새로운 사회를 건설하자는 신좌파의 혁명적 구호에 진정으로 동참하는 이들은 다수가 될 수 없었다.

군산복합체와 신좌파가 제각기 다른 이유에서이지만 기묘하게도 전쟁에 반대하게 되자, 이윽고 전쟁은 그 3년 후인 1973년에 와서 멈춘다. 그럼에도 불구하고 감행된 '캄보디아 확전'의 의미는315) 국가가 대내적 사회계급관계와 국제관계의 접점에 위치하고 있었기 때문에 확보할 수 있었던 사건이라는 데 있었다. 확전이 감행된 것은 구체적으로 닉슨 정권의 성향, 즉 닉슨 대통령과 키신저를 비롯한 보좌진들의 '매파'적이고 '권위주의'적인 성격에 연유한 것으로 추론할 수 있다.

이처럼 월남전은 신좌파운동에 대해 다음의 두 가지 의미를 지닌다.

첫째, 신좌파운동의 가장 큰 이슈였으며 또한 대중들에게 반전운동의 지지를 이끌어낸 사건으로서 신좌파운동을 촉발시켰다.

둘째, 이와 반대로, 미국 국가는 월남전 수행을 통해 신좌파를 비롯한 대내외 좌파세력들에게 여러 가지 의미심장한 메시지들을 던져 주었다. 동남아 변방에서 일어난 전쟁에 대해 그토록 미국이 명분과 실리 모두 떨어지는 전쟁을 감행한 것은 현대자본주의국가의 군사력이 무엇을 목적으로 하고 있는가를 명백하게 보여 준다. 머나먼 아시아국가의 대공산권 전쟁에도 대군을 파견하여 좌파혁명의 확산을 제압하려 시도한 미국이 자국 내에서 그러한 운동이나 내전이 일어났을 경우 어떻게 대처했을지는 짐작하고도 남는다.

여기서 보듯이, 20세기 초반까지만 해도 프랑스혁명, 러시아혁명 등 주요한 고전적 혁명들을 보면 단위민족국가의 대외전쟁 패배가 혁명의 촉발 계기로 작용했다. 그러나 국제관계의 메커니즘이 달라진 20세기 중반 이후 벌어진 혁명운동은 그전 고전혁명과는 전혀 다른 환경에 놓여 있었던 것이다. 유럽적 세력균형체제의 전쟁은 단위국가의 체제를 위협한다. 게다가, 세계사적 시간을 봤을 때, 고전혁명이 일어난 국가들은 한결같이 농업관료국가이자 전근대적 왕조체제였으므로 아래로부터의 저항이 한창이던 시기였다. 그러나 냉전으로 국가 간 대결구도가 굳어진 20세기 중반 이후, 주요한 전쟁들은 개별 국가 간의 경쟁이 아니라 진영 간 대결의 대리전 위주의 전쟁이었으므로 고전혁명 전후 일어났던 전쟁들과는 전혀 다른 성격의 전쟁이었고, 혁명운동에 미치는 영향 역시 전혀 달랐던 것이다. 이처럼 20세기 중

---

315) 캄보디아침공이 비록 여론에 밀려 더이상 확전되지 못했지만.

반 이전의 고전혁명시기와 냉전구도가 굳어진 이후의 혁명운동이 일어난 시기는 혁명에 대한 국제관계의 영향, 혁명운동에 대해 국가가 취할 수 있는 입지와 역량 측면에서 완전히 달라진다. 전쟁과 혁명 간의 상관관계를 시대에 관계없이 일반화하려는 시도는 무리일 수밖에 없는 것이다.

# V

# 헤게모니과정과 운동에 대한 제약

# V. 헤게모니과정과 운동에 대한 제약


## 1. 이념적 스펙트럼과정치적 기회구조의 협소성


　1980년대 한국사회에서 급진 좌파세력의 사회주의적 주장과 실체가 사회적으로 공개된 최초의 사건은 1986년 5월 3일 인천사태였다. 개헌 추진운동으로 시작한 신한민주당의 의도와 달리 당시 CA 계열 세력이 중심이 된 운동세력은 이를 '혁명적 대중시위'로 전환시키려 했다. 야당을 비롯한 일반시민들은 이들의 혁명적 구호와 주장에 동조하지 않았으나, 사회주의지향의 좌파세력 등장은 주장 제기 자체가 당시 사회에 커다란 충격이었다. 대표적 일간지들은 사설란을 모두 이에 대한 경계 논조의 논설문으로 실어 시민사회의 주의를 환기시켰고, 유력한 보수 일간지들은 1986년의 10대 뉴스에 건국대 사

태와 함께 인천사태를 올려 1980년대 후반 한국정치에 좌파세력이 비록 소수
였지만 실체가 나타났다는 점과 그 주장을 비중 있게 다루었다.[316]

> ······인천사태를 기점으로 급진실체에 대한 분명한 인식과 더불어 그에 대한
> 분리대응이 절박하다는 공감대가 형성돼가고 있음은 확실하다.······시위대에 끼
> 어든 일부 분파 가운데는 이미 "개혁 요구의 차원"을 넘어 **혁명희구세력**으로서
> 의 성격을 스스로 명확히 하고 있었다는 점을 우리는 간과할 수 없다.
> 　대한민국의 정통성, 공산집단에 대처하기 위한 한미동맹관계, 자유경제체제
> 와 정치적 민주체제를 모조리 부정해서 어쩌자는 것인가.······급진 과격을 합리
> 와 분리시켜야 한다는 데는 모두 생각이 같더라도 지금까지의 방식 그대로는
> 어렵다.······치안차원의 대응에는 한계가 있을 수밖에 없다. 그렇다면 해답은
> 자명하다.「정치의 민주화」라는 한마디로 요약된다.[317]

위의 사설은 "혁명이냐 개혁이냐"라는 논제하에 실렸던 보수언론의 사설
로서 당시의 충격이 컸음을 보여 준다. 사설은 대체로 대다수 국민들의 여
론과 별반 차이가 없는 것으로서 신민당 역시 제도권 야당으로서 정체성을
이와 어떻게 구별할 것인지 고심하였다.[318]

사설 마지막 부분은 당시 '혁명적 사회주의'를 추구하던 운동세력을 제약
하고 있던 구조적 조건 중 하나인 헤게모니의 역할을 시사한다. 사설의 표
면적인 주제는 '혁명세력에 대한 우려'였지만 더 중요한 주제는 '혁명을 방지
하기 위한 체제의 자기 개혁으로서 민주화의 필요성'을 주장한 데 있다. 즉
운동세력에게는 공권력과 법체계로 행사되는 합법적 국가폭력이 1차적 상대
였겠지만, 그 이면에는 국가폭력을 승인하고 그럼으로써 정당화하는 국민의
체제에 대한 지지와 동의가 자리하고 있었던 것이다. 독재 타도와 개헌을
향한 광범한 여론은 급진 세력의 혁명적 주장에 동조하지 않았고, 오히려

---

316) 조선일보, 1986년 12월 27일, 10대 뉴스.
317) 동아일보, 1986년 5월 6일, 이탤릭 강조는 필자.
318) "신민당의원들이 본 대학의 실태", 『월간조선』, 1985. 6.

'민주화'로써 그러한 주장을 격리시키자는 의미도 있었다. 기존 체제의 정당
성과 자유민주주의에 대한 강고한 국민들의 지지와 기대는 광복 이후 지금
까지도 튼실하게 이어져 오고 있다. 정권 유지 차원의 전술이 아니라, 이것
은 대한민국의 체제를 지키는 정치사적이고 구조적인 헤게모니 차원의 효과
였다. 이미 민주화 과정에서부터 급진 좌파는 대다수 대중과 여론의 은연중
견제와 제약을 받고 있었던 것이다.

　　1989년 8월 19일 경기도 소래에서 결성된 대표적인 비합법 운동조직이
었던 '혁명적 노동자계급투쟁동맹(혁노맹)'은 1989년 9월 7일 기관지 '불꽃'
을 통해 다음과 같이 선언하였다.319) "프롤레타리아계급의 전위당을 건설하
기 위한 투쟁을 실제 해결 과제로 두고 이를 즉각 개시하여야 하며, 혁노맹
은 직업적 혁명가의 전위조직으로 출범한다."

　　이러한 입장에서 혁노맹은 당시를 '혁명적 정세의 최후의 시기'라고 규정
하고 '임시혁명정부'와 '무장봉기의 실제 기술적 준비'라는 슬로건을 내세웠
다. 혁노맹 관계자들의 주장에 의하면 혁노맹은 분명히 대중조직이 아니라
즉각적 전위당 건설을 목표로 하는 혁명조직이었다.320) 당시 혁노맹은 "독
자적 군사행동과 대중에 대한 군사적 지도를 기본 임무로 하는 혁명군대 건
설을 위한 사업에 즉각 착수해야 할 것"이라고 주장하였으며 군사과학 연구,
군사문제 습득, 중화기·개인화기를 포함한 자체무장을 모든 수단을 통해
갖출 것, 봉기가 시작될 때 즉시 장악해야 할 여러 기관(신문, 방송, 행정,
교도소, 법원, 은행 등)에 종사하는 연고자와의 연락망을 설치하기 위해 노
력하고 이에 대한 탐지, 정찰사업, 파쇼국가의 군대와 경찰에 대한 실질적
물리적 타격을 가하여 파쇼국가를 붕괴시켜 나갈 것을 과제로 선언했다.321)

　　혁노맹 사건은 안기부에 의해 적발되기는 하였으나 그 조직과 실제 활동

---

319) "보안사의 혁노맹사건조작 진상", 월간 말, 1990년 10월호, p.165.
320) 한겨레신문, 1990년 8월 23일. 당시 조작 의혹이 제기되었지만, 혁노맹이 무장
　　봉기를 천명하고 준비했던 점은 참가한 이들이 분명히 밝히고 있다. "보안사의
　　혁노맹사건조작 진상", 월간 말, 1990년 10월호.
321) 경향신문, 1990년 8월 22일.

에 대해 조작의 의문이 제기되었지만, 위와 같은 주장과 선언은 혁노맹 관계자 스스로의 증언과 문건에 의해 확인되었다. 당시 학생운동가들을 주로 변호해 온 한 인권변호사는 사회주의를 표방한 조직은 있었지만 직접 노골적인 폭력성을 내세운 조직은 없었던 점을 상기시키면서, "국민들의 정서로부터 유리된 투쟁노선이 자칫 정권에게 탄압 빌미를 제공한다는 점을 유념해야 한다."고 문제점을 지적했다.[322]

좌익소아병의 전형이라 평가받을 만한 혁노맹의 과격성은 당시 한국사회의 이념적 경향에 대한 성급한 판단과 레닌주의의 맹목적 수용으로 빚어진 결과였다. 이러한 전략적인 오류 외에도, 처음부터 대중정치의 중요성에 대한 관심이 없이 '즉각 혁명을 위한 봉기'를 목적으로 했다는 점은 헤게모니 차원에서 전술적으로도 실패가 예견되어 있었던 무모한 행동이었던 것이다.

혁명운동세력이 맞이했던 당시의 구조적 조건 중 국가 공권력과 같은 합법적 국가폭력의 강도와 실체는 쉽사리 드러나지만, 체제 정당성에 대한 합의, 사회주의에 대한 거부로 나타난 헤게모니의 작용은 얼른 눈에 띄지 않지만 사회주의를 지향한 운동을 근원적으로 제약했다. 1987년 이후 후자의 조건으로 인해 운동세력은 대중정치에 실패하게 된 것이다. 사회주의에 대한 당시의 대중적인 거부는 조건반사적, 정서적, 비합리적인 그리고 정권의 조작 등 '반공 콤플렉스'로부터 오로지 전적으로 도출된 거부가 아니라, ―그런 측면도 있었지만― 대중의 경험과 합리적 사고에서 나온 거부라 할 수 있다. 따라서 이때의 거부는 막연한 느낌과 정서를 나타내는 용어인 '거부감'으로 표현할 것이 아니라 의견과 태도를 나타내는 '반대' 내지, 보다 정확하게는 '외면'으로 표현해야 옳을 것이다. 헤게모니는 특정 정권이나 정치지도자가 단시일에 형성시키거나 변화시킬 수 있는 조작의 대상이 아니며, 역사적 블록의 성격을 띠고 있는 장기적 체제 차원의 개념이기 때문이다.

위에서 보듯이, 시민사회가 급격히 성장하고 경제발전 역시 가속화한

---

322) "보안사의 혁노맹사건조작 진상", 월간 말, 1990년 10월호, p.165.

1980년대 들어 이들은 비판의 지적 자산을 자본주의체제를 '과학적'으로 비판한 오랜 전통이자 세계적으로 좌파정치세력의 가장 유력한 이론적 무기였던 마르크스주의, 그리고 주체사상을 수용하였는데, 이를 한국사회에 적용하는 과정에서 토착적인 문제의식과 조화하려는 노력에도 불구하고 완전한 소화를 이루기에는 이론의 섭취 역사가 너무 짧았다.323) 이는 '운동이념의 국산화'를 이루지 못하였음을 의미하였다.

소련, 혹은 북한의 사회주의를 따르는 이러한 입장은 첫째, 반공컴플렉스가 없었다 치더라도 결코 대중정치에는 유리하게 작용할 수 없을 만큼 일반 여론에 대한 호소력을 결여하고 있었다. 둘째, 사회주의국가와 대치하고 있던 반공국가로서는 단순히 정권 연장이 아니라 체제수호 차원에서 이러한 사회주의세력을 강제로라도 압박할 명분이 생기게 되므로 국가기구와의 정면 대결에서 그만큼 운동세력은 불리하였다. 셋째, 정통 사회주의를 따르려는 입장에서, 1989년 이후 기존 사회주의권 붕괴는 치명적인 국제관계 요인이었음은 자명한 사실이다.

1980년대 당시 대학가에서 '강철'이라는 필명으로 민족해방파의 노선과 사고에 대해 문건들을 작성한 것으로 유명한 김영환 씨는 다음과 같이 혁명운동이 대중정치에 실패한 사실을 회고하고 있다.324)

> "……1980년대는 마르크스·레닌주의적 관념이 운동권을 지배하고 있었다. 투쟁 요구들은 옳았지만 그 방법은 잘못되었다. 계급투쟁론을 그대로 받아들여 극한 투쟁을 선동하고, 일거에 모든 것을 뒤엎으려 했던 조급한 혁명주의를 선동한 오류를 범해 온 것이다……"

---

323) 교조적인 사회주의이론 학습과 실천으로 말미암아 유럽이나 미국의 신좌파와는 다르다. 한국의 1980년대 좌파를 '신좌파'라 부르지 않는 이유가 된다. 한국은 경제발전과 상층 지배연합의 정치변동상의 특징이 압축적 성장, 혹은 비동시성의 동시성으로 나타난다. 서구에서는 수 세기를 두고 일어났던 민주화, 산업화 관련 성과들이 한꺼번에 일어나거나 아니면 국가에 의해 위로부터 주어진 형태로 나타났고, 저항운동에서도 비슷한 현상이 관찰된다.

324) 김영환 인터뷰, "반미, 북한 그리고 90년대에 대한 나의 생각", 말, 1995년 4월호.

'즉각 거사, 대중봉기, 폭력적 정권교체'는 혁명과 동일어가 아니다. 합법적 정치투쟁을 비롯한 사회 각 부문의 진지전 역시 장기적 차원에서는 분명 '혁명적 과제'이다. 그 당시 운동세력 내부에서도 '혁명'을 고전적 사회혁명의 이미지에 대입시켜 '타도, 정권교체, 봉기'로 이해하는 경향이 부지중에 퍼져 있었는데 '혁명'은 그러한 용어들과 결코 동의어일 수 없으며 그러한 용어들은 혁명의 부수 현상을 나타내고 있을지언정 혁명의 본질은 아니다.

혁명은 곧 '경제체제와 정치체제를 비롯한 기존 사회구조의 근본적 변혁'을 일컫는 용어로서, '일시에 급격하게 이루어지는 사태'만을 가리키지는 않는다. 혁명의 개념정의에 보다 필요한 것은 기존 사회의 구조적 변동이지 변동 자체의 급진성, 요란함, 규모는 그저 눈과 귀만 자극하는 부차적 현상에 불과하다.[325]

이미 20세기 초반에 그람시는, 부르주아 헤게모니의 장으로서 서구의 시민사회를 강건하다고 진단하였으며, 고전혁명 방식이 당장 실현 가능하지 않으므로, 노동자계급이 이를 '진지전'을 통해 정복해야 한다고 주장하였다. 부르주아 헤게모니는 전체사회를 전향적으로 발전시키는 진보적 기획에 입각해 노동자계급에게 일정한 '양보'를 함으로써 '시민사회에서의 정치적 – 윤리적 헤게모니와 국가에서의 지배'를 행사할 수 있는 능력에 근거를 두고 있다. 노동자계급은 여기서 '시민사회에서의 일정한 자율'에 수동적으로 만족하기만 함으로써 종속성에 머물게 된다. 이를 타개하고 궁극적인 사회주의혁명을 준비하는 작업으로서, 그람시는 한편으로 처음에 종속적이던 계급이 경제영역에서부터 시작해 정치영역, 문화영역에 이르기까지 사회의 전 영역에 걸쳐 헤게모니능력을 획득해 나가야 할 것이라는 구상을 제시했다.

---

325) 유럽의 산업혁명은 보통 한 나라에서 100년 이상 걸렸으며, 영국과 프랑스의 민주주의혁명은 17세기 영국 권리장전 발표 이후 프랑스혁명, 7월혁명, 차티스트운동, 유럽 각지의 노동운동, 민족주의운동 등을 거쳐 20세기 초반까지 무려 300년 동안에 걸쳐 장구한 시기에 진행되었다. 그 과정에서 일시적인 봉기들은 언제나 성공하지마는 않았고, 테르미도르도, 독재도, 심지어 왕정 복구도 있었던 사실을 상기할 필요가 있다.

헤게모니능력이 있는 계급은 정치적인 단계에 올라섬으로써 비로소 사회적
으로도 우세해지고 자신의 뜻을 관철시키게 되며 스스로를 사회 전 영역으
로 확산시켜 나가는 경향을 갖게 된다는 것이다. 즉, 경제적이고 정치적인
통일을 넘어 지적이고 도덕적인 통일까지도 규정함으로써 조합주의적인 차
원이 아니라 한 사회집단이 종속된 집단들에 대해 행사하는 헤게모니의 보
편적 차원에 서게 된다는 것이다.326)

고전 마르크스주의의 명제와 달리 현대정치학에서는 일반적으로 혁명이란
일정한 정도 발전한 국가나 미발전된 국가보다 개발도상에 있는 중간 수준
의 국가에서 가장 발생 개연성이 높다고 본다.327) 근대화가 스며들지 않은
미발전국가에서328) 혁명이 일어날 가능성은 극히 희박하며, 일정한 정도
발전한 국가는 그람시의 진단과 같이 내부적으로 끊임없는 자기 개량을 수
행하기 때문에 강제와 동의가 결합된 형태의 헤게모니를 지배연합이 강력하
게 장악하고 있기 때문으로 볼 수 있다.

이러한 시각에서 본다면, 한국과 미국은 지배연합이 여러 가지 측면에서
혁명운동을 제압하는 데 유리한 조건을 갖추고 있었다. 먼저, 고전혁명과 같
은 아래로부터의 대규모 저항 경험이 양국에서는 역사적으로 전무하였다. 특
히 그 과정에서 미국의 정치사적 헤게모니 형성은 매우 독특하면서도 강력하
다. 미국은 독립전쟁과 노예해방에서 보듯이 국가가 중심이 되어 근대 가치
를 구현하는 데 앞장섰다. 그리고 뉴딜에서 보듯이 사회주의와의 대결에서도
진보의 가치와 이념을 국가가 먼저 선점해 버린 역사적 경험을 갖고 있다.

한국은 역사적으로 단 한 번도 하층 민중이 아래로부터 봉기하여 국가를
전복시켜 권력을 장악한 경험이 없었다. 시도는 있어 왔지만 그때마다 여러

---

326) 주정립, "마르크스의 정치경제학비판에 비추어본 그람시의 이데올로기비판.", 한국
　　　정치학회보 33-1, 1999, pp.172-173.
327) Robert Dix, "The Variations of Re Vol. ution", *Comparative Politics*,
　　　Vol.15, No.3, 1983. 4., pp.290-291.
328) 저발전(低發展)국가가 근대화가 더딘, 혹은 진행 중인 국가라면, 미발전(未發展)
　　　국가는 아직 근대화를 시작조차 하지 않은 국가라 할 수 있다.

가지 이유로 인하여 좌절을 되풀이하였다. 이러한 역사적 경험은 1948년 이후 한국 국가의 정치적 헤게모니 형성에도 영향을 미친 것이다.

한국과 미국은 또한 공통적으로 유럽의 정치사를 나중에 보고 참고할 수 있었다는 유리한 세계사적 연대(年代)에 처하고 있었다. 특히 미국은 독립 이후 모든 면에서 유럽에 뒤졌기 때문에 유럽이 경험한 사례를 참고할 수 있었는데, 유럽노동운동의 전개과정과 사회주의운동이 미국에서 되풀이되지 않은 것은 미국의 내재적 조건이 유럽과 다른 이유도 있었지만 무엇보다도 유럽이 경험한 선행 사례를 미국이 먼저 보고 배울 수 있었다는 유리한 시간적 위치 때문이다. 영국의 경제학자 케인즈(J. M. Keynes)가 주장한 개혁을 전국적 차원에서 최초로 실시한 국가가 바로 미국이었다. 이러한 발빠른 개혁은 유럽이 경험한 정치경제적 위기의 전철을 되풀이하지 않으려는 미국의 의도 때문이기도 하였다.

한국은 유럽과 미국이 겪은 전철을 미리 국가가 나서서 이루어야 했다는 데서 근대화의 출발이 늦은 불리함이 있었지만, 그 과정에서 유럽에서는 노동계급을 비롯한 하층민이 이니셔티브를 쥐고 행했던 여러 가지 정치경제적 변화를 국가가 이룸으로 인하여 모든 사회부문에서 국가가 강력한 권위를 지니게 되었다.

부르주아와 노동계급이 정치적으로 성장하는 것은 단순히 그들의 존재 자체와 규모가 성장함으로써만 가능한 것은 아니다. 그들 스스로의 행동을 정당화할 수 있는 것은 그들이 그 사회를 위해 무엇을 해 왔고, 또한 그에 따라 그들의 정신은 무엇인가라는 역사적 경험과 이니셔티브가 더 크게 작용한다. 그러나 한국은 자유주의적 경제성장을 거치면서도 유럽정치의 역사와 이론에서 본다면[329] 그 중심이 되었어야 할 부르주아들이 '정치발전', 혹은

---

329) 최장집, 『한국민주주의의 조건과 전망』, 이른바 "패권적 부르주아"라 불리는 역할이다. 이들은 경제적 위치를 공고히 하기 위해 이와 모순을 빚는 구제도와 투쟁하여 근대국가를 형성하는 데 앞장섰으며 그로써 사회의 헤게모니를 스스로 좌우할 수 있는 유리한 위치를 선점하였다.

'권력구조의 변동과 향배'를 좌우하는 대내정치투쟁에서 어떤 주요한 역할을 한 적이 1990년대 이전까지 한 번도 없었다.

서구 부르주아들은 이전의 군주제로부터 제한적 형태로나마 민주주의를 도입하는 데 앞장섰다는 점에서 그들의 영향력과 발언권을 크게 강화할 수 있었다. 그러나 한국은 그러지 못했다. 원래 그럴 필요가 없었던 것이다. 한국의 자본주의경제체제는 일본에 의해 수탈적 체제 형태로 강제 이식되었고, 정치제도는 미국에 의해 도입되었다. 유럽에서는 이러한 제도들이 아래로부터의 저항의 결과 획득된 것이지만, 한국 근현대사에서 자본의 원시적 축적의 주체, 뒤이어 경제성장의 선도자(이니셔티브를 제공하고 추진한 기관)는 부르주아가 아니라 국가기구였고 부르주아는 언제나 수동적이었으며 자생적 계급이 아니라 제국주의침략과 독재정권에 의해 '존재 자체가 만들어져 온' 객체적 태생물이었다. 그리하여 현대사에서 한국은 혁명적 상황을 맞이할 때마다 기득권층으로서 부르주아는 개혁의 대상, 혹은 하위협력자이었을지언정 한 번도 개혁의 주체가 된 적은 없었다. 5.16 당시 재벌이 쿠데타군에게 고개를 숙인 것, 5.18 당시 재벌들이 신군부의 압박에 눌려 협력한 것, 1987년 6월항쟁 당시 재벌이 전두환 정권의 호헌조치를 지지한 것은 좋은 예이다. 이러한 선택마저도 재벌 집단의 어떤 뚜렷한 소신의 결과가 아니라 그들의 보신과 무이념에 의한 것이었으므로 가여울 정도인 이들의 무뇌상태와 정신적 박약 증상은 한국 부르주아의 특징을 고스란히 보여준다.

이러한 그들의 경험과 형성과정으로 보았을 때 한국 부르주아계급은 자본제의 구조와 위상이라는 측면에서는 분명 지배계급이지만, 정치적 맥락과 역사적 상황에서 봤을 때는 결코 강력한 지배계급은 아니라 오랜 세월 국가에 기생한 수동적 부르주아였다.

분석적으로 봤을 때는 다음의 이론화가 가능하다. 즉 부르주아는 '군주제나 전근대적 체제에서 갓 벗어난' 역사적 전환기, 혹은 자본주의 초기의 제한적 민주주의를 가장 선호하며, 민주주의의 지속적 발전에 대해 늘 지지하는 것은 아니며 심지어 가로막기도 한다. 서구 부르주아들이 영향력을 행사하게 된 것 역시 그러한 역사적 전환에서 '공'을 세운 덕분이었다. 그러한 경험, 그리고 부르주아 자체가 그 과정을 통해 형성되었으므로 영향력을 가지고 싶지 않아도 가질 수밖에 없었다. 여기서 부르주아란 한국의 재벌대기업, 미국의 군산복합체에 속한 주요한 대기업, 그리고 각국의 다국적 기업 등 상층 부르주아를 의미한다.

한국은 초기 자본주의의 원시적 축적과 양식의 도입 과정, 그리고 이를 뒷받침하는 정치경제적 제도화가 1876년 강화도조약 이후 1948년 정부 수립까지 외세에 의해 이루어져 왔다.[330] 자본주의제도의 도입을 기준으로 한다면 이 시기를 들 수 있는데, 독립 국가건설 이후의 실제 운영과 전개과정 역시 외세의 압도적 영향 아래 있었다. 이 과정에서 부르주아는 단순히 재정적 능력과 기반을 획득하는 데는 성공적이었지만 자기 자신을 위한 재화 획득 이외에 별달리 내세울 것이 없었다. 자본주의체제는 일본에 의해 도입되어 정착하였으며, 게다가 민주주의제도는 미국에 의해 급작스레 이식되었다. '급작스레'라는 표현이 암시하듯이 그 정착과정이 얼마나 걸렸는가 하는 점도 중요하다.

일국의 정치에서 자유민주주의는 주창하고 실현하는 데 선도하고 주도한 주체가 누구인가에 따라 구체적인 성격이 상당히 달라질 수 있다. 부르주아가 자유민주주의 이데올로기를 주창할 때는 이전의 억압적 체제로부터 탈피하기 위한 입지를 이념적으로나 정치적으로 현실에 반영하기 위함이었음은 서유럽의 역사에서 볼 수 있는 바다.

그러나 한국에서 부르주아는 굳이 그럴 필요가 없었으며 다만 수동적으로 이미 주어진 자본주의체제를 지키기 위한 일종의 보호막과 형식적 논리 차원에서 자유민주주의의 표피를 그저 따라가고 지지하는 수준이었다. 전근대시기 국가로부터 독립된 생산양식을 확보하고 건설하기 위해 서구 부르주아들

---

330) 조기준, 『한국경제사신강』, 일신사, 1995, 1장.

이 국가와 직접 대결할 수밖에 없었지만 한국은 이미 그러한 생산양식은 밖으로부터 주어졌고, 부르주아는 그와 함께 동시대적으로 자라 왔다. 그리고 나아가 이들은 정치적으로나 경제적으로나, 서구 부르주아가 자유민주주의제도의 필요성을 절감했던 것과 달리 자유민주주의를 선호하지도 않았다. 이들이 자유민주주의를 스스로 나서서 획득하거나 성취하지 않았다는 역사적 사실이 가장 큰 원인이었다. 한국에서 부르주아와 자유민주주의의 논리를 대변한다고 자처하는 보수적 언론들이 역사적 전환기에서 취한 입장을 보면 그대로 드러난다. 이들이 한국정치사의 고비고비마다 보여 준 눈치작전과 강자의 편에 재빨리 선 행태는 이러한 사실을 직접적으로 대변한다.331)

미국 역시 이 점에서는 유럽의 부르주아에 비해 취약하다. 물론 한국과 비교할 때 그 정도 차이는 심대하다.

노동계급 역시 마찬가지였다. 유럽정치사에서 도출된 이론적 명제는 "좌파운동과 이론은 프롤레타리아를 기반으로 하며 노동계급은 강력하고 지속적인 정치투쟁을 통해 정치사회에 자신의 영향력을 행사한다."이다. 이는 유럽정치의 노동운동사를 보면 확인되는데, 미국과 한국은 노동계급 조직화 자체에 처음부터 국가가 적극적으로 개입하고 지원한 '예외적' 경우이다. 그리하여 노동계급은 학생과 지식인 중심의 좌파운동에 대해 별로 우호적이지 못하거나, 부분적으로만 우호적이거나, 심지어 적대적으로 행동하기도 했다. 묘하게도, 학생과 지식인들이 '객관적 계급관계'에서 그들의 위치가 '쁘띠 부르주아'에 속하고 있기 때문에, 정작 노동계급 스스로는 학생과 지식인들에 대해 동지(同志)의식은 가질 수 있었어도 동질(同質)의식은 결코 가질 수 없었다.

이러한 양국의 헤게모니 환경은 유럽과는 분명히 다른 경로를 밟아온 정

---

331) 조선일보, 1987년 4월 14일. '4.13 결단(決斷)을 보고'라는 사설(社說)을 통해 전두환 대통령의 '호헌조치'를 인정하고 '정부·여당이 마음만 먹으면 얼마든지 청산할 수 있는 권위주의적 관행과 법제들을 과감히 시정해 나가는 것'을 '과제'로 들고 있다. 전경련과 한국노총 역시 당시 호헌조치를 즉각 지지했다. 그러나 국민 대다수는 이러한 일부 언론과 재벌, 친정부적 노조와 완전히 다르게 호헌조치를 반대하였고 불과 2개월 후 '6.29선언'을 끌어낸다.

치사에서 초래되었으며, 이를 유럽정치사를 경험적 자료로 한 이론과 맞지 않다 해서 마냥 '예외'로 볼 수는 없다. 그보다는 양국 특유의 정치적 환경과 역사적 요인을 유념하여 국가에 유리한 헤게모니 전통과 구조를 형성한 과정을 분석해 보아야 한다. 좌파혁명운동이 시도될 당시, 한국과 미국에서 발견되는 헤게모니 지형의 특징은 정치부문에서는 각각 한국의 반공주의, 미국의 전통적 자유주의로 대표되는 협소한 정치이념적 스펙트럼, 사회경제부문에서는 혁명운동과 좌파이데올로기에 대한 대중의 제한적 지지와 무관심, 노동계급과 혁명운동의 연대 부재가 있다.

정치변동의 이론과 실제를 보면 언제나 사상혁명이 무장혁명에 비해 한발 앞서 나타나며, 이는 혁명을 추구하는 세력의 전략과 전술 차원에서도 필요한 작업과제의 하나이다. 1980년대 한국사회에서 사회주의운동세력이 벌인 치열한 이론 논쟁은 모두 "변혁을 수행하기 위한 지침으로서", "혁명적 이론"으로서, "현 단계에 대한 올바른 이론"으로서 지칭되었다. 이들이 추구하던 급진적 변혁은 한결같이 대중의 대규모 동원을 전제하고 있었다. 대중의 변혁에 대한 의식이 어느 정도 고양되어 있어야만 혁명이 일어날 수 있는 것이다.[332] 거꾸로 말해, 대중이 체제의 변혁에 대해 소극적이거나 부정적이라면 혁명은 고사하고 그를 향한 어떠한 움직임도 원천적으로 불가능한 길을 걷고 있는 셈이다.

당시 한국과 미국의 운동이 자기 기반으로 삼는 이념의 급진성 여부, 자아준거성 여부는 매우 많은 요인이 있을 것이다. 그러나 정치사적 헤게모니라는 구조적 조건과의 관련성을 고려한다면 두 가지로 나누어 분석해 볼 수 있다. 첫째, 운동세력과 지배연합 모두가 공통적으로 안고 있는 정치사적 헤게모니의 조건, 둘째, 운동세력이 맞선 지배연합의 이념적 성격과 포용성이다.

---

332) L. Edwards, *The Natural History of Re Vol. ution*, University of Chicago Press, 1970, p.34.

## 1) 한국의 반공주의

1989년 10월 방한했던 전 서독 수상 빌리 브란트(Willy Brandt)는 당시 한국의 정부 당국에 의해 '좌경용공세력'으로 간주되어 감시를 받던 '사회민주주의청년연맹'(약칭 사민청, 당시 위원장 최창우)를 이례적으로 방문하여 관심을 표명하였다. 사민청은 마르크스레닌주의, 주체사상, 서구의 사회민주주의 등 다양한 좌파 사상들을 섭렵하여 한국사회에 적합한 '자주적 사회주의사상'을 개발해야 한다는 입장이었다.[333]

1989년 4월 이후 조성되었던 '공안정국'을 맞아 폐쇄조치를 당하기도 했던 '과격단체'에 대한 독일 사민당 정치지도자 빌리 브란트 수상의 관심과 방문은 유럽정치의 이념적 구도에서는 별 문제 될 것이 없었지만 한국의 정치현실에서는 새삼스럽게 주의를 환기시킨 사건이었다. 그의 방문은 한국정치의 이념적 스펙트럼이 협소함을 다시 한 번 확인하고 있었던 것이다. 더구나 사민청은 당시 사회주의를 지향하는 운동세력 내부에서는 '개량적이고 모호한 입장'으로 비판을 받고 있던 처지였던 데 비해, 안기부를 비롯한 당국은 '불온한 좌경세력'으로 규정했던 대조적인 평가가 교차하던 와중에서, 빌리 브란트의 방문은 1990년을 전후한 한국정치사회의 경직성을 그대로 알려 주고 있다.

한국에서는 정치이념의 스펙트럼 중 중도와 우파만 허용될 뿐이며, 좌파 경향의 이념과 노선은 아직도 자리잡지 못하고 있다. 선거마다, 혹은 주요한 사건마다 불거져 나오는 '색깔론'은 상대방에 대한 가장 결정적인 공격이다. '색깔'은 '이념'을 표현하는 용어이며, 굳이 '색깔'로 표현하는 의도는 이전의 '빨갱이'라는 정치 속어가 특정한 색깔로써 상대방의 이념적 성향을 공격해 온 전통에서 비롯된 것이다. 그리고 '색깔'이란 표현을 씀으로써 공격당하는 쪽은 은연중 '빨갱이'라는 색감이 주는 이미지로 피해를 보게 되는

---

333) "남한의 사회주의단체들", 新東亞 1990년 6월호, pp.482-483.

대중조작의 효과를 거둘 수도 있는 것이다.[334] 주로 '대북관'에 의해 표현되는 것으로서,[335] 복잡다단하고 다양한 좌파의 노선과 주장을 구별하지 못하게 하는 혼란스럽고 천박한 인식을 반영한 용어이다.

> "……색깔이라고 한다면 거부감을 가지는 사람들도 있는 모양인데 이념이란 말을 쉽게 표현한 말입니다. 이념에 의하여 분단된 남북한 상황에서는 정치지도자들을 선택할 때 색깔, 즉 이념적 성향을 가장 중시하여야 합니다. 정치인의 이념을 문제삼으면 『*또 색깔론인가*』*라고 반발하는 세력들은 감추고 싶은 이념을 가진 좌파인 경우가 많았습니다.* 한국정치는 색깔론을 떠나서는 존재할 수 없고, 어떻게 하면 색깔논쟁을 대한민국과 헌법의 테두리 안에서 정정당당하게 하느냐 하는 것이 과제입니다.
>
> 색깔논쟁이 대한민국(헌법) 수호세력과 反국가 세력 사이의 대결이 되면 死活이 걸린 싸움이 되는 데 반해 좌파가 대한민국의 정통성과 헌법의 존엄성, 그리고 金正日의 악마성을 인정한 바탕 위에서 벌이는 색깔논쟁은 우리 사회가 수용할 수 있는 이념-정책 대결이 되는 것입니다. 이렇게 되려면 우선 우리 사회의 좌파가 金正日 추종 노선에서 벗어나야 하는 것입니다.
>
> 색깔논쟁은 우리 정치판이 이념에 따라 좌우로 나눠지는 것을 의미합니다. 여기서 *이념이라면 주로 對北觀에 의해서 표현*되는 것입니다.……"[336]

이 글에서 나타나듯이 색깔론은 주로 대북관에 의해 표현된다. 북한에 대한 태도를 주로 해서 색깔론의 소재를 삼는다는 데서 알 수 있듯이, 대북관 이외의 중요한 기준과 태도가 묻혀버린다는 데 색깔론의 맹점이 있다. 그러나 이를 제기하는 사람들은 위 글에서 보듯이 언제든지 적극적으로 색깔론을 제기하겠다는 의도를 밝히고 있다.

---

334) 색깔로 이념적 성향을 빗대는 표현에 '빨갱이'는 있어도 '파랭이'란 표현은 없다는 사실이 이러한 효과를 나타낸다. 색깔이라는 자체에 이미 그런 편향된 이미지가 있는 것이다.

335) 조갑제는 '색깔'은 '이념'이며 '이념'은 주로 '대북관'에 의해 나타난다고 하였다. 월간조선, 2001년 10월호.

336) 조갑제, "편집장의 편지", 월간조선 2001년 10월호. 이탤릭 강조는 필자.

색깔론은 조작과 곡해에서 비롯되는 경우가 적지 않다. 2001년 여름과 가을에 걸쳐 여당의 정책을 '좌파'로 공격하면서 색깔론 논쟁을 주도했던 한 정치인은 '신자유주의'에 대해 다음과 같은 견해를 피력했다.

"김대중(金大中) 정부가 내세우는 '신자유주의'는 사회주의자들이 '이거 안되겠다' 싶어 시장기능을 가미한 것……사회주의자들이 장사가 안되니까 시장기능을 가미한 것이 신자유주의, 제3세력……김대중정부의 정책은 낡은 사회주의적 정책……"[337]

20세기 후반부터 선진자본주의국가에서 시행하고 있는 '신자유주의' 정책, 그리고 '제3의 길'은 현재 국내는 물론 전세계적으로 좌파정치세력들과 지식인들의 가장 주요한 비판 대상임에도 불구하고[338] 이를 거꾸로 인식하면서 '신자유주의'마저도 '좌파'로 몰아붙이는 기이한 태도를 보여 주고 있다. 이러한 주장에 대하여 '그렇다면 IMF도 좌파며, 구조조정도 좌파라는 것이냐?'라는 반론이 나오는 것도 무리가 아닌 셈이다.[339] 이러한 경우, 색깔론은 이념논쟁이 아니라 인신공격의 수단, 정권획득을 위한 정쟁 수단에 불과하다. 즉 이러한 인터뷰내용은 그 논리와 내용이 거의 희극에 가까운 수준이며, 색깔론이 정쟁의 수단이 된 경우의 대표적 사례로서 이념과 정책 논쟁을 정권획득을 위한 정쟁과 상대방 공격을 위해 이념을 왜곡한 것이다. 색깔을 이념과 동일시하기에는 이미 한국의 정치사회와 시민사회에서 기본적인 용례와 개념이 심히 잘못되어 있음을 보여 준다. 결코 색깔과 이념은 같은 용어가 될 수 없는 것이다. 논의의 출발점이 이처럼 잘못되어 있기 때문에 이념적 정책정당끼리의 경쟁은 아직도 요원하다. 제도권정치사회의 이념적 구도가 이 정도이기 때문에, 혁명적 좌파운동이 의미 있는 성과를 거

---

337) 한나라당 정책위 의장 인터뷰, 연합뉴스 2001년 8월 1일, 조선일보, 2001년 8월 2일.
338) 한겨레21, 2001년 3월 20일, 주간동아, 2001년 3월 22일.
339) 한국일보, 2002년 4월 9일.

두기 힘든 것이다.

이토록 한국에서 '좌파'가 기피 용어가 된 원인이 된 배경은 두 가지 정도로 압축시켜 볼 수 있다.

첫째, 북한과의 전쟁 경험이다. 정권의 조작이나 탄압이 없다 하더라도, 북한은 현실적으로 안보상 대치하고 있는 존재이다. 북한은 통일과정의 불가피한 동반자이지만, 휴전상태의 현실 상황을 부정할 수는 없다. 북한은 원론적인 사회주의원리와 민주주의의 원리와는 동떨어진 독재체제임에도 불구하고,340) 공식적으로는 좌파이념인 사회주의를 체제이념으로 명시하고 있기 때문에, '좌파'에 해당되는 어떠한 노선이나 정책도 일단 불신과 의혹의 대상이 되어 왔다. 전쟁은 북한의 침공으로 시작되었으며, 민족 전체가 큰 피해를 입었으므로 남한사회에서 '좌파'에 대한 경계가 자리잡은 데는 북한이 일으킨 전쟁이 궁극적 원인으로 작용했다. 전쟁은 독일과는 다른 분단 상황을 조성하였으며, 대중의 극심한 피해의식이 작용하였다.

또한 북한정권이 국내파, 연안파, 민족주의세력 등 다른 '좌파' 및 중도 세력을 숙청하기 전, 초기에는 이들과 연대하였다는 사실, 그리고 그러한 통일전선전술을 '남조선해방' 전략에도 응용해 왔다는 사실로 인하여 '좌파'라 하면 대한민국 국민들로서는 오늘날처럼 남북한관계가 진전되지 않은 과거 시절에는 합리적, 객관적으로도 경계하지 않을 수 없었다. 즉, 남한사회에서 좌파세력은커녕 그 용어 자체도 기피된 데는, 전쟁을 일으켰고, 통일전선전술을 수행해 온 북한의 책임이 분명히 존재한다.

둘째, 이를 기화로 수십 년간 지속된 과거 권위주의정권들의 이데올로기 공세이다. 안보상황과 북한의 존재가 객관적 상황인 데 비해, 정권의 이데올로기공세는 상황을 이용한 정권 차원의 적극적인 헤게모니과정에 속한다. 그동안 공안 사건과 대중의 의혹은 의도적으로 조장된 경우도 없지 않았으며 특히 과거에는 좌파라고 할 수 없는 많은 의회주의자, 자유주의자들이

---

340) 인터넷신문 오마이뉴스, www.ohmynews.com, 2002년 4월 11일.

본의와 전혀 달리 '용공'으로 몰려 곤욕을 치르기도 하였다. 대한민국의 자본주의체제를 부정하거나 이를 무너뜨리려는 의도가 없고, 북한사회주의노선을 반대하는 입장에서, 다만 점진적 혁신을 지향한 온건한 사회주의자라 하더라도 선뜻 자신의 입장을 밝히기 곤란한 이념적 지형이 지속되어 왔다. 최근 들어 그러한 경향은 많이 상쇄되었지만 아직도 완전하게 없어졌다고는 보기 힘들다.


## 2) 미국의 자유주의

미국의 정치가 자유주의일색이라는 점은 널리 알려진 사실이다. 적어도 형식적으로는 그 이외의 이념이 미국정치에 주도적인 영향을 미친 적은 없었다. 유럽에서 19세기 동안 강력한 위세를 떨친 보수주의도 미국에서는 힘이 약했거나 존재조차 불분명했고, 사회주의 역시 마찬가지였다. 미국의 근대는 낡은 제국 영국의 식민주의에 대한 투쟁으로 시작되었기 때문에, 자유주의는 다른 이데올로기를 모두 누르고 그 자체로서 보수와 진보의 기준이 되었고, 제도권정치사회에서 거스를 수 없는 근본정신이 되어온 것이다.

보수주의이론에는 난공불락의 봉건적 요소가 있어서 과거 제도에 대한 찬양과 지지가 포함되어 있는데, 미국에는 원래 그런 것이 있을 수 없었으므로 자유주의와 개인주의 이데올로기는 계급을 초월하여 깊숙이 각인될 수 있었다. 미국정치의 헤게모니에서 자유주의와 개인주의는 다른 어떤 나라에서보다도 강력할 수밖에 없는 것이다. 19세기 유럽의 거의 모든 보수주의자들은 중세적 전통을 공개적으로 찬양하였다. 그러나 중세를 거치지 않고 바로 근대국가를 건설한 미국은 그러한 보수주의가 자리잡을 틈도 없었으므로341) 자유주의와 개인주의는 보수와 진보에 동시에 녹아 들어갔던 것이다.

---

341) 강정인, 에드먼드 버크와 보수주의, pp.

18세기와 19세기의 개척기 시대, 미국의 연방정부가 강화되기 전, 그리고 미국의 세계적 개입과 진출이 본격화하기 이전까지, 미국사회는 억압적 체제를 염려할 필요도 없었고, 실용주의적이고 자유주의적인 사고방식을 실제로 체현하고 있었다.

건국 초기로 거슬러 올라갈수록 이러한 경향은 더욱 강하게 나타난다. 독립전쟁을 전후한 시기, 미국인들은 로크(J. Locke)를 비롯한 자유주의자들이 주장한 의미의 자유를 현실에서 누리고 있었다. 문명의 손길이 미치지 않은 서부로 진출하면서 지속적으로 개척을 수행하였고, 동부지역에서는 신흥 도시들이 번성하였다. 사회경제적으로 계급사회의 굴레, 왕실과 성직자, 귀족의 전횡 등 봉건제적 장애를 거치지 않았으므로, 초기부터 미국인들은 전통과 인습에 구애받을 필요도 없었고 자신의 능력과 재산으로 자신의 길을 닦아나가는 사회를 건설하고 있었다.[342]

신좌파를 비롯한 개혁주의자들, 혁명주의자들 역시 미국 특유의 강력한 자유주의로부터 자유롭지 못하였다. 미국에서 "당신은 자유주의자냐, 마르크스주의자냐"라는 질문에 대해 혁명이나 개혁을 주장하는 이들의 대답은 대략 "나는 둘 다에 모두 속한다.", "나는 둘 다 아니다.", 이 두 가지로 나뉜다는[343] 사실은 자유주의이념의 강력한 전통을 반영한다. 한국의 정치상황에서는 기이하게 들리는 이러한 대답은 자유주의와 마르크스주의가 미국사회에서는 결합할 수 있다는 사실을 보여 주는 것이다.

이러한 미국정치사 특유의 헤게모니는 앞서 설명한 뉴딜연합의 형성 이후 더욱 강화하였다. 진보와 개혁을 가미한 자유주의를 국가가 주체적으로 받아들였고, 사회운동 차원에서 제기되는 어떤 개혁도 강력한 국가의 이니셔티브에 의한 프로그램에 의해 희미해져 갔다.

---

342) Bernard Bailyn "Political Experience and Enlightnment Ideas in 18th Century America", *American Historical Review*, Vol.67, 1962, pp.339-345.

343) Samuel P. Huntington, *American Politics: the Promise of Disharmony*, Harvard University Press, 1981, p.186.

역사적 요인은 다르지만 한국과 마찬가지로 사회주의이념의 정치적 영향력이 약한 미국은, 한국과는 또 다르게 본래 유럽에서 쓰이던 사회주의개념보다 희석되거나, 폭넓게 해석되어 두루뭉술해진 쓰임새를 보여 주고 있다. 미국에서 사회주의는 초창기부터 '인간주의실현'(humanity)의 맥락에서 받아들여졌다. 그리하여 마르크스레닌주의를 교조적 정통으로 고집하지 않고 스스로 사회주의를 미국화하는 지성사적 전통을 자연스럽게 축적해 왔다. 1950년 토마스 만(Thomas Mann)은 "정상적인 사고방식을 가진 사람이라면, 분명히 그는 어느 정도 사회주의자이다"(Every reasonable human being should be a moderate socialist)라고 선언하였다. 사회주의노동운동가였던 유진 뎁스(Eugene Debs) 역시 1897년, "사회주의와 자본주의, 둘 중 하나를 택하라면 나는 기꺼이 사회주의자 편이다. 왜냐하면 나는 인간주의자이기 때문이다"라고 선언했던 것이다.344) 사회주의를 체계적으로 정식화한 정치노선으로 인식하기보다는, 이상주의 내지 인간주의 차원에서 이해하고 미국적 사고방식에 녹여 버림으로써, 사회주의정치세력화가 어려워지게 된 사회주의세력의 내부 요인이 되기도 한 것이다.

좌우파를 막론하고 강력한 영향력을 발휘한 자유주의로 인하여, 미국정치는 마치 한국에서 지역주의가 다른 모든 이슈를 가리는 것과 유사하게, 또 다른 정치적 문제인 유색인종문제의 해결 과제를 지속적으로 안고 있으면서 그 본질을 흐려 놓고는 하였다. 좌파에 속하든, 우파에 속하든, 인종문제의 근원에 대한 진단과 처방에서 그 입장의 구분 기준 역시 언제나 자유주의 이데올로기가 압도적으로 작용하여 온 것이다. 미국정치의 영원한 헤게모니(Permanent American Hegemony)는 바로 자유주의를 축으로 한 흑인정치리더십의 고질적 위기 조장으로 축약되어 표현될 수 있을 정도였다.345)

---

344) *New York Times*, June. 18, 1950; Daniel B. Baker eds. *Political Quotations*, Gale Research Inc, 1990, 'Socialism'에 대한 항목 참조.
345) Ricky Jones, "Permanent American Hegemony", *The Black Scholar*, Vol.31. No.2. 2000, p.38.

정치적이고 경제적인 문제의 해결은 필연적으로 그 문제의 원인에 대한 구조적인 인식을 요하기 마련이다. 구조결정론이라든가 숙명론에 빠져 들지 않는다면, 정책적이고 처방적인 차원에서 사회의 제반모순을 인식한 연후에 그에 대한 공감대를 여론화하고 나아가 이를 정치사회의 쟁점으로 만들어가는 과정이 이상적인 정치과정이 된다.

그러나 미국에서 '자유주의'는 정치사회와 시민사회에 과도하게 체질화한 나머지, 자유주의와 서로 대등한 관계에 있거나 그의 대안이 될 수 있는 다른 사조들인 사회주의, 급진적 민주주의, 사회민주주의 등의 프로그램들마저도 '진보적 자유주의', 혹은 '신보수주의' 등의 주류 노선에 의해 잠식당해 왔다. 이 장의 뒷부분에 상술하겠지만, 이러한 강력한 자유주의 이데올로기는 지배의 수단으로써, 미국정치의 순조로운 헤게모니과정을 뒷받침하기도 하였지만, 역사적으로 미국사에서 저항운동의 가장 근원적인 지적 양분으로 작용하였고 신좌파에게도 마찬가지로 작용했다. 물론 변형된 형태의 자유주의이긴 했지만 신좌파운동의 동기이자 기반이 된 자유주의는 이후 신좌파운동이 실패하게 된 이유로써도 작용하게 된다.

자유주의는 신좌파가 사회주의, 민족해방주의와 함께 초기부터 받아들이고 있었지만, 당시 미국은 절차적 민주주의의 진전, 토론과 발언의 자유, 그에 따른 지식인들의 다양한 의견 개진 등으로 말미암아 결코, 신좌파가 그러한 개혁 사상을 독점하도록 방관하지는 않았다. 미국의 자유주의를 정치경제학적으로 독특하게 정립한 존 케네스 갈브레이드는 군산복합체를 이미 비판하고 있었을 뿐만 아니라, 월남전 개입과 제3세계의 반혁명에 대한 미국의 광범한 개입을 모두 '개입할 수도, 해결할 수도 없고 그럴 필요도 없다'면서 강력하게 비판하고 있었다.[346]

---

346) *Newsweek*, December 14, 1970.

## 2. 운동 내부에 매개된 헤게모니

### 1) 한국: 무이념과 단절의 정치사, 비판지성 부재, 운동의 경직성

1990년 여름까지 대학생 4740명, 교수 720명, 교사 3,256명이 공산권을 다녀오는 기회를 가졌다. 이 결과, 사회주의에 대한 지지가 28%에서 7%로 줄어들었다는 보고가 있다.[347] 좌파운동세력은 한국적 상황에 적합한 대안을 찾기보다 소련과 북한에서 '수입된 이론'으로 사회의 변혁을 꾀하고 있었기 때문에 소련과 동구의 변화는 외부로부터 맞이한 위기이자 한계로 작용했다.

동구권 사회주의의 몰락, 한소수교, 중국의 천안문사태 등 연이은 국제정치의 급변으로 위기를 느끼기 시작한 한국 운동세력들은 진작 그들의 운동을 받쳐 주었던 외래 이론들이 이론 자체로서는 결코 한국적 현실의 정곡을 반영할 수 없다는 사실을 새삼 절감하게 된다. 철석같이 믿어왔던 마르크스주의에 대한 위기의식이 1990년대 초반부터 나타났으며, 주로 알튀세르, 그람씨, 풀란차스를 비롯하여 그 이전까지는 상대적으로 홀대받던 서구 선진국가들의 마르크스주의자들의 이론을 소개하고 거기에서 영감을 얻고자 하는 시도들이 나오기도 하였다. 이를 반영한 1992년의 한 토론장에서는 기존 운동세력의 관념성과 극좌성을 반성하고 비판하는 지식인들의 진단과 처방이 나왔다. 이 자리에서 임영일 교수는 다음과 같은 요지의 토론을 하였다.

"……악담을 하자면, 알튀세르의 문장들에서 끊임없이 독해를 방해하는 '고통유발적인 개념어와 표현들'을 제거한다면(『사회학적 상상력』에서 라이트 밀

---

347) 라종일, "페레스트로이카와 한국", 라종일 외, 『페레스트로이카의 충격과 파장』, 예진, 1990, p.353.

즈가 감행한 파슨즈의 개념 해체를 상기하자)······마르크스주의의 모순과 공백
에 대한 지적들 중 많은 부분이 부르주아 학계가 마르크스주의의 '문제들'을 꼬
집고 비웃어온 내용들과 대동소이한 듯하다······"348)

변혁을 위한 이론이 이론으로만 존재한다거나 한국의 현실에 천착하여 소
화되지 못한다면 운동세력의 지침으로서 구실을 하지 못할 것이라는 문제의
식이 드러나고 있다. 그런 점에서 원래의 운동 이론에서는 물론 이의 위기
를 극복할 대안 모색작업에서도 여전히 극좌적, 교조적, 서구이론 추종적
경향에서 벗어나지 못한 채, 정작 고통받는 기층민중의 현실을 도외시하는
당시 진보적 운동과 학문의 문제점을 지적한 것이다. 여기서 주목되는 부분
은 ( )안에 언급되고 있는 라이트 밀즈의 이름이다. 밀즈는 이론을 위한 이
론의 도그마를 깨뜨리고, 미국의 전통적 실용주의를 학문적 차원에서 일종
의 진보적 실사구시(實事求是) 가치로 전환시키는 작업을 성공적으로 수행
했던 점에서 평가받는다. 밀즈와 같은 작업을 한 이가 1980년대 한국 좌파
에게는 부재했다는 점을 간접적으로 암시해 주는 지적이었다.

비합법 사회주의조직으로서 1992년 사실상 마지막으로 검거된 단체였던
'국제사회주의자들'(IS)과 김영삼 정권 초기였던 1993년 조직사건인 '혁명
적 국제사회주의노동자그룹'(혁사노)의 경우, 1980년대의 운동이 레닌과 스
탈린식의 편향이 있었음을 인정하면서 트로츠키주의를 표방하였는데, 당시
이들은 영국의 사회주의 지식인인 크리스 하먼과 알렉스 캘리니코스 등의
입장에 동조하기도 하였다.349) 그러나 이 두 학자는 영국은 물론 세계적으
로도 좌파 지식인으로서 정치학계에 영향력을 행사하고 있던 유력한 학자였
다. 이들의 경우, 1980년대 후반과 1990년대 초에 이르는 시기의 이전 혁
명적 사회주의조직들과는 조금 차별성을 갖고 있는데, 이들은 "1980년대의

---

348) 임영일, "이론으로의 후퇴, 노동자 현실과의 먼 거리", 사회평론, 1992년 8월호,
    p.146.
349) 한겨레신문, 1992년 4월 2일, 1994년 4월 21일, 세계일보, 1994년 3월 30일.

NL과 PD가 스탈린적 민중주의에 기운 좌파들"이었으며, 스스로 자리매김
하기를 '진정한 혁명적 사회주의자'라고 인식하였다.[350]

  이들이 1980년대의 혁명적 사회주의운동을 자기비판한 것은 적절하다 할
수 있겠지만, 그 대안으로 가지고 온 비판적 이론들 역시 소련과 영국의 사
회주의지식인인 트로츠키, 캘리니코스 등이었다. 이들의 활동을 기준으로
할 때, 이미 10년을 헤아리는 한국 좌파의 이론적이고 경험적인 활동에도
불구하고 여전히 축적된 자아준거적 지적 자산이 없었음을 보여 주는 실례
인 것이다.

  한국은 정치적 권위주의치하에서 비판지성이 축적될 기회와 여유가 없었
다. 더구나, 좌파 지향의 업적을 토대로 한 비판정신과 지성은 전혀 축적되
지 못했다 해도 과언이 아니다. 1980년대 초반까지 이념적 성향에 관계없
이 모든 민주화 운동세력, 저항운동세력을 통틀어 볼 때, 좌파이론가로서의
소양과 영향력을 갖추고 있던 지식인은 박현채 단 한 사람뿐이었다.[351]

  좌파의 시각에서 수행된 비판 작업이 일천했던 가장 직접적 이유는 권력
의 지배양식 중 강제 차원에서 본다면 탄압의 영향이 컸다. 그런데 단순히
무조건적인 탄압만으로는 이토록 극심한 이론적 빈약성의 이유가 설명되지
않는다. 직접적 원인이 된 강제적 탄압 이외에, 자연스럽게 좌파이론의 적
용과 연구를 격리시키고 하지 못하게 해 온 정치사적 헤게모니 형성의 역사
적 조건으로 작용한 특성, 바꾸어 말해 한국의 근대가 형성되면서 겪어온
단절성에 근원적인 원인이 있다. 전통과 아무런 연관 고리가 없이 출발한
단절된 민족국가의 출발로 인하여 서구의 사상을 섭취하기에는 연륜이 너무
짧았다. 독재에 대항하는 모든 저항운동의 공통적 조건이었으며, 특히 생소
한 이념이었던 사회주의를 지향했던 좌파에게 이는 더할 수 없는 악조건이
었다.

---

350) "아직도 혁명을 꿈꾸는 90년대식 사회주의자", 월간 말, 1997년 3월, pp.209-211.
351) 서관모 교수의 평가이다. 서관모, "80년대 말·90년대 초 변혁운동의 이론 정
    세", 『진보정론지 발간을 위한 토론회논문집』, 1999년 3월 6일.

건국 이후 지난 50년 동안 한국사회가 경험한 서구 지향적 근대화는 그 성격상 인과적 변화와 목적론적 변화의 특징 모두를 드러내고 있다. 서구중심의 세계질서에 편입된 이후 한국사회가 겪은 변화의 특징은 많은 다른 비서구사회와 마찬가지로 그 변화의 필요성이 사회의 내부적 동력이나 발전에 비해 조숙하게 또는 그와 무관하게 출현하고, 그 추동력이 자기의 현실을 바라보는 문제의식이 아니라 외부로부터 수입된 이론적 명제들로부터 발단되었다는 점이다. 따라서 한국현대사에서는 대부분의 새로운 변화가 한국사회의 발전에 따른 내재적 역동성에 의해 추진되고 규정되기보다는 외부로부터 설정되고 부과된 목적에 부응하는-또는 후발국가로서 선진국을 모델로 삼은-목적론적 성격을 강하게 지니고 있었다. 즉 서구 선진국에서의 변화가 주로 사회의 내부적 역동성에 의해 규정되는 인과적 성격을 강하게 지니고 있는 데 반해, 한국사회의 변화는 인과적 성격 못지않게 목적론적 성격을 강하게 지님으로써 이중적 성격을 띠게 되었던 것이다.[352]

1992년 건국 이후 최초로, 그리고 자본주의국가들 중에서도 매우 희귀하게 특정 대기업이 정당을 창당하여 선거에 참여한 국민당의 선거운동과정에서 일어난 사건은 '일국의 근대적 자유민주주의체제 수립과 자본주의경제질서 정립에 물적, 정신적 기반을 제공하는 부르주아'라는 일반론에 정면으로 배치되는 '한국 부르주아'로서 '재벌'의 수준을 알려 준다. 대통령선거운동기간이었던 1992년 11월 28일, 충남 대천에서 열린 선거유세에서 국민당은 유흥업소 여종업원을 고용하여 스트립쇼를 벌이다 청중들의 항의를 받고 중단하여 선관위의 고발에 의해 입건되는 사건이 발생했다.[353]

한국선거정치사에서 이 사건은 유례없는 일로서, 그 당시 선거문화의 수준을 알려 주는 의미도 있지만, 더 중요하게는 한국의 부르주아를 대표한다는 랭킹 1위의 최대 재벌기업이 정치적, 사회적으로 어느 정도의 의식 수준

352) 강정인, "민주주의의 한국적 수용: 서구중심주의에 비쳐진 한국의 민주화", 한국정치학회보 34집 2호, 2000년, pp.70-71.
353) 조선일보, 1992년 11월 29일, http://www.crimekorea.com.

과 정신 상태에 있는가를 알려주는 희극적 사건이었다.

1980년대 학생운동세력은 그 당시까지 재벌을 비롯한 상층 부르주아가 보여 준 극단적 천민자본주의적 행태에 대해 실망과 분노를 금치 못했다. 한국의 상층 부르주아가 워낙 지적인 토대와 이념적 기반이 허약했으며, 그로 인해 재벌대기업을 비롯한 이들 부르주아의 비대한 규모와 사회적 영향력에 비해 퇴폐적이고 천박한 이들의 정신과 행태는 한국자본주의체제의 위기를 상징하는 중대한 특징이었다.

지성사 전반의 자기 계발, 외부사조의 섭취와 완전소화가 미처 이루어지지 못한 상태에서 출발한 짧은 근대화는 부르주아에게만 발육 부진의 정신적 상태를 안겨 주지 않았다. 이는 근대화 과정 전체의 역사적, 그리고 민족적 문제였다. 지배세력 역시 보수의 근간이 될 만한 지적 자산이 있지도 않았고 독재와 쿠데타로 이어진 지배연합의 형성으로 더더욱 정권과 부르주아 모두의 정당성이 결여되었을 뿐만 아니라, 이에 맞서는 노동계급, 비판적 지식인과 학생 모두에게 행동의 지침이 되는 이념과 이론의 부재 현상을 노정하게 되었다.

근대 이후 한국에서는 외래 사상이 이식되어 그 자체가 성숙한 기반을 지니지 못했고, 하나의 새로운 사상으로 구조화되지 못했다. 지식인들은 서구의 자유주의정신에 바탕을 둔 방관자로서 상아탑 내에 안주하여 왔고, 다른 한편으로는 실천을 성급하게 수용한 변혁적 마르크스주의사상이 평행선을 그려 왔던 것이다. 1980년대도 마찬가지로서 한국의 역사적이고 사회적인 현실에 뿌리내리지 못하는 자유주의적 지식인이 주류를 형성한 가운데, 그를 비판하는 마르크스주의는 사상적 내용보다는 실천 활동의 시급성만 강조하면서 현실의 근본적 변혁에 이르지 못한 것이다. 보수적 지성사에서나 저항운동의 이론에서나 모두 수많은 외래 사상이 수입되고 번역되었지만 한국에서 창조적으로 발전시킨 내용은 없다.354)

---

354) 김동춘, "마르크스주의와 주체사상의 '때늦은 등장과 때 이른 쇠퇴' 사이-'우리는 우리의 사상을 만들고 있는가?'", 사회평론 길, 1996년 7월, p.68.

이는 1980년대 당시 '민주화 운동세력'에 자유주의, 민족주의, 사회주의 등 수많은 주장과 사상, 분파가 공존하게 된 역사적 근원이 된다. 각 분파들은 내부적으로 방법과 노선을 둘러싸고 역시 다양하게 분화되어 있었고, 또다시 인맥과 조직에 따라 분화되어 있어서 1987년 6.29선언 이후 대통령선거에서 패배하게 된 먼 원인으로 작용하였다.

즉, 1980년대 좌파의 눈에 비친 대한민국은, '식민지'로 근대화를 맞이하였으며, 자본주의의 출발부터 1980년대 현재까지 한 번도 제대로 '자주적인 주권'을 행사하지 못했고, 어떠한 고유의 건국이념이나 구현할 만한 정신적이고 이념적인 자산도 보유하지 못한 빈약한 역사의 국가였다. 객관적으로도 1980년대의 한국은 절대빈곤에서 벗어난 지 얼마 되지 않은 중위권 규모의 국가에 불과했으며, 강대국에 의해 식민지로 자본주의체제를 건설했고, 또 강대국에 의해 분단되어 버린 국가, 세계적으로 봐서도 그 이데올로기공세와 치열한 대국민 홍보에 열을 올리던 권위주의정권도 기껏 '중진국'으로 표현하였듯이 그저 그런 국가였을 뿐이었다.

객관적이고 엄연한 현실이 이러하였고, 더구나 운동세력의 입장에서, 주관적으로도 급진 좌파의 혁명운동은 '비참한 식민지 조국의 현실'에 대해 분노해 마지않았다. 이는 신좌파에서 볼 수 없는 극단적인 민족주의적 사회주의의 세력, 즉 주체사상에 관심을 가지고 동조하는 세력이 득세하고 운동세력을 지도하는 형태로 나타나는 하나의 주요한 요인이 되었다. 민중문화, 탈춤, 전통민중음악 등에 대한 관심이 폭발적으로 나타난 1980년대였지만 정작 발을 딛고 있었던 현실을 규정하는 원리인 자본주의와 자유민주주의가 19세기 말 이후 한국에서 제대로 된 적이 없었다는 객관적 현실과 이들의 주관적 인식은 이들을 더더욱 극단적인 정통 좌파로 몰고 가게 하는 원인이 되기 충분하였다.

이러한 맥락의 연속이 건국 이후 계속되었는데도 불구하고, 밀즈나 마르쿠제에 비견할 만한 비판정신의 지적인 축적과 전통이 존재하였다면, 1980년대 후반 한국 좌파의 운동 방향은 그렇게 정통 사회주의에 의존하지마는 않았을 것이었다. 그러나 설상가상으로 비판정신의 축적과 전통 역시 빈약하였거나 아예 전무하였다. 경제적이고 문화적 환경에서 신좌파가 실로 선진국적인 베이비붐세대의 특성을 반영하는 운동세력이었다면, 1960, 70년대 가난한 어린 시절을 거쳐 문화적, 지적으로도 빈약한 환경에서 자란 채 스스로 지닌 지적 자산이라고는 '막연한 분노와 대안이 축적되지 않은 채 혼돈상태의 사회현실' 뿐이었던 한국 좌파운동은 대안을 내적인 조건을 면밀히 분석한 비판지성의 축적이 아닌 소련과 북한 등 외부의 사회주의이론으로부터 찾게 되었다. 1980년대 한국이라는 시공간적 조건에서 사회주의를 지향한 사람들 입장에서는 사실상 대안의 여지가 없었다. 그중에서도 북한의 사회주의노선에 대한 의존 경향은 이들이 대표적 반공국가의 대중으로부터 외면과 냉대를 받게 하여 헤게모니 측면에서 상당한 손실을 입게 한 구조적 요인으로 작용했던 것이다.

여기에 더하여 당국의 탄압은 좌파세력뿐만 아니라 조금이라도 저항의 기미가 있던 모든 세력에게 가하여졌으며, 특히 사회주의적 색채가 있다 싶으면 무조건 탄압의 대상이 되어, 반체제 의도가 없더라도, 그리고 북한을 비판하더라도 '친북'으로 몰아 기세를 꺾었다.

지적인 자산 축적의 결여와 당국의 탄압은 좌파세력의 단절성으로 이어졌고, 또한 운동 실패의 요인으로 작용했다. 1980년대 당시 70만의 당원을 확보하고 있던 공산당을 비롯하여 사회의 유력한 부분으로 자리잡은 프랑스 좌파, 이념적 스펙트럼이 매우 역동적인 이탈리아 좌파, 심지어 소수이긴 하지만 명맥을 유지하던 미국 공산당에 비하여 한국사회주의운동은 타국의 사회주의운동들과 전혀 다른 길을 걸어왔다. 이들은 1950년 전쟁 이후 1980년대에 이르기까지 40년 가까운 세월 동안 철저한 '단절의 역사'를 거쳐야 했다.[355]

1986년 4월 17일 발행된 서울대학교 '해방선언사'의 해방선언 2호는 '반미자주화 반파쇼민주화 투쟁위원회'의 기관지로서 '민족해방인민민주주의혁명

---

355) 백태웅, "사노맹의 21세기 사회주의 구상", 말, 1991년 10월.

론'(NLPDR) 논리를 주장하고 있는데, 상당부분이 북한의 노선과 일치하는 점은 1980년대 이전의 학생운동과 질적으로 차별화한 모습을 보여 주는 것이다.356) 여기서 밝힌 변혁운동의 최종적 지향점이 '민족해방 민중민주주의' 였는데 이는 북한의 남조선혁명지침과 일치하며, 북한은 1988년 이전까지 남한사회를 '식민지 半봉건사회'로 규정하다가, 1988년 2월 대남방송을 통해 한국사회를 식민지 半자본주의사회로 평가하였는데 당시 NLPDR을 주장하던 학생운동의 진영에서는 이를 그대로 수용할 정도였다.

극단적 민족주의와 사회주의의 결합을 추구한 NL 노선에 대항하였던 CA(제헌의회) 계열은 한 걸음 더 나아가 레닌의 혁명이론을 답습하는 모습을 보여 보수적 학자들은 물론, 좌파적 경향의 지식인들 사이에서도 소아병적 징후로 비판을 받았다.

이러한 점에서 NL도 PD도 그 지도노선에 관한 한, 진정한 의미의 혁명적 사회주의운동이 아니었다는 평가가 나왔다. '노동자계급의 자기해방'으로서의 '아래로부터의 사회주의'와 아무런 관련이 없고, 단지 소련을 유례없는 억압적 독재체제로 몰고 간 스탈린주의의 상이한 형태라는 비판까지 제기된다.357)

1989년 3월 출범하여 1992년 급속하게 약화, 해체될 때까지 학생운동과 노동운동에서 실질적인 세를 형성하여 영향을 행사하던 '반제청년동맹'은 "북한 문제와 관련해서는 북한추종주의는 올바르지 않다. 그렇지만 주체사상은 나름대로 가치가 있기에 독자적으로 연구하고 발전시켜야 한다. 사회발전전략과 관련해서는 기존 이론에 얽매이지 않고 새로운 전략을 찾아 나서자는 등의 생각으로 사람 중심의 사회발전전략을 활발하게 연구해야 한다." 는 목표를 내걸었다.358) 정치적으로 북한을 추종하지 않고, 사상 측면에서만 발전시킨다는 취지는 현실적으로 불가능한 것이었다. 그러나 워낙 한국사회에서 '변혁운동'의 기초로 삼을 만한 체계화한 이론이 없었던 상황에서

---

356) 서울대학교 '해방선언사', "해방선언" 2호, 1986년 4월 17일.
357) 정성진, "스탈린주의와 철저하게 결별하여야 한다.", 사회평론, 1992년 8월호, p.153.
358) 김영환 인터뷰, 월간 말, 1999년 9월, p.77.

선택의 대안은 현저하게 좁았던 것이다.

NL과 PD가 벌인 논쟁의 기준은 '한국사회의 문제점과 특수성'이라기보다, '마르크스레닌주의의 정통과 계승'에 초점이 맞춰져 있었다. NL 중 일부가 주체사상을 '마르크스주의'를 뛰어넘는 새로운 사회주의이론으로 평가하기도 했으나 객관적으로 보아 여전히 이들의 사고 속에는 남한사회의 현실에 기초한 문제의식에서 이루어진 '자기 것'은 없었다. 이러한 논쟁의 시작은 1980년대 당시 경제사회적으로 발전이 일정단계 이루어졌던 한국사회의 다사다난한 현실문제들이었던 것만은 확실하다. 그러나 논쟁의 전개와 내용을 들여다보면, 비판지성이 축적되지 못한 채 마르크스와 레닌의 정통사상을 한국사회에 누가 제대로 적용하는가에 대해 서로의 '올바른 과학성'을 증명하기 위한 과정이 주를 이루고 있었다.

경직성은 극도로 강화하여 운동의 대중성을 획득하는 데도 실패하였다. 한 걸음 더 나아가, 레닌주의 전위당 이론을 맹목적으로 답습한 나머지, 대중조직과 대중정치를 완전히 무시하고 즉각적 무장봉기와 혁명실현을 주장하는 혁노맹과 같은 단체도 출현하기에 이른다. 운동세력 내부에서도 기존 정치문화를 답습하는 경향이 있었으며 심지어 군대식 문화가 존재하기도 했으며, 인맥과 학맥은 심지어 학생운동권 내부에도 보이지 않는 맥이었다. 주체사상을 지지하는 세력에서 이러한 경향은 더욱 두드러졌으며 주체사상의 교리를 따라 수령관을 수용하여 조직의 지도자에 대한 맹신적 충성이 '혁명'을 위해 필요하다는 의식도 당연시되었다.

또한 수십 년에 걸친 권위주의정권과의 오랜 투쟁의 결과, 이에 맞선 힘을 배양하기 위해 운동세력의 주장과 상관없이 자생성을 갖게 될 만큼 하나의 습성이 된 비밀스런 조직과 수직 구조적 효율성을 강조하는 폐쇄적 경향은 일반 민주주의원리에 상충되는 하나의 장애였으며 변혁의 기반이 되어야 할 대중정치가 실패한 원인이었다.

1980년대 초반 학생대중은 운동지도자들에 의해 재해석된 공동체 담론과 저항적인 하위문화에 기반을 둔 지배 권력과 구분되는 대학생들만의 공동체를 발명했다. 또한 조직적인 직접적 정치 행동과 비제도화한 거리의 정치에 적극적인 지지를 표명했다. 그러나 1987년 이후 좌파 학생운동이 강화, 그리고 경화하면서 공식조직으로서의 학생회조직 유지에 기우는 경향이 강해졌고 학생운동 내부의 분파 투쟁도 조직 자체를 위해 벌어지는 모습마저 빚어졌다. 시간이 지날수록 운동가들은 학생회조직의 유지를 위한 조직의 관료화, 분파 갈등의 재생산, 단합과시용의 세 싸움[359], 공동체 내 의사결정과정의 독점과 비민주적 경향으로 말미암아 공동체 내부의 내부적 위계질서가 형성되었고 학생대중과 운동가들 사이의 경계(gap)가 생겨난 것도 1987년 민주화 운동의 성공 이후부터 나타나기 시작하였던 것이다.[360] 혁명적 사회주의운동의 기반 구실을 하고 있던 학생운동권에 전반적으로 만연하던 이러한 특징들은 혁명적 사회주의조직들의 오류를 캠퍼스에 그대로 드러낸 것과 같았다.

1980년대 초반 저항운동 내부의 다양한 관심과 대학 내 문화적 공동체 정신 역시 1980년대 중반 이후 마르크스와 레닌의 저서들이 광범하게 유통되면서 정통적 의미의 좌파이론 내로 흡수되었으며 "과학적" 인식이라는 명분 아래 정통이 아닌 주장은 수정주의, 기회주의로 비판받기에 이르렀다.

기존 사회주의국가에 대해서도 좌파는 대체로 우호적이었다. 한국 상황에 맞는 독자적이고 고유한 성격에 천착한 사회주의를 지향하기는 하였으나 한국의 경험적이고 구체적인 조건을 탐구하여 기존의 사회주의체제론에 성공적으로 소화한 모델링(modeling)은 결국 이루어지지 못한 채 소련의 레닌, 혹은 북한의 김일성의 고전적 주장으로부터 탈피하지 못했다. 소련의

---

359) 1980년대 후반 당시 집회 참가 인원의 숫자로 학과나 단과대학 단위, 지역 단위, 혹은 정파 단위의 '역량'을 과시했다는 평가는 흔한 경우였다. 집회에 마지못해 끌려 나오더라도 동원만 많이 되면 '조직역량'과 '투쟁성과 사상성'이 뛰어나다는 증거로 받아들여지기도 했다. 필자가 직접 무수하게 목격하였으며 경향각지를 막론하고 당시 대학가의 흔한 풍경이었다.
360) 김원, 『잊혀진 것들에 대한 기억 - 1980년대 한국 대학생의 하위문화와 대중정치』, 이후, 1999, p.106.

제3세계에 대한 지배와 침략을 비판하는 민족해방운동세력도 있기는 하였으나 이들은 이들대로 북한식 극단적 민족주의와 "우리식 사회주의"에 대해 긍정적인 태도를 보여 어이없게도 너무나 쉽게 대중성을 상실해 갔다. 또한 좌파 내부에서 북한에 대한 태도를 놓고 심각한 분열을 보이기도 하였는데, 이는 1980년대 이후 한국적 사회주의의 현실적 토착화가 이론을 뛰어넘어 제대로 이루어졌더라면 상상조차 할 수 없었던 소모적 자기분열이었다. 또한 기존 사회주의국가들에 대한 동경과 지지는 대중의 반공콤플렉스에 굳이 기대지 않더라도 분명한 무리수였으며 '기름통을 지고 불로 뛰어드는' 격이었다.

신좌파와 대조되는 이러한 현상은 곧 한국과 미국의 대조되는 헤게모니와 정치적 전통으로부터 연유한 것이었다.

즉 첫째, 한국정치에 대한 다각적인 비판이 그동안 이루어지지 못했던 점은 운동세력에게 '대안의 부재'와 '대안의 수립'에 큰 부담으로 작용했다. 1970년대 초반 이미 전태일 분신사건이 일어났을 만큼 구조적이고 경제사회적인 문제점들은 산업 사회화된 한국에서 이미 심각하게 내재하고 있었지만 그러한 현실적 문제를 포착할 수 있을 만큼 계급적 논점에 의해 사회문제를 다룬 비판지성의 축적이 없이 1980년대를 맞이하였던 것이다. 그리하여 서구의 정통마르크시즘과 북한의 극단적 민족주의와 사회주의노선을 무비판적으로 수용하게 된 것이다. 한국정치에 대한 비판이 축적되지 못한 점은 다시 두 가지 요인이 있는데, 첫째는 학문외적인 요인으로서 군부정권의 살인적인 탄압과 학문에 대한 억압이다. 자유주의적인 주장까지도 그것이 정권 유지에 저해된다 싶으면 무차별 탄압하던 시기였으며, 극심한 반공주의로 인하여 사회 전 부문에 걸쳐 '불온한' 기운이 조금이라도 감지된다 싶으면 가차 없이 억눌렀다. 이러한 상태에서 '계급적', 혹은 '좌파적' 시각의 사회비판은 사실상 불가능하거나 매우 제한적으로 이루어졌고, 중도적이거나 온건한 사회분석과 비판 역시 그것이 학문적이고 객관적인 시각에서 이루어진다 해도 군사정권의 논리와 맞지 않았기 때문에 시도조차 어려웠다.

　강화도조약, 경술국치, 해방을 각각 거치면서 그 한국정치사는 이전 시기와 단절성을 드러내었고, 이러한 정치사적 배경으로 인하여 정치, 경제, 사회의 현실은 물론 사상과 학문도 단절을 겪었다. 고도성장으로 인한 경제사회적 급변과 독재정권의 장기집권으로 인한 정치적 상황은 비판지성과 이론을 요구하였지만 모두가 수입된 이론이었으며, 재벌과 정권의 기득권을 지키려는 측의 이론적 무기 또한 외래 사조였다. 군부정권과 재벌이 정치권력, 경제권력의 덩치에 비하여 머리에 든 지적 자산이 없는 천민자본주의의 기관차였음은 이러한 지적 단절성에 근거하고 있다. 유교사상을 그대로 이어받는 것만이 지적 단절성을 극복하는 작업이 아니다. 오히려, 새로운 현실인 근대 체제에 맞는 정합적인 이론적 틀을 한국의 상황에 근거하여 계발하는 작업이 우선이며 유교사상은 거기에 하나의 재료로 족할 것이다. 서구의 사상을 개방적으로 받아들이되 어떤 의미에서든 지적 편식은 위험한 자기기만에 빠지고 만다. 그러나 그 어떤 작업도 군부정권이나 재벌에 의해 이루어지지 못했다. 이들은 힘을 키우거나 돈을 버는 데 바빴을 따름이었다.

　첫째 요인과 관련되어 생성된 둘째 요인이 바로 비판적 지성과 학문의 종속성이었다. 어떤 시대, 어떤 사회든, 비판은 자기성찰과 현실문제에 대한 직시에서 비롯됨에도 불구하고 한국 학문은 국내의 현실문제보다 외국 학자의 이름과 최신 이론에 더 민감하였다. 이러한 현실에서 국내의 경험적 조건을 설혹 누군가 분석했다 해도 비판적 입장의 학자들은 논의는커녕 소개조차 되지 못하는 경우가 대부분이었다. 물적 조건에서 종속의 심화는 경쟁력의 강화와 체제의 체질을 개선함으로써 이룰 수 있을지 모르지만 지성사의 종속은 여간해서 사라지지 않으며 오히려 재생산되고 강화된다. 특히 그 산파역을 하는 인문사회과학은 단기간 대량생산을 가능케 하는 기술공학이나 자연과학과 달리, 하루아침에 비판지성의 성과를 자동차나 오디오를 찍어내듯이 만들어낼 수도 없는 것이다. 다음 김형기 교수의 지적은 1980년대 이래 좌파이론들의 한계와 현실적 문제들을 냉철하게 비판하고 있다.

"확실히 그동안 신식국독자론과 민중민주주의론은……노동계급적 관점을 견지하려고 노력하였다……그러나 이들 이론이 마르크스주의의 이론적 영유를 표상하는 유일한 과학적 이론이었다고 주장할 수 있을까? 우리의 답은 부정적이다. 우리 현실에 대한 치밀한 연구 없이 논리적 조작에 의한 추상적 테제를 제시하고 그것으로 현실을 재단하는 것이 과연 과학인가? 진보진영을 대중으로부터 고립시킨 전략전술이 과연 정세적인 정치적 진리 효과를 낳았던가?"361)

군수산업에서 현대과학의 가장 큰 성과인 핵무기는 국가의 프로젝트와 막대한 재정 지원에 힘입어 몇 달 만에 개발(開發)되었지만, 인간과 사회의 정신 영역과 밀접한 관련이 있는 인문사회과학에서 그러한 지적 계발(啓發)은 불가능하다. 이러한 상황에서 인문사회과학의 종속성은 좌파세력은 물론 어떤 종류와 성격의 저항운동세력이라 할지라도 자국 현실의 개선과 변화를 가리켜 줄 운동의 지침을 마련할 수 없게 된다는 점에서 불리하다 못해 치명적일 수 있다.

셋째, 근대적 개인과 자율성이 형성되지 않은 한국정치의 문화적 특색이다. 자연스럽게 이러한 문화적 특색의 전통은 주위의 분위기와 압도적인 목소리에 묻혀 다양성이 억눌리는 행태로 나타났다. 이는 대학가에서도 예외가 아니었으며, 집단과 위계를 중시하는 이러한 한국정치문화의 전통이 대학가에도 고스란히 재생산되었다. 내용이 아니라 방식이 문제였던 것이다. 대중가수를 초청한 학교축제는 극심한 비난을 받았으며, 가요제 도중 초청 록그룹이 팝송을 부르다 죽창과 돌 세례를 맞은 일까지 일어날 정도였다.362) 학생들은 풍물을 비롯한 전통문화를 나름대로 복구하려 노력했고 또한 일반 사회에서는 볼 수 없는 대학가만의 독특한 문화를 나름대로 이루어냈으나, 개인적인 차원에서의 문화생활은 현실과 괴리를 빚는 일이 많았다.

---

361) 김형기, "알튀세르를 다시 읽을 것이 아니라 변화된 현실을 다시 읽어야", 사회평론, 1992년 8월, p.140.
362) 1989년 9월, 경북대학교 사회과학대학과 경상대학의 연합 축제에서 실제로 일어났던 사건이다.

일상의 조직생활과 마찬가지로 사회에 대한 비판을 할 때도 마찬가지로 이러한 경직성은 어디서든 드러났다. 어떤 사회문제가 발생하면 일단 그것의 근원은 그 문제를 직접 사려 깊게 관찰할 것도 없이 '계급관계', '자본주의의 모순', '제국주의의 결과'였다. 궁극적으로 CA에게든, NL에게든, PD에게든, 마르크스의 저작과 마르크스의 언급은 그 누구도 부정할 수 없는 과학적 언명이었으며 일종의 철칙이자 교시였다. 거기에 거스르는 현실 해석은 이를테면 조선시대 '사문난적'(斯文亂賊)에 속했다. 현실을 어떻게 그 원전에 끼워 맞춰 읽느냐 하는 훈고학적인 해독과 적용이 운동노선의 관건이었으므로, 현실 사회주의국가들이 붕괴하거나 위기에 빠졌을 때, 위기를 맞이한 것은 당연한 결과였다.

## 2) 미국: 자유주의, 비판지성의 축적과 운동의 다양성

미국적 자유주의전통 아래 비마르크스주의적 비판지성이 꾸준히 축적되어 왔다. 반공주의의 입장에서도 미국적 가치를 아울러 고수하며 국가의 비민주성을 비판해 온 것이다. 이는 운동세력의 근원적인 지적 기반이 되었다. 미국의 신좌파는 소수를 제외하고는 대개 마르크스와 레닌보다는 라이트 밀즈 같은 급진적 자유주의학자와 체 게바라 등의 당대 정치가들로부터 급진적 사상의 연원을 찾았다.

신좌파의 모호한 혁명 개념 역시 이러한 전통에서 연유한다. 이들의 혁명 개념은 진보노동당, 사회주의자동맹, 민주사회건설학생연합 내부의 일부 분파, 블랙팬더당을 비롯하여 진보적 사회주의혁명을 주장하는 세력이 존재했으나, 이들 역시 혁명에 대한 고전적 정의, 즉 정권획득과 정치적 혁명을 중심에 놓는 정의를 따르지 않고 일상생활과 문화를 중시했다. 신좌파 전체적으로는 한국과 달리 이데올로기의 범주와 색채가 아주 다양했다. 심지어 마약과 극단적 개인주의를 통한 해방을 주장한 이들도 있었다. SDS와 같이 전국적 조직이 없지는 않았으나 단단한 위계질서 아래 있지 않고 느슨하고 다양하게 형해화한 이념과 조직이 특색이었던 것이다.

미국에도 신좌파 이전까지 사회주의사상과 정치조직이 존재하였지만 미국의 독자적인 사회주의사상은 이처럼 신좌파의 활동이 이루어지던 1960년대 이후에 형성되었다고 볼 수 있으며, 고전적인 마르크시즘을 그대로 받아들였다기보다는 미국적인 토양 위에서 자라난 것이었다. 즉 미국적인 소화를 거친 사회주의였던 것이다. 신좌파운동의 본격화 이후 미국에서 유력한 사회주의자들은 심지어 칼 마르크스를 더이상 언급하지 않기도 한다. 마르크스의 개념과 방법이 그들에 의해 거부된 것은 아니었지만, 그렇다고 하여 마르크스의 이론을 훈고학적으로 해석하거나 그 논리에 의거해 미국사회를 해석하려는 시도는 이들에게 유일한 대안이 아니라 그저 하나의 이론적 작업으로서만 의미가 있다. 마르크스와 레닌 이래 정통 사회주의사상을 교조적으로 따르지 않는 미국사회주의자들의 사고 속에 사회주의혁명가들의 사상이 완전히 용해되어 버린 것이다.363)

1945년 이전까지는 미국 학계에 일부를 제외하고는 본격적으로 알려지지조차 못했던 마르크스의 주요 저작들은 2차 대전 이후 비로소 모두 소개되었으며, 그 이후에도 마르크스의 이론을 그대로 받아들이기보다는 미국적인 현실에 적용하는 과정을 거쳤다. 경제학자들은 마르크스의 이론을 경제적인 불황을 구조적으로 설명하기 위한 유력한 도구로 받아들였으며, 사회심리학자들은 마르크스주의의 철학적 테제들 중 휴머니즘적 요소들을 차용하여 미국사회비판에 활용하기도 하였다. 대체로 미국의 지식인들은 보수적이든 진보적이든, 마르크스주의를 하나의 정해진 이념이나 이론으로 받아들이지 않았으며 다양한 갈래로 이를 받아들이고 이를 섭취하는 과정을 거친 것이다.

신좌파운동 또한 마찬가지였다. 흑인민권운동과 페미니스트들은 기존의 표면적인 개혁에 불만스러웠던 차에, 마르크스주의의 전체론적(holistic)

---

363) Linda J. Medcalf & Kenneth M. Dolbeare, "American Democratic Socialism", *Neopolitics*, Random House, 1985, p.108.

접근에 매료되었으며, 그 외 많은 다른 개혁운동가들 역시 마찬가지였다.364) 그러나 이들에게 마르크스는 새로운 대안적 접근을 가진 유력한 학자였지만 한국의 1980년대 후반에서처럼 무오류의 화신은 아니었다. 이들에게는 마르크스의 한 마디보다는 당시의 미국과 세계의 현실문제가 더 중요했으며, 미국 특유의 자유주의적 전통, 그리고 이들 신좌파에게 정신적 기초를 마련해주었던 라이트 밀즈, 그리고 현대철학자로서 마르쿠제가 이들의 심리 저변에 광범하게 자리잡고 있었다.

미국은 세대와 계층, 그리고 엘리트와 대중을 막론하고 자유주의의 영향력이 가장 막강한 나라 중 하나이다. 자유주의에 의해 건설되었고, 특히 20세기 중반 이후 보수와 진보는 공통적으로 자유주의의 가치를 성취하기 위한 방법론의 영역에서 논쟁을 벌여 왔다. 만하임(K. Mannheim)이 명백히 밝히고 있듯이 보수주의는 전통주의의 비성찰적인 반응을 의식적인 성찰의 영역으로 옮겨 놓는다. 미국에서 유럽적 의미의 전통적 보수주의가 자리잡지 못한 것은 어쩌면 당연한 현상이다. 귀족과 봉건제 유산이 결여된 미국에서는 필요없었기 때문이었다. 19세기 초 프러시아에 존재했던 길드 체제의 유산을 물려받은 귀족·소농·쁘띠부르주아지가 바로 보수적 이데올로기를 필요로 하는 것이다. 보수주의는 이러한 전 산업사회의 잔존 요소들 가운데에 존재하는 전통과 인습의 매력에 의존할 수 있었다. 프러시아의 경우, 상류계급은 영국의 상류계급이 갖는 우연성을 결여하였으며 유력한 중간계급을 갖지도 못했다. 따라서 의회와의 타협으로 이데올로기의 명쾌함이 흐려지는 사태나 영국식 점진주의를 벗어날 수 있었다. 더구나 프러시아는 군국주의적인 인접국들 사이에 끼어 있어서 군대가 사회의 핵심적인 요소로 등장할 수 있었다. 에드먼드 버크의 보수주의가 독일에서 반향을 불러일으킨 것은, 버크의 개인적 영향도 컸지만 프랑스혁명에 대한 그의 반응이 독일적으로 정교하게 다듬어진 것이야말로 자유주의와 날카롭게 대립되는 완

---

364) Linda J. Medcalf & Kenneth M. Dolbeare, ibid, p.114.

성된 보수주의였던 것이다.365)

일찍이 영국이 자유주의적 요소들로써 보수적 사상을 완화시켰다면, 미국
의 경우에는 중간계급의 사고에 깊이 자리잡은 자유주의의 강력함이 보수적
이데올로기가 번창할 가능성을 완전히 배제시켰다. 미국은 건국 초부터 중
간계급이 계급·지위·권력의 모든 측면에서 지배적이었다. 미국의 경우,
왜 진정한 보수적 이데올로기가 존재할 수 없었는가를 설명해 주는 이 단순
한 사실은 매우 중요한 것이다. 미국 내에는 정치적 중요성을 가진 계층이
나 집단으로서 보수주의를 지지해 줄 만한 세력이 전혀 없다. 정도의 차이
는 있으나 각계각층은 다양한 형태로 중간계급이 지니는 자유주의적 풍조를
띠고 있다. 미국에서 보수주의와 자유주의가 구분이 모호해지는 것은 이러
한 역사적 배경을 갖고 있기 때문이었다. 이러한 역사적 배경은 국가권력과
지배계급이 의도적으로 퍼뜨리는 허위의식에 의하지 않더라도, 미국사회는
물론 저항운동과 사상에도 피할 수 없는 영향을 미침은 물론 저항운동이 적
극적으로 수용하게끔 작용하게 된다.

20세기 들어 뉴딜정책의 실시와 나아가 이를 토대로 형성된 '뉴딜연합'체
제로 인해 이러한 경향은 더욱 가속화한다. 국가가 앞장서서 노동계급을 체
제 내로 편입시키는 공세적 노동정책을 통하여 노동조합을 국가가 육성하는
특이한 현상이 일어났는데, 이는 미국으로서는 거셴크론이 말한 '앞선 국가
(유럽)의 경험을 타산지석(他山之石) 삼을 수 있는 후발국의 이점'366)이었
다. 그리하여 자유주의는 더할 나위 없이 강화하였고, 신좌파운동 역시 그
러한 미국정치의 이데올로기를 규정하는 역사적인 헤게모니 작용으로부터
결코 자유로울 수 없었다.

신좌파운동에게 갖는 마르크스주의의 의미는, 이를테면 일제 치하와 독립

---

365) Karl Mannheim, "Conservative Thought,", *Essays in Sociology and Social Psychology*, Paul Kecskemeti ed. New York: Oxford, 1953; 박노영, 이호열 역, 호로비츠 편, 『현대사회와 정치구조』, 돌베개, p.91.

366) A. Gershenkron, *Economic Backwardness in Historical Perspective*, Harvard University Press, 1962, pp.5-30.

직후 한국의 사회주의운동세력에게 다가온 마르크스주의의 의미와 유사하였다. 일제 치하 이후 한국의 사회주의자들은 독립과 국가건설의 유력한 대안이 사회주의였던 것처럼 억압적 체제로부터의 구속을 탈피하려던 자신들의 목적을 가졌던 신좌파운동에게도 유력한 대안이면서 교조적이지 않았다.

사회주의사상에 대한 창조적이고 다양한 소화와 그에 연유한 유연한 사고는 초기 신좌파의 대표조직인 SDS의 조직과 활동을 느슨하게 하고, 효율성을 떨어뜨리기는 하였으나 교조주의로 빠지지 않게 하는 근원이 되었다. 1970년 이후 폭력혁명을 실천에 성급히 옮기려는 급진적 분파가 신좌파의 전면에 등장하였지만, 이들 분파까지도 포함하여 신좌파의 전체적인 다양성이 소멸한 적은 없었다.

미국의 보수적 자유주의와는 또 다른 의미에서 급진적 자유주의의 영향을 받아, 이들은 견고하고 비대해져 가는 국가와, 철창과 같은 거대 조직사회를 백안시하여 소련을 비롯한 현실 사회주의체제 또한 같은 이유에서 비판의 대상으로 삼았다. 그리하여 이들은 기존 국가를 선별적으로 지지하거나 비판하였으며 소련, 중국, 미국 등 이데올로기에 관계없이 강대국에 대항하여 자율성을 지키려는 쿠바, 월남과 같은 국가를 옹호하였다. 라이트 밀즈의 저서인 "들어라 양키들아"는 그러한 주장을 잘 보여 주고 있다.

비판지성을 개척한 근대 이후 미국의 학자들은 유럽의 영향을 받지 않고 자신의 학문영역을 개척한 미국 최초의 자생적 사회과학자였던 베블런(Thorstein Veblen, 1857-1929)으로부터, 라이트 밀즈, 허버트 마르쿠제를 들 수 있다. 이들은 공통적으로 미국의 '유한계급',[367] '파워엘리트'[368] 등의 용어를 써 가면 근대 이후 미국의 지배세력을 비판하였다.

신좌파의 비판정신에 대해 경험적이고 이론적인 재료가 된 저서들을 집필한 라이트 밀즈는 미국의 전통주의적 사회학자이다. 본인은 부인할지 모르지만 라이트 밀즈를 미국적 의미에서 전통주의적 사회과학자로 칭할 수 있

---

367) Thorstein B. Veblen, 崔晄烈 옮김, 『유한계급론』, 양영각, 1983.
368) C. W. Mills, 진덕규 옮김, 『파워엘리트』, 한길사, 1979.

는 근거는 그의 저서인 "사회학적 상상력"과 "파워 엘리트"에 그대로 제시되어 있다. 건국 초부터 자본주의체제였고 구귀족계급이 없었던 200년 역사의 미국에 과연 전통이란 것이 존재하는지 의문스러울 수도 있을 것이다. 그렇지만 유럽지성사의 '취사선택된' 이념에다, 아메리카대륙을 개척하고 신생국을 건설할 당시의 어떤 '새로운 정신'을 계승하고자 하는, 즉 자본주의 초기 특유의 역동적인 공중의 참여를 20세기 현대 미국에도 요구하고 있기 때문에 라이트 밀즈는 미국적인 의미의 전통주의자로 볼 수 있는 것이다. 라이트 밀즈는 "응용에 집중적인 관심을 가지는 사회학자는 더이상 공중(公衆)과 대화하지 않으며 특정한 관심사와 귀찮은 문제를 안고 있는 고객과 상대한다."라고 하고 있다. 같은 사람이라도, 그를 공중으로서 대하는 것과 고객으로서 대하는 것은 심대한 차이가 존재한다. 객관적 의미는 물론이거니와 사회과학자의 입장 자체도 변하게 이끄는 것이다. 그리고 19세기 공중을 20세기 이른바 대중으로 이끌어가는 것은 주체들의 행동과 사고가 변한 데에도 원인이 있지만 권력작용을 비롯한 거시적 사회변동이라는 구조적 요인을 무시할 수 없다. 그 중심에 컨트롤 타워로 서 있는 권력메커니즘(나라마다 작동양식과 형태는 분명히 다르지만)이 직접 학문영역까지 영향력을 미치고 있는 사실을 밀즈는 우려하고, 또 경계하였던 것이다.

원래 미국을 건국할 당시 내걸었던 자유주의, 공중의 참여, 비판정신 등의 가치와 이념을 계속 기준으로 삼고 있다는 데서 미국적 의미의 전통적 비판지성으로 볼 수 있다. 물론 여기서 '전통적'이란, 미국이라는 특수한 범주에서만 전통적이며, 보편적 의미의 전근대적 보수주의와는 의미가 다르다.

대표적으로 신좌파의 분파 중 가장 급진적 경향을 보였던 흑인 지도자 말콤 엑스의 사상조차도 라이트 밀즈와 마찬가지로 이러한 미국의 전통적 헤게모니 속에 존재하는 이념을 소화하면서 형성되었다. 말콤 엑스의 흑인에 대한 관념과 나아가 인간관은 미국 건국이념을 기초한 벤자민 프랭클린과 상통하고 있으며 프랭클린의 사상을 급진화한 것이라는 해석이 설득력 있게 제기되고 있는 것이다.369)

밀즈와 말콤 엑스에 비하여, 철학적 입장에서 신좌파운동을 지지했던 마르쿠제(Herbert Marcuse)는[370] 요절(夭折)한 밀즈와 말콤 엑스에 비하여 신좌파운동을 직접 목격하였고, 또한 그 운동에 지속적으로 영향을 미쳤다. "세계사를 돌아볼 때, 각국의 모든 노동자계급은 형성 초기에만 혁명적 성향을 보인다."는 가설을 주장했던[371] 밀즈와 마찬가지로, 마르쿠제 역시 미국의 노동자계급이 혁명적이지 않다는 입장을 견지하고 있었다. 그러한 그의 입장은 특히 미국에 집중된 그의 문제의식에서 나타났는데, 경험주의적 사회학자였던 밀즈나 혁명가였던 말콤 엑스에 비해, 철학자의 입장에서 그는 미국사회 전체의 보수화와 노동계급의 반동성을 비판하고 있었다.

마르쿠제는 일반론적 차원에서 노동계급 전체가 세계적으로 반동적이고 보수적이 되었다는 주장을 한 적은 없었다. 그는 다만 "미국의 노동계급이 오늘날 혁명적 주체가 아니다"면서 이를 "추호도 가치판단이 아니며 사실 자체이다."고 하였다. 프랑스나 이탈리아처럼 좌파 노동계급의 급진성이 강한 나라는 미국과 상황이 많이 다르다는 것이었다.[372] 곧, 마르크스 당시에는 노동계급의 궁핍과 노동의 소외, 노동자에 대한 착취가 계급의식 형성을 가능케 했고 따라서 노동계급이 변혁의 핵심 주체가 될 수 있었지만 과학기술의 발전, 생산력 증대, 자본주의체제의 고도화로, 특히 미국에서는 AFL과 CIO의 '반동적인 정치활동'에서 나타나듯이 노동조합의 귀족화와 부르주아화가 현실로 나타났으며 이러한 시점에서 여전히 미국사회의 변혁에 노동계급을 앞세우

---

369) Carol Ohman, "The Autography of Malcom X: A ReVol.utionary Use of the Franklin Tradition", *American Quarterly*, Summer 1970.

370) 조지 카치아피카스 교수와의 인터뷰, 2000년 5월 15일, 마르쿠제는 당시 신좌파운동을 벌인 학생들과 긴밀한 관계에 있었고, 신좌파운동이 출신의 학자들을 제자로 두기도 하였다. 대표적인 신좌파 출신 정치학자 조지 카치아피카스는 마르쿠제를 자신의 학문에 '근본적인 영감과 영향을 끼친 동지(friend)'로 회고한다.

371) 밀즈의 계급관에 대해서는 C. W. Mills, 강희경 옮김, 『화이트 칼라: 현대 미국 중간계급의 연구』, 서울: 돌베개, 1980.

372) Frantz Stark, 박성수 옮김, 『혁명이냐 개혁이냐?』(마르쿠제와 칼 포퍼의 대담집), 인간사, 1982, p.27.

려 하는 주장과 시도는 '프롤레타리아 개념의 화석화'에 기인한 잘못된 인식이라는 것이다. 이러한 미국사회의 현실에서, 변혁의 주체는 곧 '학생, 지식인, 흑인, 여성' 등의 국외(局外)의 세력이 맡아야 한다는 것이다.373)

이러한 경향은 구체적으로 마르쿠제의 지적 계보로부터 확인할 수 있다. 마르쿠제의 억압과 해방 이론은 마르크스의 이론과는 사뭇 다른 유토피아적 성격을 강하게 풍기며 고전적 마르크스주의의 지향보다는 인간주의적이고 가치 지향적인 방향으로 정착된다. 프로이트와 프롬의 해방 개념을 수용하면서 이를 사회적 차원으로 발전시켜 '에로스 에너지가 파괴적 에너지를 극복하고 인간의 삶이 다시 에로스 에너지의 구현으로 나아가는 인간해방'을 개념화하고 있는 것이다. 매우 모호하다. 이러한 경향은 신좌파의 성격에 그대로 반영되었으며, 신좌파가 현실정치에서 사라진 1970년대 중반 이후에도 신좌파 출신 학자들에게 계승되었다. '신좌파에 대한 교과서'로 불릴 만한 방대한 저작인 '신좌파의 상상력'의 저자인 조지 카치아피카스는 마르쿠제의 제자로서, '에로스'라는 개념을 통해 전세계의 저항운동이 서로 일맥상통하고 있으며, 그러한 저항운동이 인간해방의 길을 지향하고 있다고 평가하고 '에로스 효과'(ero effect)로 부르고 있다.374) 마르크스레닌주의의 고전적 인식론과는 매우 다르다는 것을 여기서 알 수 있다.

어떤 시대와 장소에서도 공통적이지만 미국정치사에서도 급진과 보수라는 두 일견 대립된 개념이 사실은 아주 변화무쌍하고 변증법적인 개념이라는 사실을 발견할 수 있을 것이다. 아주 거칠고 쉽게 말한다면, 오늘의 진보, 혹은 급진이 내일의 보수가 된다는 식이다. 그러나 신좌파에게 문제의식과 이론적 지침을 제공했던 라이트 밀즈의 경우를 보면 좀 다르다. 일반적으로 라이트 밀즈를 급진적 사회비판론자, 비판사회학자의 대표적인 인물로 본다.

---

373) 안상헌, "마르쿠제의 마르크스 따라잡기와 벗어나기", 문예미학 8호, 2001, pp.236-240.
374) 카치아피카스 교수 스스로도 '에로스 효과'가 인간의 지나친 합리주의와 이성 중심적 사고가 아닌 '자발성과 정서(spontaneity and emotionality)'를 중시하는 개념이라고 밝히고 있다. 카치아피카스 교수와의 인터뷰, 2000년 5월 15일.

그러나 그가 버티고 있는 기반은 아주 특이하면서도 미국적인 의미에서 일반적이다. 특이하다는 말은 그의 방법론적 독창성과 사고의 유연성을 가리키는 말이며, 일반적이라는 말은 그가 견지한 이념이 미국의 건국이념, 미국 특유의 인간주의, 이상주의, 자유주의의 전통 가치에 바탕을 두고 있다는 말이다.

그러므로 라이트 밀즈는 진보적 사회학자(liberal sociologist)이긴 하였으나, 정통 사회주의이념을 그대로 따른 진보주의자는 아니었다. 그는 마르크스의 입장을 상당부분 수긍하고 방법론과 개념에서 많은 부분을 받아들이긴 했지만 결정적으로 마르크스주의자도 아니었다. 좌파 지식인에게 호의를 보이고, 쿠바혁명을 긍정적으로 평가하였으며, 미국의 대외정책을 신랄하게 비난하긴 하였지만, 그는 계급혁명과 민족해방을 주장하고 역사의 총체성과 하부구조의 규정성을 옹호하는 그런 벽창호식 좌파 지식인은 아니었다. 그는 현실 사회주의국가와 사회주의사상가들을 국외(局外)에서 비판적으로 보았다.375) 구조를 냉철하게 해부, 비판하고 역사를 거시적으로 바라보는 방법론을 즐겨 사용하였으며 또한 줄곧 주장하였지만 그는 "어쩔 수 없는 거대한 것"을 일거에 변화시키지 못함을 비판한 것이 아니라, 그러한 거대한 것을 인정하더라도 "현재 할 수 있는 대안"을 도외시하는 것을 비판하였고376) 그 대안의 실천 주체를 '학생'으로 보아 신좌파의 존재 근거를 제공하였다.

미국의 신좌파가 '건국의 아버지들' 이래 이어져 오던 자유주의와 인간주의를 보다 급진적으로 변화시킨 라이트 밀즈를 비롯하여, 말콤 엑스, 마르쿠제의 그러한 업적을 이어받은 것은 그들의 입장에서 적어도 한국의 좌파에 비하여서는 귀중한 지적 자산이 될 수 있었다. 군산복합체에 대한 공격은 라이트 밀즈의 방대한 경험적 저작인 '파워 엘리트'에 근원을 두고 있었

---

375) C. W. Mills, 김홍명 옮김, 『마르크스주의자들』, 한길사, 1989.
376) Graham Crow, 박형신·이혜경 옮김, 『사회변동의 비교사회학』, 일신사, 1999. pp.7-8.

으며, 현대 미국사회의 억압과 소외에 대한 비판은 마르쿠제의 미국 현실에
근거한 독특하고 탁월한 철학적 사고로부터 배워 온 것이었다.

사회주의국가의 관학(官學) 이데올로기인 마르크스레닌주의 입장에 선
소련의 역사가들은 신좌파운동을 높이 평가하고 있지만, 밀즈와 마르쿠제에
대해서는 소부르주아 이론가로 폄하하고 있었다. 소련은 1921년 그들의 공
산당 전당대회에서 사상적으로 '두 가지 편향'을 경계한다고 밝히고 페레스
트로이카 이전까지 꾸준히 그러한 입장을 취해 왔다. 편향(Deviation)에
는 곧 마르크시즘에 대한 맹목적인 집착(blind adherence of Marxism)
과 경험주의에 빠진 나머지 마르크시즘을 부정하는 오류(respect for the
facts so great as to a rejection of Marxist theory)의 두 종류가
있다는 것이다.[377] 즉 라이트 밀즈는 이 중 두 번째 유형에 빠져서 좌파
경향이면서도 미국의 특수한 상황에 매몰되어 경험주의적 사고에서 오는 정
통 마르크시즘 부정의 오류에 빠졌다는 평가였다.

"자본주의의 사회경제적 모순과 현실을 은폐하고, 국가독점자본주의의 본
질까지 파헤치지 못한 한계를 갖고 있다. 현대 부르주아사회를 과학적으로
해명하지 못했으며 독점자본이 차지하는 위치를 객관적 위치를 밝히지 못했
다. 그리하여 신좌파가 타격해야 할 주요한 목표물을 은폐시켰으며 그렇게
함으로써 투쟁의 본질을 삭제했다"[378] 서구 마르크스주의자들도 마찬가지로
돔호프와 같은 이론가들은 밀즈의 비판과 연구가 계급적 관점이 결여되어
있는 점을 한계라고 지적하였다.[379]

신좌파가 소련의 억압적 체제를 비판한 문제의식을 지녔음에도 이를 보는
소련의 입장은 교조적인 관학 이데올로기로 전락한 소련식 마르크스레닌주
의를 반영하고 있다. 또한 서구 마르크스주의자들 중에서도 미국의 전통 가
치가 신좌파의 급진적 입장에 스며든 사실을 인정하지 않는 이들은 신좌파

---

377) Roger Scruton, *A Dictionary of Politics*, Macmillan, 1982, p.124.
378) 편집부 옮김, 시바쵸프·야쯔코프, 『현대 미국의 역사』, 과학과 사상, 1988, p.346.
379) C. W. Mills, 진덕규 옮김, 『파워엘리트』, 한길사, 1979, 옮긴이 서문.

의 문제의식과 행동방식은 물론 밀즈와 마르쿠제에 대해 이처럼 부정적이었다. 이들의 이러한 입장은 앞서 Ⅱ장에서 지적한 바와 같이 신좌파운동을 해석하는 데 한계로 작용한 것이다.

이 점에서 한국의 1980년대 학생운동가들에게 라이트 밀즈와 같은 선대 학자들의 업적이 없었다는 점은 하나의 약점이었으며, 이로써 당시 한국의 운동세력들은 외부 텍스트에 의존하여 자기 사회를 설명하였으며, 밀즈와 같은 비판적 전통과 그에 따른 지적 축적이 없는 상태에서 출발하지 않으면 안 되었다. 한국에서도 비판적 시각을 체계화하기 위해 노력한 시론이나 담론은 많았다. 한완상의 "민중과 지식인"이라든가, 박현채의 "민족경제론" 등이 이미 1980년대 이전에 존재하였지만 이는 운동하는 방법과 방향, 의미와 정당성을 제시하는 차원이었고, 라이트 밀즈의 "파워엘리트"처럼 이론적이고 경험적인 연구 성과를 대규모로 집대성한 저작은 아니었던 것이다. 게다가 그러한 업적들은 박정희 정권과 신군부정권의 철권통치를 거치면서, 그나마 검열을 통해 제한적으로 소개되었을 따름이었으므로 양적, 질적으로 부족했을 뿐만 아니라, 저항운동의 지적 양분이 되기에는 섭취의 시간이 촉박했다.

이와 관련하여 미국의 신좌파가 자기 나라에 대하여 가진 주체적이고 객관적인 조건에서 1980년대 후반의 한국과는 달랐다는 점이 지적될 수 있다. 신좌파의 조국, 즉 미국은 그들 스스로가 부정하든 그렇지 않든 세계 최강의 대국이었으며, 따라서 객관적으로 자기 조국에 대하여 비판하더라도 그것은 자기 비하라든가 혹은 이 나라가 싫다는 식이 아니었다. 1950년대 이후의 미국은 더 이상 발전할 수 없는 풍요한 사회이며 발전할 필요도 없었다는 인식이 출발이었으므로 신좌파의 문제의식은, 거칠게 단순화하자면 "복에 겨운 처지에서 제기된 비판"이었다.

주관적으로도 이들의 다양한 문화적인 경향 중 초기 미국의 상황과 유토피아를 동경하는 젊은이들을 그린 영화 "이지 라이더"(Easy Rider)[380]에서, 그리고 인디언을 학살하면서 '민주주의와 인권'의 나라를 건설해 온 모

순을 비판한 "솔져 블루"(Soldier Blue)381)에서 나타나듯이 "미국 고유의
자유", "미국 본래의 건국정신인 민주주의와 인권"으로 돌아가고 그것을 제
대로 구현하자는 주장이 분명히 포함되어 있었다. 물론 이들 모두가 다 그
런 것은 아니었지만, 분명히 주체적으로 자기 나라 미국에 대한 자긍심과
건국 초기 전통에 대한 신념을 지닌 세력이 상당수 포함되어 있었다는 점은
한국과 달랐다. 역사적으로 친일파 미청산과 굴욕적인 한일관계정상화를 겪
었고, 정치적으로 권위주의정권과의 투쟁을 계속 벌였으며, 경제적으로 운
동세력은 '종속'구조 내지 '식민지'에 있다고 인식할 정도였다. 그리고 가장
중요하게 비판이론과 저항운동에서도 지배연합의 정신적 박약함과 비슷하게
지성사적 '종속 구조'에 있었던 바, 이처럼 열악한 조건에 있던 한국의 저항
운동과 결정적인 차이점이다.

미국 특유의 비판지성, 곧 인간주의, 다양성, 이상주의의 가치는 미국정
치의 복합적인 헤게모니과정의 산물이었다. 이러한 가치를 버리지 않고 운
동과 노선에 소화한 신좌파였지만, 역시 그러한 일종의 유리함은 현실정치
에서의 무능함과 부적합성으로 나타났다.

미국사에서 선대 학자들이 연면히 쌓아온 비판의 전통은 신좌파를 일으키
기도 하였지만, 구조적 시각에서 보았을 때, 그러한 비판의 전통은 미국정
치 헤게모니과정의 유아독존적인 이데올로기인 자유주의로부터 결코 자유롭
지 못했다. 신좌파는 자유주의를 적극적으로 수용하고 사회주의와 조화시키
려 노력했지만, 결국은 새로운 혁명의 이데올로기를 창출하지는 못했다. 자

---

380) 1969년 작. 신좌파의 영향력이 할리우드에 미친 최초의 작품이며 저예산영화로
서는 흥행 성공을 거두었다.

381) 1970년 작. 미국 개척기 당시 카스터 대령이 이끌던 제7기병대의 인디언 학살을
극화한 영화. 이지 라이더와 함께 미국의 "뉴 시네마"를 대표하는 영화 중 하나이
다. 뉴 시네마는 신좌파운동의 영향을 받아 1960년대 말부터 등장하였는데 "이지
라이더", "내일을 향해 쏴라" 등의 작품이 있다. 물론 브란도, 폴 뉴먼, 로버트 레
드포드, 잭 니콜슨 등이 뉴 시네마 출신 배우들이다. 1960년대까지의 보수적인
할리우드 영화들과는 다른 문법과 내용의 영화들로서 신좌파의 영향을 받아 미국
사회와 역사의 부조리를 고발하는 내용을 담았다.

유주의는 지배연합의 입장에서도 적극적으로 지켜야 할 가치이자 이데올로
기였기 때문이었다. 인간적 사회주의와 이상주의의 입장이 혼재하던 가운데,
신좌파는 분명, 급진적이고 전향적인 자세에서 미국의 자유주의를 새롭게
갱신하고자 했고, 흑인민권운동, 여성운동, 환경운동 등의 분야에서 그러한
갱신 작업은 성과를 거두긴 하였으나, 애초의 '혁명'을 위한 확실한 중추 이
데올로기, 즉 '대항 헤게모니'를 위한 지적 결과물을 사회 전반에 걸쳐 확립
하지 못했던 것이다.

그들은 모호한 이상주의적 입장으로 인해 구체적인 현실문제 파악 앞에
어쩔 줄 몰라 하게 되었고, 국제관계의 변화, 지배연합이 주도한 정치 및
사회개혁의 변화 앞에 선명성을 유지할 만한 적절한 대응방법을 찾지도 못
했다. 인간주의와 아나키즘적 사회주의를 기치로 세운 모호한 이상주의는
구체적인 사회경제 프로그램의 결여, 신좌파운동에 동승한 극단적 자유주의
와 개인주의를 주장하던 히피들의 무분별한 생활과 대중으로부터 질시를 받
은 윤리적 타락과 맞물려 결국 말 그대로 '이상주의'에 머물러 버린 것이다.

국제관계의 변화는 쿠바의 친 소련노선으로 대표된다. 신좌파는 1960년
대 후반 이후, 독자적 사회주의발전의 길을 선택하고 추진하던 쿠바의 혁명
노선을 지지하고 또한 시위와 구호를 통해서나마 지원하였다. 1959년 쿠바
혁명은 미주대륙에서의 사회주의국가건설이라는 상징적 사건으로서 전세계
적으로 충격을 주었는데, 카스트로와 체 게바라는 신좌파에게 '인접한 영웅'
이었다.

쿠바는 1960년대를 통해 소련으로부터 자율적으로, 그리고 비교적 기존
사회주의국가와는 차별적인 노선을 통해 자체 발전계획을 수립하고 집행하
였다. 1962년부터 1965년까지의 논쟁기간을 거치면서 쿠바는 체 게바라가
주장한 '새로운 인간'(New man)의 창조를 통한 자체적인 사회주의국가건
설을 표방하게 되었다.[382]

---

382) 북한의 주체사상과 유사하다. Nelson Valdes, *Cuba in Re Vol. ution*, Anchor
Books, 1972, pp.447-450.

이 과정에서 쿠바는 소련의 외교정책과 발전노선을 비판하기도 하였고, 1965년 이후 쿠바가 독자적인 '새로운 인간' 계획을 통해서 노동자의 정신적 자극, 철저한 중앙집권, 집단 동기 부여 등 북한의 주체사상과 유사한 길을 통해 발전을 도모하였다. 소련식 소비에트 발전과정과 상이한 이런 태도에 대해 아바나에 와 있던 소련 고문관들은 이의를 제기하였지만 쿠바는 '맹목적으로 소련을 따를 수 없다'며 거부하였다.383) 이리하여 쿠바는 1966년 미국으로부터 미주기구에서 축출당한 데 이어, 지속적인 자주적 노선 추구로 인해 1968년에는 소련으로부터 석유지원량의 축소 조치를 당하기도 하였다.

그러나 사회주의와 공산주의의 동시 건설과 집단 동기 부여정책이 효율성에서 문제를 드러내자 쿠바는 1970년 이후 친소련노선으로 복귀하였다. 신좌파운동이 이러한 사태 전개에 대해 현실적 대응을 하기에는 노선이 너무나 이상주의적이었으며, 소련 개방과 중국의 보수화에 대해 당황했던 한국의 1980년대 좌파와 마찬가지로 국제관계의 현실주의적 상황에 제대로 대응하기에는 역부족이었다.

흑인 인종문제에 있어서도 이는 마찬가지였다. 1970년 당시 2억 3천만 명의 미국인 중 2천3백만 명으로 전체 인구의 11%를 차지하고 있던 흑인들은 신좌파운동 이전까지는 거의 미국에서 정치적으로나 사회적으로 권리를 제대로 인정받지 못하고 있었다. 그러나 이후 신좌파운동에 대응하여 '위로부터의 변화와 개혁'이 일어나자 상황은 반전되었다. 켄트주립대학사건이 전국적으로 파장을 불러일으키고 신좌파운동이 최고조에 달하던 1970년 당시, 미국의 제도권정치사회에는 그 이전과 비교하여 괄목할 만한 흑인의 진출이 돋보이는 변화가 이미 일고 있었다. 1960년 당시 상원의원 한 명 없이 하원에 고작 4명의 흑인 의원을 두고 있던 미국의회는 1970년, 10년 만에 하원의원 9명, 상원의원 1명을 둘 만큼 변해 있었다. 또한 린든 존슨이

---

383) Tariq Ali and Susan Watkins, 안찬수·강정석 옮김, 『1968』, 삼인, 2001, p.37.

이미 재임 시절 내각에 최초로 흑인 장관(로버트 위버, Robert Weaber)를 인선하는 기록을 세웠다.[384]

SDS가 의욕적으로 추진했던 계획이자, 학생대중의 전폭적 지지를 받았던 교육 조사 및 실천계획(ERAP)은 신좌파의 사회경제 프로그램으로서 신좌파운동의 전국화에 큰 기여를 하였다. 주로 흑인 빈민들을 위한 노력과 봉사를 담은 이 계획은 1967년 이후 쇠퇴하고 만다. 여기에는 몇 가지 이유가 있었는데, 첫째, 학생신분으로서 빈민가에 상주할 기간이 짧을 수밖에 없다는 신좌파운동의 태생적 한계였다. 민권운동과 함께 반전운동을 운동의 양대 과제로 삼고 있던 이들에게 마냥 빈민들의 생활개선에만 머물러 있기에는 학생신분의 처지가 커다란 벽이었다. 사회주의를 지지하고는 있었지만 이른바 '쁘띠부르주아'였던 신좌파 학생들의 처지를 웅변해 준다.

둘째, 전통적으로 자유주의노선을 정부가 개입하여 적극적으로 실천하려 해 왔던 민주당정부는 1960년대 '위대한 사회(Great Society)', '빈곤과의 전쟁(War on Poverty) 등의 개혁 프로그램을 주도적으로 실행함으로써, 재정적으로나 조직적으로나 신좌파의 프로그램이 이를 당해낼 수 없었고, 자연히 그 선명성과 장점도 묻혀 버리게 되었다.[385]

셋째, 바로 위에서 지적한 신좌파의 자유주의와 이상주의적 경향이었다. 좌파이면서도, 이들은 자유주의와 이상주의를 소화할 수 있었고, 따라서 애초에는 미국의 사회문제를 한국의 1980년대 운동세력보다는 좀더 체감적이고 현실적으로 접근할 수 있는 유연성을 갖고 있었다. 그러나 이러한 장점은 실제 활동에서 이념적 노선과 태도의 불분명성과 구체적 프로그램 실천의 한계를 노정시켰던 것이다. 그러한 측면들에서 자체적인 역량만 되어 있었다면 사실 위의 첫째, 둘째 요인들을 방어할 수 있었겠지만 근본적으로 신좌파는 그러지 못했던 것이다.

미국의 독보적이고 강력한 이데올로기로서 헤게모니과정에서 건국 이후

---

384) *TIME*, April. 6, 1970.
385) 김봉중, "신좌파운동", 김덕호·김연진, 『현대 미국의 사회운동』, 비봉, 2001, p.125.

꾸준히 중심축에 위치하고 있던 인간주의와 자유주의는 신좌파세력에게 결과적으로 신좌파의 의도와는 달리 '약 주고, 병 준' 이데올로기로 작용했던 것이다. 초기 신좌파운동의 동기 파급과 운동 활성화이 가능했던 데에는 미국 특유의 자유주의적 전통이 여러 모로 기여했지만, 이후 신좌파세력이 자유주의를 미국사회의 주류 자유주의에 대항할 만큼 질적으로 상이하고 강력한 새로운 이데올로기로 전환시키는 데 실패함으로써, 신좌파세력의 정체성을 흩트려 놓았던 것이다.

　이상주의적 변혁운동은 현실정치에서 조금의 개량적 변화 조짐이 있어도 대중의 지지를 잃는 모순에 처한다. 베블런, 밀즈, 마르쿠제 등 미국 신좌파의 선배격인 비판적 사회과학자들은 공통적으로 '대안'을 제시하지는 않았다. 이 세 학자의 어떤 저서를 보아도, 신좌파세력이 현존하는 미국 체제를 '혁명'을 거친 후 어떻게 변화시킬 것인지에 대한 현실주의적 대안을 그려 놓은 곳은 없다. 신좌파는 다소 막연하고 추상적인 의미에서 인간성 회복이 가능한 참여민주주의의 실현을 주장하고는 있지만, 막상 미래의 미국사회가 어떤 길로 나아갈 것인지 그 방향을 현실적으로 체계화하는 데는 무능했다.

# VI

## 이후의 영향과 의미에 대하여

# VI. 이후의 영향과 의미에 대하여

　　본문을 통한 분석은 대체로 각 장마다 정리된 형태로 제시했거나, 책의 앞부분을 통해 논지를 소개하는 과정에서 일별했으므로 여기서는 따로 언급하지는 않는다. 다만 문제의식과 본문 내용의 연장선에서 운동의 영향과 현재성에 대해 몇 가지 생각해 볼 거리를 언급함으로써 결론을 갈음하고자 한다.

　　이들 두 운동이 '성공'했다면 어떤 모습으로 나타났을까. 이들의 목적이 '혁명'이었고, 이들의 혁명에 대한 인식과 정의에 비추어볼 때, 분명 두 운동은 실패하였다. 그러나 모든 정치현상이 그러하듯이 '성공'과 '실패'는 명확하게 구분되기 힘들다. 어떤 정치현상이든 역사적 시간 속에서 벌어지는 진행형 형태를 띠고 있기 때문에 어떤 특정한 시점을 기준으로 한다면 성공과 실패를 판단할 수 있겠지만, 그것은 긴 역사의 관점에서 본다면 사실상 임의적이고 한시적인 판단일 뿐이다. 장기적이고 거시적인 시각에서 볼 때, 이들 운동의 '성공'의 의미를 두 가지로 나눌 수 있다.

첫째, 이들이 공개적으로 천명한 '체제의 완전한 변혁'이다. 미국에서는 "민중에게 권력을"이라는 구호 아래, 사회주의의 전통적 의미인 계급 철폐뿐만 아니라 인종과 성별 차별이 사라진 자율적 공동체사회의 건설이 이에 해당되며, 한국의 경우 '파쇼국가'를 타도하고 '미제국주의'를 몰아내면서 '민중정권'을 수립하는 것이 이에 해당된다. 혁명의 권력 장악과 이전 현상을 주목하는 정치학적 정의를 따르자면 혁명이란 '대중의 대규모 이반과 엘리트의 분열, 기존 정권 이외의 혁명세력에 의한 복수주권 출현'386)이다. 한미 양국 운동세력들의 목적은 이러한 권력 장악은 물론 사회의 근본적 변혁까지 목적으로 삼았지만 모두 실패한 것이다.

둘째, 단기간의 혁명운동으로 체제의 완전 변혁을 이룰 수 없었더라도, 반공주의를 극복하면서 아래로부터의 지지를 일정하게 획득해 나가는 점진적 정치세력화이다. 이로써, 근본적인 이상주의와 혁명노선은 간직하되, 비합법적이고 급진적인 방법만 일방적으로 추구하지 않고 정치사회와 시민사회에 뿌리를 내리는 작업을 진행해 가는 것이다. 세계사적 시간은 특정 한 사람의 일생과 비교해 매우 장구하고 또한 구조적인 변화를 전제하고 있다. 그러므로 단기간의 혁명운동이 실제 혁명을 일으키지 못했다 해서 100% 실패했다고는 할 수 없다. 세계사적 시간의 관점에서 본다면 혁명을 전격적 봉기와 동일시하는 것은 18세기와 19세기의 특수한 역사적 국면과 사건에 치우친 협소한 고전적 개념일 뿐이다. 현대자본주의국가에서 죽창과 화염병을 들고 분개한 민중을 동원하거나, 도회지를 벗어나 공동체를 건설한 후 테러나 시위에 의해 국가권력을 타도하려는 활동에 의해 기존 국가를 무너뜨리려 하는 행동은 너무나 이상주의적이고 비현실적인 시도에 불과하다. 폭력적, 근시안적인 조급성을 극복하고 사회개혁의 연장선상에서 혁명을 이해한다면 혁명운동은 '무장봉기'나 '민중봉기'에 대한 준비만을 가리키는 것이 아니라, 오히려 당장에는 '개량'이나 '수정'으로 비판받더라도 사회의 끊

---

386) Charles Tilly, 윤승준 역, 『유럽혁명 1492-1992 지배와 정복의 역사』, 새 물결, 2000., pp.36-38.

임없는 자기 개혁을 가능케 하는 일정한 정치세력의 등장과 정치사회의 재편, 사회 각 부문에 걸친 변혁운동의 심화와 정착을 꾀하는 것은 운동세력에게 심정적으로는 답답하게 비칠지 몰라도 오히려 더욱 정치사적 의미가 있는 작업이며 과정인 것이다. 비록 체제의 '혁명'을 기동전 차원에서는 달성하지 못하고, 체제를 전복하려는 전략전술을 포기하면서도 진지전을 구축하는 의미에서의 혁명운동이라면, 절반의 실패이긴 하지만 나머지 절반에서는 명확한 성공인 것이다.

자본주의체제를 타도하려는 신조의 실천을 현실정치과제에서 제외하더라도, 일정한 정치세력화를 이루게 되면 정치사회에 대한 참여를 통해 사회주의노선의 실현을 양국 나름의 상황에 적응시켜 나가는 길로 갈 수도 있었을 테지만, 양국의 운동은 이 역시 실패했다. 오히려 운동이 한창 번성할 당시에는, 두 번째 시나리오에 대한 별다른 고민이나 실천 노력은 아예 처음부터 배제되거나 '회색'으로 몰려 경원시받기 일쑤였다.

역사적, 일반적으로 민주화를 향한 정치적 동학은 계급 갈등과 투쟁, 정치계급 간의 타협, 민중운동, 학생운동, 역진적 쿠데타, 시민운동 등 다양한 형태로 전개된다. 산업화는 국가가 주도, 내지 적극 지원함으로써 가시적 성과의 달성을 통해 뚜렷이 관찰되지만, 민주화는 국가를 위시한 특정 행위자가 수행해서 성취되는 것이 아니라, 저항과 응전의 상호작용, 때로는 제도권 바깥의 갈등과 압력을 통해 이루어지며 사회 전반의 변화를 수반하므로 관점에 따라 달리 해석될 수 있고 이러한 다양한 해석과 입장 자체가 변화과정에 매개되는 복합적 과정으로 나타난다. 즉, 민주화 또한 '혁명'과 마찬가지로 특정 세력이 단시일 안에 의도적으로 성취, 확인할 수 있는 것이 아니라 주체와 조건의 상호작용의 결과, 국가와 시민사회 전반에 걸쳐 구조적, 역사적으로 이루어지는 것이다. "부르주아 없이 민주주의 없다"라는 유명한 명제는 20세기 이후의 현대자본주의국가 정치과정에서 마냥 타당한 것은 아니다. 민주화로 나아가는 전략적 선택을 하도록 행위 주체를 압박하고 조건을 형성하는 대내외적 요인들의 역할과 작용에 따라 일국의 민주주의는 형태와 내용을 달리하기 때문이다.

양국이 겪은 학생 혁명운동도 당대에는 의도적 행위였지만, 그 경험 자체가 이후 지속적인 파급효과를 발산함으로써, 그러한 의미에서 운동 당시부터 여러 측면의 현재성과 시의성을 오늘날에 이르기까지 이어지도록 한다. 형태상 똑같은 학생운동이었고, 몇 가지 공통점도 있었지만 양국의 학생운동이 갖는 의미와 영향은 여러 면에서 대조적이다. 먼저, 두 국가 모두 정치적 대표체제에서 좌파는 물론 중도파조차 유럽에 비해 발언권이 크게 미약한 환경에서 벌어진 혁명운동이라는 공통점이 있지만, 한국이 정통 좌파, 미국이 수정된 신좌파였다는 차별성을 보여 준다.

한국의 경우, 기존 체제를 근본적으로 부정하면서 근대 이후 정치사의 흐름 속에서 특유의 에토스를 갖지 못했던 데 연유하여 외부의 이론인 마르크스주의에 전적으로 의지하게 된다. 이로써 정통 좌파에 집착하게 된 한국 혁명운동은 경직성을 끝내 극복하지 못했고, 근대 이후의 역사적 경험에서도 그 어떤 이념적 자양분을 구하지 못했다. 혁명운동의 유력한 분파가 마르크스주의 정통과 거리가 있는 주체사상을 받아들인 것은 바로 이러한 맥락에서 이해할 수 있다. 미국과 달리 '민족모순'과 '분단 모순'의 문제를 심각하게 인식할 수밖에 없었던[387] 한국 혁명운동세력에게 북한의 주체사상은 그나마 근대 이후 민족공동체가 경험한 궤적에서 거의 유일하게 기대를 걸 수 있던 대안적 사고체계로 비쳐졌던 것이다. 이에 비하여 미국은 자국의 건국정신으로부터 이념적 지향성의 이상향을 추출할 수 있었고, 밀즈를 비롯한 축적된 비판적 지성의 업적에 따라 구좌파의 정통보다는 다양한 측면에서 자유주의적이고 인간주의적인 상상력을 발휘할 재량을 확보할 수 있었다.

본문에서 상세히 다루지는 않았으나 산업국가로서 사회경제적 발전수준의

---

387) 민족문제의 중요성 자체는 NL뿐만 아니라 PD도 인식하고 있었다. 즉 자주, 반미, 통일, 북한 문제를 어떻게 이해하고 어떻게 해결하는가의 방법론에서 차이를 보였던 것이다.

차이 역시 혁명운동의 성격과 전개과정에 영향을 미쳤다. 즉 이미 1950년대에 풍요한 사회라는 별칭을 얻을 만큼 물질적 경제성장의 극을 경험한 전후 베이비붐세대였던 신좌파는 반문화운동을 축으로 하여 '문화' 자체에 지속적인 관심을 기울였고 대중문화 측면의 운동과 변화는 신좌파의 주요한 레퍼토리였다. 팝음악과 할리우드의 대중문화 스타들 중 상당수가 신좌파와 일정한 연계가 있었으며, 유명한 우드스탁 페스티발은 물론 록큰롤, 힙합 그리고 이후의 디스코에 이르기까지 현대 미국의 대중음악은 신좌파의 유산을 상업화시킨 결과물이라 해도 과언이 아닐 정도이다.

이에 비하여 한국은 1980년대 당시 이른바 개발도상국 단계의 발전수준에 도달해 있었으며 일정 수준의 산업화는 달성했지만 신좌파가 향유했던 풍요한 환경과는 거리가 있었다. 여기에 정통 좌파 특유의 인식론적 경향이 작용하여 '문화'는 부차적인 요소로 치부되었고, 신좌파가 보여 준 것과 같은 류의 문화적, 성적 개방성은 정통 좌파의 엄숙주의적이고 절제된 미덕과는 어울릴 수도 없는, 말하자면 일종의 금기였다. 물론 신좌파도 1960년대 중반 이전의 선배 세대[388]는 적어도 태도나 의식 측면에서 '혁명전사의 절제된 덕성'에 가까운 특징을 가졌던 데 비해, 60년대 후반 이후의 세대로 갈수록 개방적이고 때로는 무절제한 양식을 보여 주고 있지만, 한국의 좌파 학생운동세력은 신좌파가 다채롭게 보여 준 '사랑', '에로스', '성의 해방' 등의 반문화운동담론에 대해서는 처음부터 무관심했다.

이와 관련하여 운동의 담론과 주요 이슈의 전개과정도 상이하게 나타났다. 풍요한 세대를 반영한 미국의 신좌파는 줄곧 다양한 형태의 저항운동을 펼쳤던 데 비하여, 한국의 좌파는 1990년대 이후 들어서야 비로소 '문화'에 관심을 가지게 된 것이다. 즉 1990년대 이후 입학한 세대는 이른바 '신세대', 내지 'X세대'로서 거대 담론보다는 일상생활과 문화에 관심이 많았다. 그러나 이들은 더 이상 스스로를 '좌파'로 규정하지도 않았고 80년대의 운동

---

388) 이른바 신좌파 내부에서도 구세대(old guard)로 불렸다.

에 대해 무관심 내지 거부감을 갖고 있던 세대였다. 이는 신좌파가 1960년 대 초반 세대와 중반 이후 세대의 차별성에도 불구하고 서로 인정, 공존하면서 운동의 연속성을 담지했던 것과는 차이를 보인다. 당시 정치적 국면의 다른 요인들도 작용했지만 이러한 차이는 기존 선배 세대들이 보여 준 좌파의 경직성이 상당한 이유가 되었다.

양국 모두 체제의 근본적인 변화에는 이르지 못했지만, 이들 운동을 통하여 양국의 정치와 사회는 매우 많이 변한 것도 사실이다. 신좌파운동이 없었다면 오늘날 서구에서 환경, 여성, 동성애 등에 관련된 이른바 신사회운동 역시 지금처럼 활발하지 못했을 것이다. 한국에서도 현재 유례없이 활발한 시민운동 역시 1980년대의 급진적인 노선에 대한 반성으로부터 출발하고 있다.

그러나 무엇보다도 오늘날의 현재적 시점에서 부각되는 바는 혁명운동이 발생하던 당시에 비해 별로 변한 것이 없는 정치사회와 시민사회의 이념적 스펙트럼과 정치적 대표체제의 협소함이다. 이것의 의미는 앞서 지적한 '문화', 그중에서도 '대중문화'에 대한 영향을 생각해 봄으로써 현재성을 파악할 수 있다. 양국의 혁명운동은 미국의 경우 1970년대 후반 이후 대중문화영역에 주로 영향이 집중되었고, 한국 역시 1990년대 초반 이후 대중문화 쪽으로 혁명운동에 몸담았던 이들 중 상당수가 진출하였으며 혹은 1990년대 이후의 신세대 중 일부가 '혁명운동'의 열기를 '차용'하고 변형시켜 대중문화에 도입하는 경향을 띠었다.[389]

미국의 대중문화는 할리우드의 뉴시네마 세대, 그리고 팝음악의 흑인 음악 조류 득세로 나타나 현재 이들이 아예 주류로 자리잡았다. 또한 한국의 경우 혁명운동을 직간접적으로 지지, 혹은 관여했던 이들이 영화의 소재 확

---

389) 서태지의 '교실 이데아'는 미국 신좌파의 교육 현실에 대한 비판과 내용이 거의 똑같으며(획일적 프로그램, 엄혹한 지도와 감독, 많은 인원, 무미건조한 교실), '발해를 꿈꾸며'는 80년대 통일담론의 확장 효과가 대중적 차원에서 매우 감각적으로 전환된 곡이다.

장에 크게 기여해 이른바 1990년대 이후 한국영화의 르네상스에 결정적인
역할을 하기도 했다. 그러나 이러한 대중문화영역의 확장은 그 자체에 머무
르는 한계가 있으며, 나아가 기존의 정치적 대표체제와 이념의 협애성을 방
치, 내지 그 부정적 효과를 다른 곳으로 호도하는 의도치 않은 부정적 효과
를 발휘했다. 체 게바라가 요식산업에 이용되고, 말콤엑스가 댄스그룹의 춤
에 녹아들면서 혁명이 희화화되듯이, 아무리 급진적인 담론도 대중문화의
소재로 사용되는 순간 그것은 체제 내화되거나 소비의 대상에 머물게 된다.
이것이 공적인 영역의 의제로 설정되지 못한 데 대한 대리만족효과를 발휘
하게 되면서, 한국이나 미국과 같이 좌파의 발언권이 여전히 전근대적 억
압, 혹은 무관심과 자기 검열의 분위기에 눌려 있는 정치사회적 환경에서
진보 내지 개혁과 관련된 과제는 정체되거나 악화 일로에 내몰린다.

더군다나 양국은 현재 다른 어떤 선진자본주의국가들에 비해서도 경제적
자유주의, 소유권 제일주의의 통념이 사회적으로 강력한 국가이다. 기존의
협애한 정치적, 이념적 구조에 이러한 특성이 접목되면서 '진보'의 주장은
언제나 소수에 머물거나 대중문화의 완충지대를 거쳐 대중에게 진정성을 갖
고 다가갈 수 없게 된다. 이러한 점이 오늘날 우리에게 주는 시사점의 하나
가 아닌가 한다.

이와 관련하여 현재 아카데미즘의 영역, 즉 학문사회로 대거 진출한 당시
의 운동세력 역시 한계를 갖고 있다. 학문사회에서 좌파는 존재는 부르주
아, 의식은 프롤레타리아의 모순에 항상적으로 처하게 된다. 급진 담론을
주도하는 대부분의 진보적 학자들이 서울에 거주하며, 이른바 명문대 출신
으로, 상당수가 유학을 경험한 사실은 기존의 보수적 입장의 학자들과 객관
적 존재 측면에서 별다른 차별성을 갖고 있지 않음을 의미한다. 이들이 생
산한 담론은 '그들끼리의 담론'에 머물거나, 실제 '민중'인 사회의 서민들과
는 무관한 이론적 유희에 그칠 가능성이 다분하다. 급진적 담론을 지지하면
서도 실제 정치적 행동에서는 자신의 동문이 속한 보수 정당의 정치인을 지
지하는 학자들이 존재하는 이상 한국사회에서 '좌파'는 여전히 미래를 기약

할 수밖에 없는 세력에 머물게 된다. 가뜩이나 좌파의 입지가 협소하고 실질적 민주주의가 취약한 현재, 지식인 학문사회는 그나마 대안적 세력으로서 좌파가 근거할 수 있는 유력한 공간 중 하나이기 때문이다. 비록 앞서 언급한 바와 같이, 존재는 부르주아일지라도 의식 자체의 전방위적 비판성과 균형 감각은 잃지 말아야 한다. 이는 의식 차원의 탐구와 진리의 모색 자체를 전업으로 삼고 있는 지식인 본연의 존재 가치이기 때문이며, 또한 그 자체를 전업으로 삼고 있기 때문에 충분히 가능한 일이다.

결론적으로 당시 혁명운동은 권위주의정권의 공안정국 조성을 통한 물리적 국가폭력이라는 직접적 제약요인과, 그에 결부된 이념적 스펙트럼의 협소성, 계급관계의 불리함을 극복하지 못했다. 이러한 제약요인은 지금도 강하게 잔존하고 있으며, 비단 좌파혁명을 꾀하던 당시의 급진적 운동세력에게 뿐만 아니라 일반적 의미의 민주주의를 실현을 목전의 과제로 둔 현재까지도 짙게 드리워 있다. 이러한 현재성을 대면한 직접적 처방을 도출하는 것이 이 책의 목적은 아니지만, 현실과 무관한 역사적 사례가 아니라 당시로부터 연속된 맥락 위에서 오늘의 현실을 이해할 수 있는 연장된 과거라는 데에 양국 혁명운동의 의의가 있다.

혁명은 폭력을 통해 단번에 성취될 수 있는 것도 아니고, 아득한 이상향이 지상에 현실로 나타나는 것도 아니다. 20년을 헤아리는 민주화의 도정이 이를 증명한다. 산업화가 '편리'를 추구하는 행위의 소산인 데 비하여, 민주화는 본질적으로 해소 불가능한 차이와 불일치 및 갈등의 정치를 의미하므로, 민주화가 진행될수록 행위 주체 각각에게는 '불편'한 것으로 다가온다. 한국사회의 헤게모니가 이데올로기 측면에서 확장되고, 과거에 비해 훨씬 유연해진 것이 사실이지만, 여전히 정치적 반경을 제약하고 차이와 불일치, 그리고 화해할 수 없는 갈등의 정치 자체를 이해하려 들지도, 용인하려 들지도 않는 것이 21세기 초반의 현실이다. 민주화에 대한 냉소와 피로가 만연한 최근의 경향은 그래서 더욱 우려스러운 일이다.

1980년대 대학을 다녔던 이른바 386과 그 이후 세대가 어느덧 한국사회의 중추로 자리잡은 현재, 기억을 기억으로만 저장하지 않고 끊임없이 이어지는 현실 속에 되살려 당시의 일견 무모했던 경직성과 추상성을 지양하고 미래를 준비할 수 있는 대안을 창출하는 일은 여전히 필요한 과제일 것이다.

## 1. 국내 문헌

강정인, "민주주의의 한국적 수용: 서구중심주의에 비쳐진 한국의 민주화", 한국정
치학회보 34집 2호, 2000년.

김덕호·김연진, 『현대 미국의 사회운동』, 비봉, 2001.

김도종, "한일 학생운동의 전개와 특징에 관한 비교연구", 『국제정치논총』 32-1,
1992.

김동근, "미국사회주의운동의 제약요인", 경북대학교 박사논문, 1993. 8.

김동춘 외, "한국학생운동의 역할과 새로운 모색", 『역사비평』, 1997. 11.

김동춘, "90년대 학생운동의 현황과 전망", 『황해문화』, 1998. 6.

김동춘, "사회구조와 학생운동", 『사상과정책』, 1990. 3.

김동춘, 『한국사회과학의 새로운 모색』, 창작과비평사, 1997.

김동춘, 『한국사회 노동자 연구』, 역사비평사, 1995.

김민호, "80년대 학생운동의 전개과정", 『역사비평』 창간호, 1988. 6.

김성국, "안토니오 그람시의 헤게모니 이론", 사회비평 제5호, 1991.

김오동, "미국의 학생운동과 그 교훈", 『현대이념연구』4, 건국대학교, 1986.

김용학·임현진, 『비교사회학』, 나남출판, 2000

김우상, "미국의 대내외 군비부담과 헤게모니의 쇠퇴", 경남대학교 극동문제연구소,
한국과 국제정치 8집, 1992.

김  원, 『잊혀진 것들에 대한 기억-1980년대 한국 대학생의 하위문화와 대중정치』,
이후, 1999.

김일영, "마르크스주의와 정당", 윤근식 편, 『현대정당정치론』, 대왕사, 1990.

김일영, "한국의 정치·경제적 발전 경험과 그 세계사적 위상", 한국정치외교사논총
13집, 1996.

김일영, "한국에서 발전국가의 기원, 형성과 발전 그리고 전망", 『한국정치외교사논

총』 23집 1호, 2001년.

김진균, 『군신과 현대사회』, 문화과학사, 1996.

김학순, "대학가의 유인물을 분석한다", 『정경문화』, 1985. 11.

김현우, 『한국정당통합운동사』, 을유문화사, 2000.

김형기, "알튀세르를 다시 읽을 것이 아니라 변화된 현실을 다시 읽어야", 사회평론, 1992년 8월.

김화주, "철저연구 민민투", 『월간조선』, 1987. 9.

노동일, 『정치학방법론』, 법문사, 1996.

도흥렬, "대학생의 현대사 인식과 의식화 정도", 『현대사회』, 1988. 7.

류지훈, "미국과 유럽의 학생운동", 『광장』, 1988. 11.

류두하, "미국 노동운동의 변천: 노조 성장요인을 중심으로", 미국사연구 7집, 1998.

류청하, "학생운동의 새 이슈 「통일투쟁」", 『신동아』, 1988. 6.

박광주, "집정관주의적 신중상주의론", 한국정치학회 편, 『현대한국정치와 국가』, 법문사, 1986.

박덕건, "학생운동의 새 흐름 PD그룹", 『월간중앙』, 1989. 5.

박명림, 『한국전쟁의 발발과 기원 Ⅰ, Ⅱ』, 나남출판, 1996.

박상섭, 『근대국가와 전쟁: 근대국가의 군사적 기초 1500-1900』, 나남출판, 1996.

박용헌, "대학생 이데올로기는 뭔가", 『정경문화』, 1986. 4.

박종성, 『혁명의 이론사』, 인간사랑, 1991.

박희연, "1960년대 미국반문화(counterculture)에 대한 역사적 이해", 서강대학교 석사논문, 1999.

방기호, "미국대학 학생운동의 유형 분석", 건국대학교 석사논문, 1987. 2.

배동인 외, 『막스 베버 사회학의 쟁점들』, 민음사, 1995.

백운선, "정치변동과 학생운동의 기능", 『사상과정책』, 1990. 3.

백종국, "한국의 국가, 시민사회, 그리고 지배연합의 변동", 경남대 극동문제연구소, 『한국정치사회의 새 흐름』, 나남출판, 1993.

백종국, "동아시아모델위기론"에 대한 비판적 고찰: 한국의 외환위기를 중심으로", 한국정치학회보, 1998.

백태웅, "사노맹의 21세기 사회주의 구상", 말, 1991년 10월.

서용석, "Michael Mann의 역사사회학", 한국사회학회 전기 사회학대회논문집 제3분과, 1995

서중석, "1960년 이후 학생운동의 특징과 역사적 공과", 『역사비평』, 1997. 11.

성용구, "한국대학에서의 1980년대 학생운동과 의식화 학습과정 연구", 충남대학교 박사논문, 1991. 2.

손호철, "진보진영의 代案 찾기, 어디까지 왔나", 月刊中央 1992년 5월호.

신동아 편집부, 『80년대 민족민주운동』, 동아일보, 1990.

신명순, "1980년대 학생운동의 성격분석", 『아세아연구』77, 고려대학교 아세아문제 연구소, 1987. 1.

신명순, "대학생 설문조사에 나타난 학생운동의 방향과 성격", 『월간조선』, 1987. 5.

신명호, "신좌파운동", 국민윤리연구 18집, 1984.

신정현, "구조폭력과 평화연구", 고려대학교 평화연구소, 『한반도평화론』, 1989.

신준영, "10·26에서 무림까지: 80년대학생운동야사", 『말』, 1990. 2.

신준영, "민민투와 자민투", 『말』, 1990. 7.

심양섭, "운동권의 주사파", 『월간조선』, 1989. 3.

오세철, "대학민주화 운동의 위상과 방향", 『사회와사상』, 1988. 10.

유경준, "미국 노동계급의 형성", 이민호 외 공저, 『노동계급의 형성』, 느티나무, 1989.

유지훈, "60년대 서구의 학생운동", 『사회과학연구』7, 충북대학교, 1988. 12.

유팔무, "학생운동의 이상과 현실", 『사상과정책』, 1990. 3.

윤근식, "60년대 학생운동의 배경과 구조", 『현대사회』15, 1984. 9.

윤석진, "80년대 운동권 학생들의 인생 유전", 『월간중앙』, 1990. 6.

윤성주, "미국의 정당정치와 정치체제", 윤근식 편, 『현대정당정치론』, 대왕사, 1990.

윤철호, "도식과 정파와 지적 게으름으론 안된다", 『신동아』, 1991. 10.

이광주, "현대의 구조와 춘년문제의 학생운동의 역사적 배경", 『미국학논문집』1, 1976. 12.

이국영, "보수주의와 정당", 윤근식 편, 『현대정당정치론』, 대왕사, 1990.

이기택 외, "신민당의원들이 본 대학의 실태", 『월간조선』, 1985. 6.

이내영, "안토니오 그람시의 헤게모니 이론", 『국가, 계급, 사회운동』, 한울, 1995.

이만갑, "한국사회변혁과 학생운동", 『사상과정책』, 1990. 3.

이봉희, 『보수주의: 미국의 신보수주의를 중심으로』, 민음사, 1996.

이선호, "베트남전쟁에 대한 미국의 비판 및 재평가", 군사논단 23, 2000.

이수훈, "사회변혁연구에 있어서 거시적 비교방법의 유용성", 경남대학교 극동문제

연구소, 『한국과 제3세계의 민주변혁』, 1989.

이신범, "한국의 급진사상과 학생운동", 『한국논단』, 1989. 10.

이영범, "미국의 학생운동", 『논문집 – 인문사회과학편』25, 중앙대학교, 1981.

이주영, "신좌파의 기술에 대한 태도: 전근대적 시각의 부활", 『미국사연구』7, 1998. 5.

이주영, "1960년대 미국 학생운동의 마르크스주의화 과정", 『미국사연구』9, 1999. 5.

이주영, "1960년대 미국의 신좌파와 평등의 문제", 『인문과학논총』 30, 건국대학
교, 1998. 3.

이주영, "미국 신좌파의 '진보성'에 대한 의문", 『역사학보』157, 1998. 3.

이주영, "미국 신좌파의 역사적 의미: 그의 연구 방향을 설정하기 위한 제언", 『미
국학』20, 서울대학교, 1997.

이해찬, "한국학생운동이 걸어온 길", 『민족지성』, 1987. 4.

임경민, "NL이냐 PD냐, 학생운동의 노선투쟁", 『신동아』, 1989. 7.

임영일 외, 『막스 베버 선집』, 까치, 1992.

임영일·차명수·이상률 편역, 『막스 베버 선집』, 까치, 1992.

임지현, "파시즘의 진지전과 합의독재", 『당대비평』, 2000. 9.

임현진, "역사로 되돌아가자: 비교사회학의 방법론적 전략", 한국비교사회연구회 편,
『비교사회학: 방법과 실제 Ⅱ』, 열음사, 1992.

장석준, "대학사회의 위기와 학생운동의 진로", 『경제와사회』, 1997. 3.

장성욱, "민민투·자민투·애국투", 『신동아』, 1986. 12.

장호순, 『미국 헌법과 인권의 역사』, 개마고원, 1998.

전진우, "전민련과 전대협", 『신동아』, 1989. 3.

정경희, "초기 신좌파의 성격", 미국사연구 13집, 한국미국사학회, 2001.

정범진, "생산성의 정치와 자본주의세계체제 – 제2차 세계대전 직후 CIO의 활동을
중심으로", 서양사연구 18집, 1995.

정성화, "미국의 핵전략과 군수산업 및 군사과학 발전", 명지사론 10호, 1999.

정연식·김동근, "미국의 뉴레프트운동과 그 정치사상적 의의", 『논문집』39, 경북대
학교, 1985.

조현연, 『한국현대정치의 악몽: 국가폭력』, 책세상, 2000.

진덕규, 『현대정치사회학이론』, 삼영사, 1988.

차하순, "비교사의 방법", 『서양사논집』 31집, 1988

채장수, "한국사회에서 좌파 개념의 설정", 한국정치학회보 37집 3호, 2004.

최장집, "그람씨의 헤게모니 개념", 한국정치학회보 18집, 1984.

최장집, 『한국민주주의의 조건과 전망』, 나남출판, 1995.

한국정신문화연구원, 『신좌파운동의 국제적 비교와 한국학생운동』, 한국정신문화연구원, 1988.

한국정치학회, 『현대한국정치와 국가』, 법문사, 1986.

한인숙·임현진·서재진, "스카치폴의 사회혁명 비교연구", 한국비교사회연구회 편, 『비교사회학: 방법과 실제 II』, 열음사, 1992.

허문영, "침체 학생운동의 고민과 향방", 월간중앙, 1990. 9.

현대사연구회, 『현대국가와 혁명』, 이론과실천, 1986.

황보종우, "1960년대 미국 신좌파의 형성과 변천: SDS를 중심으로", 단국대학교 석사논문, 1996.

## 2. 국외 문헌

Aldon Morris, *Frontiers in Social Movement Theory*, Yale Univ. Press, 1992.

Andre Frank and Barry Gills eds, *The World System*, Routlege, 1992.

Anthony Galt & Larry Smith, *Models and the Study of Social Change*, New York: Schenkman Publishing. 1976.

Anthony Giddens, 진덕규 옮김, 『민족국가와 폭력』, 삼지원, 1993.

Bernard Bailyn "Political Experience and Enlightenment Ideas in 18th Century America", *American Historical Review*, Vol.67, 1962.

Bruce Cumings, "The Abortive Abertura: South Korea in the Light of Latin American Experience", *New Left Review*, Vol.173, 1989.

Carol Ohman, "The Autography of Malcom X: A Re Vol. utionary Use of the Franklin Tradition", *American Quarterly*, Summer 1970.

Carrol Pursell. Jr, *The Military-Industrial Complex*, Harper & Row, 1972.

Charles Andrain, *Political protest and social change: analyzing politics*, Washington: New York Univ. Pr., 1995.

Charles Tilly, *From Mobilization to Re Vol. ution*, London: Addison-Wesley, 1978.

Charles Tilly, 안치민·박형신 옮김, 『비교역사사회학』, 일신사, 1999.

Charles W. Mills, 강희경·이해찬 옮김, 『사회학적 상상력』, 기린원, 1979.

Charles W. Mills, 진덕규 옮김, 『파워엘리트』, 한길사, 1979.

D. Thompson, "On the Trail of the New Left", *New Left Review* 215, 1996.

Daniel B. Baker eds. *Political Quotations*, Gale Research Inc, 1990.

David Robertson, *Dictionary of Politics*, Penguin Books, 1993.

Eric Hobsbawm, *Re Vol. utionaries; contemporary essays*, New York: Pantheon Books, 1973

Eric Hobsbawm, 이용우 옮김, 『극단의 시대: 20세기 역사』 하권, 까치, 1997.

E. H. Carr, 黃文秀 옮김, 『歷史란 무엇인가』, 운암사, 1983.

Emile ReNoit, "Cutting Back Military Spending: The Vietnam Withdrawal and the Recession", *Annals*, March, 1973.

Frank Wilson, *Concepts and Issues in Comparative Politics*, Prentice-Hall, 1996.

Frantz Stark, 박성수 옮김, 『혁명이냐 개혁이냐?』(마르쿠제와 칼 포퍼의 대담집), 인간사, 1982.

Gabriel Almond·Bingham Powell, *Comparative Politics-a Theoritical Framework*, Harper Collins, 1996.

George Katsiaficas, 이재원·이종태 옮김, 『신좌파의 상상력』, 이후, 1999.

Giovanni Sartori, "Concepts Misformation in Comparative Politics", *The American Political Science Review*, 64-4, 1970.

Graham Gibbs, "The State in an International Context", Roger King, *The State in Modern Society*, Macmillian, 1986.

Immanuel Walerstine eds., 송철순·천지현 옮김, 『반체제운동』, 창작과비평사, 1994.

Ivan Vallier eds, *Comparative Methods In Sociology*, University of California Press, 1971.

Jack A. Goldstone, "Re Vol. ution", Mary Hawkesworth & Maurice Kogan ed, *Encyclopedia of Government and Politics* Vol.2, New York: Routledge, 1992.

James Anderson, "The Modernity of Modern States, James Anderson eds, *The Rise of the Mdern State*, Sussex: Harvester Press, 1986.

John Diggins, *The American left in the twentieth century*, New York: Harcourt Brace JovaNovich, 1973.

John Diggins, *The Rise and Fall of the American Left*, New York: W W Norton, 1992.

John K. Galbraith, *American Capitalism: the concept of countervailing power*, Middlesex: Penguin Books, 1956.

John K. Galbraith, 장상환 옮김, 『경제학의 조망』, 서당, 1989.

Joseph S. Nye, Jr., "What Is the New World Order?", *Foreign Affairs*, Vol.71, No.2, Spring. 1992.

Linda J. Medcalf & Kenneth M. Dolbeare, "American Democratic Socialism", *Neopolitics*, Random House, 1985

Lyman Sargent, *Extremism in America*, New York: New York University Press, 1995.

M. Omi & H. Winant, *Racial formation in the United States*, Routledge, 1986.

Margaret Jacob, "Science and Politics in the Late Twentieth Century", *Social Research*, Vol.59, No.3, Fall 1992.

Massimo Theodori, *The New Left*, Bobbs-Merril Co. 1968.

Mehran Kamrava, *Understanding Comparative Politics*, Routledge, 1996.

Michael Coppedge, "Thickening Thin Concepts and Theories", *Comparative Politics*, 1999. 6.

Michael Mann, *States, War, & Capitalism,* Cambridge: Basil Blackwell, 1988.

Nelson Valdes, *Cuba in Re Vol. ution,* Anchor Books, 1972.

Norberto Bobbio, 박순열 옮김, 『제3의 길은 가능한가』, 새물결, 1998.

Paul Gorman, *Left intellectuals & Popular Culture in Twentieth-century America,* Chapel Hill: University of North Carolina Press, c1996.

Paul Lazasfeld & Anthony Oberschall, "Max Weber and Empirical Social Reserch", *American Sociological Review,* Vol.30, 1965.

Peter B. Evans, Dietrich Rueschemeyer, Theda Skocpol edit, *Bringing the State Back in,* Cambridge University Press, 1985.

R. A. Wallace & A. Wolf, *Contemporary Sociological Theory,* Prentice Hall, 1998.

Ricky Jones, "Permanent American Hegemony", *The Black Scholar,* Vol.31. No.2. 2000.

Robert Dix, "The Variations of Re Vol. ution", *Comparative Politics,* Vol.15, No.3, 1983. 4.

Robert Goldwin, *How democratic is America? Responses to the New Left challenge,* Chicago: Rand McNally, 1971.

Robert Walker, *The Reform Spirit in America: a documentation of the pattern of reform in the American republic,* Malabar: R. E. Krieger. 1985.

Roderick Aya and Norman Miller eds, *The New American re Vol. ution,* New York: Free Press, 1971.

Roger King, *The State in Modern Society,* Macmillian, 1986.

Roger Scruton, *A Dictionary of Politics,* Macmillan, 1982.

S. M. Lipset, *Students in re Vol. t,* Houghton Mifflin, 1969.

Samuel Huntington, "Political Development and Political Decay", *World Politics,* April, 1965.

Samuel P. Huntington, *American Politics: the Promise of Disharmony,* Harvard University Press, 1981.

Sara Helman, "Militarism and the Construction of Community", *Journal of Political and Military Sociology*, Vol.25, Winter. 1997

S. N. Eisenstadt, "The Breakdown of Communist Regimes and the Vicissitudes of Modernity", *Daedalus, Vol.*121, No.2, Spring 1992.

Talcott Parsons, "EVol. utionary Universals in Society", *American Sociological Review*, Vol.28. 1963.

Talcott Parsons, "Max Weber", *American Sociological Review*, Vol.30. 1965.

Tariq Ali and Susan Watkins, 안찬수·강정석 옮김, 『1968』, 삼인, 2001.

Theda Scocpol & Margaret Somers, "The Uses of Comparative History in Macrosocial Inquiry", *Comparative Studies in Society and History*, Vol.22, 1980.

Theda Scocpol eds., 박영신·이준식·박 희 옮김, 『역사사회학의 방법과 전망』, 민영사, 1991.

Theda Skocpol, *States & Social Re Vol. ution*, New York: Cambridge University Press, 1979.

Theda Skocpol, "Cultural Idioms and Political Ideologies in the Re Vol. utionary Reconstruction of State Power", *Journal of Modern History*, Vol.57, 1985.

Van Gosse, *The Movements of the New Left 1950-1975*, Bedford / ST. Martin's, 2005.

William Chafe, *The Unfinished Journey*, Oxford University Press, 1999.

William McPherson, *Ideology and change: radicalism and fundamentalism in America*, Palo Alto, California: National Press Books, 1973.

Winton U. Solberg, *A History of American Thought and Culture*, Kinseido, 1983.

## 저자약력

## 이창희(李昶熙)

**학 력**
  경북대학교 사회과학대학 정치외교학과 졸업
  경북대학교 대학원 정치학 석사
  경북대학교 대학원 정치학 박사

**경 력**
  한국정치학회, 대한정치학회, 21세기정치학회 회원
  경북대학교, 인제대학교, 대구교육대학교,
  대구대학교, 부산대학교 강사

**논 문**
  아시아적 가치와 경제성장의 정치적 동학(2006)
  10.1사건의 배경과 의미(2006)
  민주화와 대북정책(2003)

**저 서(역서, 공저 등 포함)**
  동북아테크노센터 설립계획 및 타당성조사
  (경북대학교 지역개발연구소 2005)
  우리 시대와 윤리
  (교육과학사 2005)

## 혁명운동의 실패

| | |
|---|---|
| • 초판 인쇄 | 2006년 11월 25일 |
| • 초판 발행 | 2006년 11월 25일 |
| • 지 은 이 | 이창희 |
| • 펴 낸 이 | 채종준 |
| • 펴 낸 곳 | 한국학술정보㈜ |
| | 경기도 파주시 교하읍 문발리 526-2 |
| | 파주출판문화정보산업단지 |
| | 전화 031) 908-3181(대표) · 팩스 031) 908-3189 |
| | 홈페이지 http://www.kstudy.com |
| | e-mail(출판사업팀사업부) publish@kstudy.com |
| • 등 록 | 제일산-115호(2000. 6. 19) |
| • 가 격 | 17,000원 |

ISBN    89-534-6010-7 93340 (Paper Book)
        89-534-6011-5 98340 (e-Book)